创新创业

创

沈　蕾　宋福根　总主编

创业管理

Entrepreneurship

李俊　秦泽峰　编著

北京大学出版社
PEKING UNIVERSITY PRESS

图书在版编目(CIP)数据

创业管理/李俊，秦泽峰编著．—北京：北京大学出版社，2016.7
ISBN 978-7-301-26181-1

Ⅰ ①创…　Ⅱ ①李…　②秦…　Ⅲ. ①企业管理—高等学校—教材　Ⅳ. ①F270

中国版本图书馆 CIP 数据核字(2015)第 185153 号

书　　名　创业管理
　　　　　　Chuangye Guanli
著作责任者　李　俊　秦泽峰　编著
策划编辑　杨丽明　姚文海
责任编辑　朱梅全　杨丽明
标准书号　ISBN 978-7-301-26181-1
出版发行　北京大学出版社
地　　址　北京市海淀区成府路 205 号　100871
网　　址　http://www.pup.cn
电子信箱　sdyy_2005@126.com
新浪微博　@北京大学出版社
电　　话　邮购部 62752015　发行部 62750672　编辑部 021-62071998
印 刷 者　三河市博文印刷有限公司
经 销 者　新华书店
　　　　　　730 毫米×980 毫米　16 开本　20.5 印张　325 千字
　　　　　　2016 年 7 月第 1 版　2016 年 7 月第 1 次印刷
定　　价　45.00 元

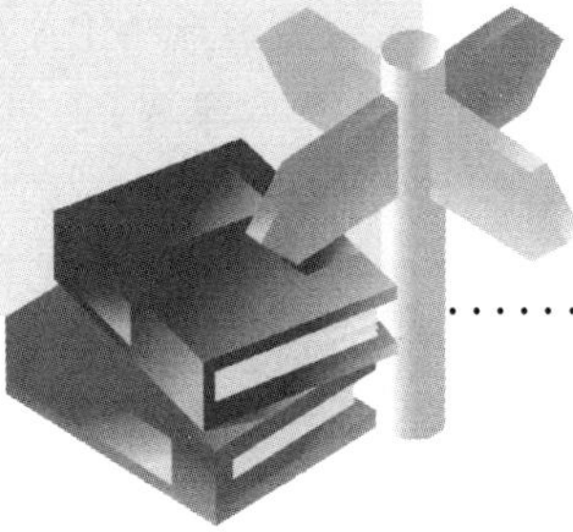

总　序

2010年5月，教育部在《关于大力推进高等学校创新创业教育和大学生自主创业工作的意见》中指出："在高等学校开展创新创业教育，积极鼓励高校学生自主创业，是教育系统深入学习实践科学发展观，服务于创新型国家建设的重大战略举措；是深化高等教育教学改革，培养学生创新精神和实践能力的重要途径；是落实以创业带动就业，促进高校毕业生充分就业的重要措施。"2012年8月，教育部办公厅公布《普通本科学校创业教育教学基本要求（试行）》，将"创业基础"纳入本科必修课程。2015年3月，国务院办公厅发布的《关于发展众创空间推进大众创新创业的指导意见》提出："鼓励高校开发开设创新创业教育课程，建立健全大学生创业指导服务专门机构，加强大学生创业培训，整合发展国家和省级高校毕业生就业创业基金，为大学生创业提供场所、公共服务和资金支持，以创业带动就业。"

"大众创业、万众创新"在写入政府工作报告的同时，也正式升级为中国经济增长的"双引擎"之一。

东华大学旭日工商管理学院在二十多年的发展历程中，历来重视对学生创新创业的教学和科研，取得了一系列不菲的成果。其中，宋福根教授领导的团队运营的"国家级管理决策虚拟仿真实验中心"拥有大型"创业经营决策仿真实践"平台，多年前就已向全国大学生开展创业经营仿真实验活动；在创新创业相关课程建设方面，面向本科和MBA学生，已开设创业基础、创业管理、创新创业企业家精神和创业投资等课程；承担“上海市大学生创新创业平台”项目建设，指导学生参加各类挑战杯赛，荣获国家级奖项超过六十余项。

为了顺应高校创新创业教育教学的需求，学院吸取国内外创新创业型人才教育培养经验，依托管理学科的优势和校友优势，以具有国际化视野、科学素养高的校内名师和实践能力强的企业家共同组成的创新创业导师团队为保障，以上海市级实验示范教学中心、产学研校企协同创新平台为载体，整合多方社会资源，开展实施了“东华大学创新创业优才计划”项目。

“创新创业优才计划”项目由学校教务处批准并提供支持，在学院教授委员会指导和党政联席会的领导下，由学院产学研发展促进中心牵头，会同学生工作办公室和校友会成立“创新创业优才计划”项目实施小组具体负责实施管理。该项目包括创新创业教育系列教材的编写，以及创新创业仿真实验平台、创新创业实习基地、创新创业俱乐部和企业孵化器的建设五个方面。

本套教材力图涵盖与创新创业相关的知识领域，主要内容包含创新创业的基础知识和基本理论，创业的基本流程和基本方法，涉及创业者、创新创业精神、创业团队、创业机会、创业资源、创业计划、创业风险管理、创业投资、创业财务管理、政策法规、创业文化，以及互联网创业的理论和方法。

本套教材包括《创业基础》《创业管理》《企业家和创新创业精神》《创业实验》《创业投资》等。本套教材的特点有二：一是在理论论述的基础上，加入大量的创业故事和案例并配以习题；二是对中国大学生创新创业实践进行介绍。

本套教材由沈蕾副院长和宋福根教授总负责，李勇牵头组织。参与教材编写的主编均为旭日工商管理学院的教师，他们是董平军、顾庆良、刘峰涛、林文伟、李勇、秦泽峰、田增瑞、许为民、张丹等。

由于创新创业教育在中国尚属新生事物，加上编写的时间紧，本套教材肯定还存在一些不足和错漏，期望得到读者的批评和指正！最后，感谢学院领导和全院老师的支持！

前　言

每一年的毕业季，大学生们就面临着人生的又一重大选择。一面是就业市场中人头攒动下的刀光剑影，另一面则是创业道路上财富诱惑下的惊心动魄。在万众创新、大众创业已经成为时代主题的今天，“创业”，这样一个在媒体的渲染下光辉万丈的词语，极大地诱惑着每个毕业生的心。

是选择就业，做个城市的白领，还是踏上征途，主宰自己的人生？大学生们有着自己的疑虑与憧憬。

与学生们心目中美好的愿景不同，创业是一种实实在在的商业实践，这种实践不仅需要强大的精神力量驱动，更需要具体的理论知识与实务经验支撑。对于资金、能力、经验都有限的大学生创业者来说，看似商机无限的广阔市场中不仅没有想象中的“遍地黄金”，连勉强生存都难以做到。在这种情况下，大学生创业者只有根据自身特点，掌握知识，发现机会，了解市场，不断创新，以更加广阔的视野观察国内外的变化，以应变、善变的精神去开拓事业，才能闯出一片真正适合自己的新天地。

作为创业教育工作者，我们深感培养与提高大学生的实践创新能力，增强大学生的就业创业能力是高校责无旁贷的重任。我们希望在大学生迈出创业第一步时，我们的创业教育能够给予建设性的指导；我们希望在大学生遇到困难坎坷时，我们的创业教育能够给予前进的力量；我们希望通过创业教育使更多的大学生把握创业机会，理性地创业，成功地创业；我们更希望通过高校创业教育造就出一批中国新一代知识型企业家，为国家和社会创造更多的就业机会，创造更多的财富，作出更大的贡献。

本书以创业过程为主线，从介绍创业与创业者开始，分别从创业机会、前期筹备、企业建立、不同发展阶段创业企业管理、创业企业成长、创业风险与资本退出等几个方面入手，旨在帮助大学生全方位了解创业、理解创业、理智对待创业行为，为大学生创业少走弯路、减少创业风险、提高创业成功率提供一定的帮助。此外，书中还列举了大量近年来的创业案例，既有成功的典范，也有失败的教训，每一个案例都是一个个性化的创业经历，充满了方法论、必然性和可参考性。

本书既可作为各类大专院校的学习教材，亦可作为社会各界有志于创业人士的参考资料。

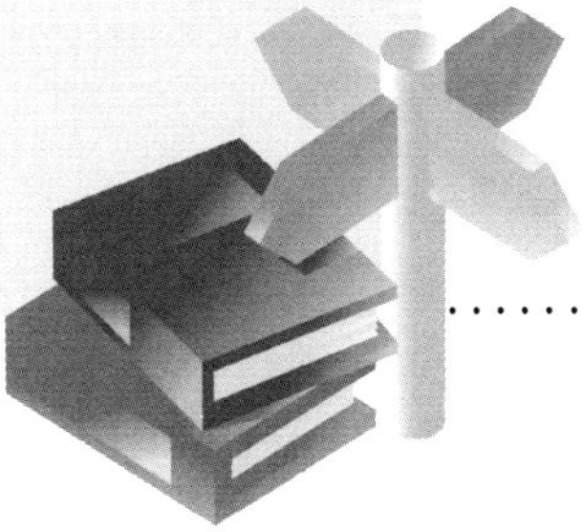

目　录

第一章

创业和创业者

在2015年两会上,李克强总理在政府工作报告中指出,要把“大众创业、万众创新”打造成推动中国经济继续前行的“双引擎”之一。而仅仅在10年以前,再高明的预言者也难以料到,风尘仆仆的快递小哥,会在日后成为中国人生活里最不可或缺的人群之一。这个变化告诉我们:只要有适当的土壤,创业和创新就可以爆发出无穷的力量!我们正处在一个崇尚创业精神的时代,越来越多的创业者正在用创业的方式来实现自己的梦想。随着高等教育大众化的推进,去创业已成为大学生离开校园后的一条重要发展道路。让我们张开双臂拥抱创业吧!让每个有创业愿望的人都拥有自主创业的空间,让创新创造的血液在全社会自由流动,让自主发展的精神在全体人民中蔚然成风。

【课堂学习】

1. 掌握创业的内涵、类型与过程;
2. 懂得创业精神的重要意义;
3. 了解创业者应当具备的能力与素质。

【课后实践】

1. 通过适当的测量工具,分析自己是否适合创业;
2. 根据自己的生涯规划设计,列出提高自己创业素质的计划。

导读材料

《企业家宣言》的诞生

我是不会选择做一个普通人的。

如果我能够做到的话，我有权成为一位不寻常的人。

我寻找机会，但不寻求安稳。

我不希望在国家的照顾下成为一名有保障的国民。

那将被人瞧不起而使我感到痛苦不堪。

我要做有意义的冒险。

我要梦想，我要创造。

我要失败，我也要成功。

我渴望奖励，拒绝施舍。

我宁愿向生活挑战，而不愿过万无一失的生活；

我宁愿要达到目的时的激动，而不愿要乌托邦式毫无生气的平静。

我不会拿我的自由换取恩惠，也不会拿我的尊严换取救济。

我不会在任何权威面前发抖，也绝不会为任何恐吓所屈服。

我的天性就是挺胸直立，骄傲而无所畏惧。

我要勇敢地面对这个世界，自豪地说：在上帝的帮助下，我已经做到了。

上面这段话是1904年美国《企业家》杂志的发刊词。此后百余年中，沧海桑田，物是人非，但杂志扉页上的这段话，却从来没有改变。它被称为《企业家宣言》。

【思考与讨论】

1. 为什么人们会选择创业？

2. 什么是创业？创业的目的是什么？

第一节 认识创业

(一)创业的内涵

传统的创业概念被界定为创办一个新的企业。但随着创业实践活动的日益丰富,创业领域引起国内外许多学者关注,不同学科的学者都从自身的研究视角对其进行了观察和描述,因而创业不断被赋予新的内容。总体而言,对创业的定义如表1-1所示:

表1-1 对于创业的不同定义

对于创业定义的不同理解	频数	对于创业定义的不同理解	频数
开始、创建、创造	41	价值创造	13
新事业、新企业	40	追求成长	12
创新、新产品、新市场	39	活动过程	12
追逐机会	31	已有企业	12
风险承担、风险管理、不确定性	25	首创活动、做事情、超前认知与行动	12
追逐利润、个人获利	25	创造变革	9
资源或是生产方式的新组合	22	所有权	9
管理	22	责任、权威之源	8
统帅资源	18	战略形成	6

简单来说,狭义的创业就是创建新企业的过程,而广义的创业则还包括各种企业和其他非盈利组织或公共部门内部的创业过程。通常,人们采用狭义的概念。

综合各种观点,人们一般将创业定义为:承担风险的创业者,通过寻找和把握商业机会,投入已有的技能知识,配置相关资源,创建新企业,为消费者提供产品和服务,为个人和社会创造价值和财富的过程。

这个概念包括几层含义:

(1)创业是一个创造的过程,即创业者要付出努力和代价;

(2)创业的本质在于机会的商业价值的发掘与利用,即要创造或认识到事物的商业用途;

(3) 创业的潜在价值需要通过市场来体现,即市场是实现财富的渠道;

(4) 创业以追求回报为目的,包括个人价值的满足与实现、知识与财富的积累等。

(二) 创业的要素

创业的要素包括创业者、商业机会、技术、资金、人力资本、组织、产品服务等几个方面。

(1) 创业者是创业过程中处于核心地位的个人或团队,是创业的主体。创业者在创业过程中起着关键的推动和领导作用,包括识别商业机会、创建企业组织、融资、开发新产品、获取和有效配置资源、开拓新市场等。因而,创业者的素质和能力是创业成功的第一要素。

(2) 商业机会是创业过程中的核心,创业者从发现和识别商业机会开始创业。商业机会指没有被满足的市场需求,它是市场中现有企业留下的市场空缺。商业机会就是创业机会,它意味着顾客能得到比当前更好的产品和服务的潜力。

(3) 技术是一定产品或服务的重要基础。产品与服务当中的技术含量及其所占比例,是企业满足社会和市场需求的支持与保障,是企业的核心竞争力。资源是组织中的各种投入,包括各种人、财、物。资源不仅指有形资产,如厂房、机器设备,也包括无形资产,如专利、品牌;不仅包括个人资源,如个人技能、经营才能,也包括社会网络资源,如信息、权力影响、情感支持、金融资本。

(4) 资金对于处在不同发展阶段的企业来说都是非常重要的。在企业快速发展时期,资金的缺口将直接限制企业的发展壮大,而在创业之初,主要是靠自筹资金,对于符合一定条件的创业者,将有可能获得一定的政府扶持资金。

(5) 人力资本是创业的重要资源投入。成功的关键在于创业者的识人、留人、用人。形成创业的核心团队,制定有利的政策制度和有效的组织结构,建立良好的企业文化是建立人力资本的核心。

(6) 组织是协调创业活动的系统,是创业的载体,是资源整合的平台。创业型组织的显著特征是创业者强有力的领导以及缺乏正式的结构和制度。从广义来说,创业型组织是以创业者为核心形成的关系网络,不仅包括新设组织内的人,还包括这个组织之外的人或组织,如顾客、供应商和投资人。

(7) 产品服务是创业者为社会创造的价值,它既是创业者成功的必要条件,也是创业者对社会的贡献。正是通过为社会提供更多更好的产品服务,人类社会的财富日益增多，人们的生活变得丰富多彩，借此一代代创业者成为世人追捧的亿万富豪。

创业就是具有创业精神的创业者、商业机会、组织与技术、资金、人力资本等资源相互作用、相互配置，以创造产品和服务的动态过程。

（三）创业的类型

1. 机会型创业与生存型创业

（1）机会型创业，指创业的出发点并非谋生，而是为了抓住、利用市场机遇。它以市场机会为目标，能创造出新的需要，或满足潜在的需求，因而会带动新的产业发展，而不是加剧市场竞争。世界各国的创业活动均以机会型创业为主，但中国的机会型创业数量较少。

（2）生存型创业，指为了谋生而自觉地或被迫地走上创业之路。这类创业是在现有的市场上寻找创业机会，并没有创造新需求，大多属于尾随型和模仿型，因而往往小富即安，极难做大做强。

虽然创业动机与主观选择相关，但创业者所处的环境及其所具备的能力对于创业动机类型的选择有决定性作用。因此，通过教育和培训来提高创业能力，就可增加机会型创业的数量，不断增加新的市场，减少低水平竞争。

2. 创建新企业与企业内创业

（1）创建新企业，指创业者个人或团队从无到有地创建出全新的企业组织。完全从头创业充满了挑战和刺激，个人的想象力、创造力可得到最大限度的发挥，但风险和难度也很大，创业者往往缺乏足够的资源、经验和支持。

（2）公司内创业，指一个已经存在的公司，由于产品、市场营销以及企业组织管理体系等方面的原因，因而需要进行重新创建的过程。企业流程再造本质上也是一种创业行为。内部创业是动态的，正是通过二次创业、三次创业乃至连续不断的创业，企业的生命周期才能不断地在循环中延伸。

3. 独立创业与合伙创业

（1）独立创业，指创业者独立创办自己的企业。其特点在于产权是创业者个人独有的，企业由创业者自由掌控，决策迅速。但它需要创业者独自承担风险，创业资源准备也比较困难，还受个人才能的限制。

（2）合伙创业是指与他人共同创办企业。其优劣势正好与独立创业相反。

4. 传统技能、高新技术和知识服务型创业

(1) 传统技能型创业,指使用传统技术、工艺的创业项目,它具有永恒的生命力。尤其是酿酒、饮料、中药、工艺美术品、服装与食品加工、修理等与人们日常生活紧密相关的行业中,独特的传统技能项目表现出了经久不衰的竞争力,许多现代技术都无法与之竞争。国内外均是如此。

(2) 高新技术型创业,指知识密集度高,带有前沿性、研究开发性质的新技术、新产品项目。

(3) 知识服务型创业,指为人们提供知识、信息的创业项目。当今社会,信息量越来越大,知识更新越来越快,各类知识性咨询服务的机构将会不断细化和增加,如律师事务所、会计事务所、管理咨询公司、广告公司等。这类项目投资少、见效快。如创办专业信息情报公司,把某细分行业相关的信息全部收集、复印、装订起来,出售给需要的企业与个人。

5. 依附型、尾随型、独创型和对抗型创业

(1) 依附型创业,可分为两种情况:一是依附于大企业或产业链而生存,为大企业提供配套服务。如专门为某个或某类企业生产零配件,或生产、印刷包装材料。二是特许经营权的使用。如利用麦当劳、肯德基等的品牌效应和成熟的经营管理模式,减少经营风险。

(2) 尾随型创业,即模仿他人创业,“学着别人做”。其特点,一是短期内只求能维持下去,随着学习的成熟,再逐步进入强者行列;二是在市场上拾遗补缺,不求独家承揽全部业务,只求在市场上分得一杯羹。

(3) 独创型创业,指提供的产品或服务能够填补市场空白。大到商品独创性,小到商品的某种技术的独创性。如生产的洗衣粉比市场上卖的环保性好且去污力强,改革开放后首家搬家服务公司、婚介公司等。但它也有一定的风险性,因为消费者对新事物有一个接受的过程。独创型创业也可以是旧内容、新形式,比如,产品销售送货上门,虽然经营的商品并无变化,但在服务方式上扩大了,从而更具竞争力。

(4) 对抗型创业,指进入其他企业业已形成垄断地位的某个市场,与之对抗较量。这类创业风险最高,必须在知己知彼、科学决策的前提下,抓住市场机遇,乘势而上,把自己的优势发挥到极致。

6. 基于产品、营销模式与组织管理体系创新的创业

(1) 基于产品创新而创建企业，指基于技术创新或工艺创新等非技术创新的成果，产生了新的消费者群体，从而导致创业的行为发生。

(2) 基于市场营销模式的创新而创建企业，指采取了一种有别于其他厂商的市场营销模式，因而有可能给消费者带来更高的满足度。例如，美国联邦快递公司所提供的邮包服务。

(3) 基于企业组织管理体系创新而创建企业，指采取了一种有别于其他厂商的企业组织管理体系，因而能够更高效地实现产品的商业化和产业化。如20世纪80年代国内乡镇企业的大量创立与成功正来源于组织管理体系的创新。

此外，依据创业主体可将创业分为大学生创业、失业者创业和兼职者创业。

讨论案例 1-1

李克强总理关于创业的十段话

1. 关于吸引人才

要把发挥人的创造力作为推动科技创新的核心，人是科技创新最关键的因素，必须充分尊重人才、保障人才权益、最大限度激发人的创造活力；要加大人才培养力度，使青年创新型人才脱颖而出，吸引广大海外人才来华创新创业。

——2014 年 1 月 10 日国家科学技术奖励大会

2. 关于取消行政审批

今年要再取消和下放行政审批事项 200 项以上，深化投资审批制度改革，取消或简化前置性审批，充分落实企业投资自主权，推进投资创业便利化。

——2014 年 3 月 5 日第十二届全国人民代表大会第二次会议

3. 关于大学生创业

坚持实施就业优先战略和更加积极的就业政策，优化就业创业环境，以创新引领创业，以创业带动就业。今年高校毕业生将达 727 万人，要开发更多就业岗位，实施不间断的就业创业服务，提高大学生就业创业比例。

——2014 年 3 月 5 日第十二届全国人民代表大会第二次会议

4. 关于金融支持创业

金融创新应该为老百姓的创业、就业提供动力支持，老百姓的感受是衡量

金融业服务的最重要标准，要以此倒逼金融改革和创新。

——2014年3月26日考察沈阳瀚华小额贷款公司

5. 关于释放科研人员活力

我们国家是从计划经济体制过来的，科研力量基本集中在中央级、省级的科技单位里，他们创造的科技成果，自己没有处置权、收益权。如果给科研单位“松绑”，中国的科技发展完全可能有更多突破，要通过改革，允许科技人员持有股权、期权，让创造性劳动的价值得到更好实现。

——2014年7月2日国务院常务会议

6. 关于推动大众创业

要破除一切束缚发展的体制机制障碍，让每个有创业意愿的人都有自主创业空间，让创新创造的血液在全社会自由流动，让自主发展精神蔚然成风，借改革创新的东风，在960万平方公里大地上掀起大众创业、草根创业的新浪潮。

——2014年9月11日天津夏季达沃斯论坛

7. 关于简政放权

推出简政放权、放管结合的进一步措施，做实行政审批、市场壁垒和各种“路障”的“减法”，做好市场空间、创业天地的“加法”，激发市场活力，形成更多机遇，不仅创造更多社会财富，而且使千千万万的人在公平规范竞争中实现人生价值。

——2014年11月3日国务院座谈会

8. 关于支持创新

我们强力推进改革，就是要减少对创新活动的干预，让想创业、能创新的人都有机会、可作为，形成“大众创业、万众创新”的局面。这样可以把人口红利转化为人才红利，让改革成为富民的改革，让创新成为惠民的创新，实现人的全面发展、社会公平发展、经济可持续发展。

——2014年10月14日第三届莫斯科国际创新发展论坛

9. 关于降低小微和创新型企业上市门槛

要取消股票发行的持续盈利条件，降低小微和创新型企业上市门槛。在资本市场服务实体经济的大背景下，降低上市门槛的新IPO节奏，未来或将从互联网等新兴企业向更多小微和创新型企业递延。

——2014年11月19日国务院常务会议

10. 关于推动互联网发展

我们将不断加强网络基础设施建设,提高网络普及率。继续着眼于互联网业的外部环境和自身成长,支持网络技术、服务持续创新,政策更加丰富。同时坚持依法管理互联网,严厉打击网络侵权、窃密等违法犯罪行为,在发展中做好监管工作,让互联网更好成长,根深叶茂,引领创新创业新潮流。

——2014 年 11 月 20 日首届世界互联网大会

第二节　走近创业者

(一) 创业者的精神

创业精神,即某个人或者某个群体通过有组织的努力,以创新的和独特的方式追求机会、创造价值和谋求增长,不管这些人手中是否拥有资源。创业精神包括发现机会和调度资源去开发这些机会。

一般,对于创业精神的定义主要包括三个方面:

1. 对机会的追求

创业精神是追求环境的趋势和变化,而且往往是尚未被人们注意的趋势和变化。

2. 对创新的执着

创业精神包含变革、革新、转换和引入新方法,即新产品、新服务或者是做生意的新方式。

3. 对增长的渴望

创业者追求增长,他们不满足于停留在小规模或现有的规模上,创业者希望他的企业能够尽可能地增长,员工能够拼命工作。因为他们在不断寻找新趋势和机会,不断地创新,不断地推出新产品和新的经营方式。

人们常用不同的词语描绘创业精神:创新精神、合作精神、冒险精神、敬业精神、自强不息、百折不挠等。在新时代,又加进了时代精神、社会责任感、奉献、事业荣誉感、多次创业的勇气、艰苦奋斗的作风、至诚至信、开放的心态、宽容的胸怀等。

实际上,创业精神在心理层面是一种思维方式,其基础是创新,在行为层面是发现和把握机会,并且创造价值的过程。创业精神的载体是人,最具创业精神的是创业者(企业家),企业家与创业精神密不可分。从学者们对企业家的研究轨迹可以看出,企业家所承担的角色,从投机、套利、冒风险到创新,是一个不断发展和丰富的过程。因而创业精神不单是投机与冒风险,更重要的是把握机会和不断创新,通过企业家的创业和创新活动,推动社会和经济不断发展。

因而,创业精神就是发现和把握商业机会,无论当时如何受资源的制约,都能努力通过创新,从无到有地创造和建立某些事物以满足社会需求、创造价值的活动过程。

(二) 创业者应当具备的素质

风险投资者将努力寻求七种基本素质,这不意味他们在寻求七种素质不同的人,而是希望其寻求的人在这些方面应该高质量。如果你在这些方面质量很高,即使其他方面有严重缺陷,对方也可原谅。由于不同的风险投资者对企业家的素质要求可能各有不同,而且行业不同对企业家基本素质的要求也各具特色,因此,这里只能粗略介绍对企业家的基本素质要求,并不是说每个企业家都必须具备一切良好素质,但每一个都应有自己的特长所在。

1. 忠诚正直

每个风险投资者都希望企业家忠诚正直。尽管某些投资者也了解,某些不忠诚的企业家或许只欺骗其他人而不欺骗风险投资者,并且可为风险投资者赚钱,但是,多数风险投资者还是只与忠诚正直的企业家合作。因为他们深刻了解,一个不忠诚的人迟早也会对他不忠诚。忠诚正直包括若干方面:

(1) 正直,即企业家要真诚,对风险投资者胸怀坦荡;

(2) 可信,即企业家在各种交易行为中是可以依赖的;

(3) 守法,即企业家信守合同,遵纪守法;

(4) 公平,即企业家奉行公平交易准则。

在与风险投资者交往过程中,要牢记忠诚正直乃构成要素,用自己的实际行为在风险投资者心中形成一种忠诚正直的形象。

2. 渴望成功

风险投资者希望你确实能为既定目标而艰苦奋斗,同时也希望你之所以努力赚钱是因为它是衡量你个人成就的尺度。应该说，发明电脑是世界的伟大成就，但是，风险投资者对此却感到无足轻重，因为电脑技术处于起步阶段，还不能赚钱。你必须让对方感觉到赚钱的数额是衡量你实现目标的尺度，你必须向对方证明，你的理想是赚钱而不是由于贪心不足，赚钱数额的多少是检测你个人成就的标准。如果风险投资者无法认定你是一个成就型的人才，则不会支持你的风险事业。

3. 活力充沛

活力充沛包括多方面含义：首先，你必须有健康的体魄和勇往直前的奋斗精神，要能够为实现既定目标而不懈努力；必须具有完成投资计划规定的任务的坚定信念；必须向风险投资者证明，你有能力应付艰苦工作，证明你有驱动力和奋斗热情、首创精神。其次，风险投资者必须确实了解你是愿意为实现既定目标而不懈努力的人，并且确有能力实现既定目标。风险投资者并不喜欢那些不知天高地厚的空想家，而喜欢那些脚踏实地的奋斗者。对于只有雄心壮志而无实际本事的人，风险投资者是不会支持的。作为一个企业家要耗用大量的自身能量，如果没有强健的体魄和旺盛的斗志，则计划的目标难以实现。

4. 天资过人

风险投资者希望知道你是否天资过人。天资过人有多方面的含义。在认可大学取得学位固然可证明这一点，然而，很多天资过人者都没有机会读大学。关于天资过人，风险投资者认为是人之天性。有人善于逻辑推理，也有人善于认识复杂的局面，通过综合分析，认识事务的本质。他很想知道，你能否在充分分析的基础上，作出正确的判断，进而进行最优决策，同时敢于承担必要的风险。只有全面观察分析你的行为，风险投资者或其他人才可能评价你的聪颖程度。因此，考核你的聪颖程度，还是经由听你的回答和读你的计划书而来；对企业家的能力之考核，是通过自己的经验及与其他企业家的对比实现的。

5. 学识渊博

学识也表现在多方面。接受一定的良好的高等教育能标志其基本学识，但风险投资者更感兴趣的还是你的经验。从以往的失败中吸取了哪些教训？在你从事的行业中积累了哪些经验？在你的头脑中积累了哪些为保证事业成功而必不可少的信息？你是否已分析了你的行业，并已确认你的公司成功之关键环节？你能否接受批评并获益匪浅？总之，风险投资者希望能确切了解你究竟具有哪些学识，能保证在特定状态下赚钱。

6. 具有领导能力

领导力的研究几乎扩展到经营管理学说的各个领域，但很少从企业家领导素质角度进行研究。风险投资者必须了解，你是否具有在发展中的小公司里集结多种力量的能力，是否有勇气承担整个公司的责任；必须了解在你走前人未走过的路且身处逆境时，是否有勇气承担并冲破投资。人们通常认为，领导素质包括自信、自强和一定程度的以自我为核心的能力，是否善于处理日常问题，是否敢于攀登前人未攀登的高峰；他还要了解，如果为获取较大利润，你是否敢于修改计划；还要了解，你是否拒绝公仆式的工作，是否只热心于解决仅有利于自己的问题。总而言之，领导能力既表现为独立处理问题的能力，更表现为组织他人共同解决问题的能力。

7. 创新能力

虽然企业家具有创新能力很重要，但在多数情况下，所谓创新能力已不局限于原有含义，而具有更广泛的含义。风险投资者将努力了解你是否机敏、是否为处理问题的专家。他希望看到，如果你遇到一个意外事件，能创造性地解决问题。

上述七种素质均十分重要，你应该详细分析这一切，实事求是地评价自己，寻找有关弱点。如果确有薄弱环节，例如学识，则应寻求合适人选，用其学识之长，补自己之短。这样，可以随行带去一个有这方面特长的人。此外，你个人不一定要具有上述全部良好素质，但必须是忠诚正直的成就者，且你的领导集团必须拥有上述全部良好素质。

(三) 成功创业者的心理与行为特征

众多学者对大量成功创业者进行了多方面的持续研究，发现成功的创业者在心理与行为上具有许多共同的特征。可归纳为下述几条：

1. 强烈的欲望，积极的心态

强烈的成功欲望是创业的最大推动力，心态尤其是关键时候的心态，导致了人生道路巨大的差异。

2. 充分的自信，敢于冒险

古今中外，凡是智能上有所发展、事业上有所成就的人，都有一条成功的秘诀——对自己、对前途保持乐观和充满自信。自信带来冒险的胆量，敢于冒险，富有胆识，是每个成功的创业者都具备的一种特质。

3. 坚韧的毅力，足够的耐心

创业之路充满风风雨雨，在成功之前，要忍受种种炼狱，但他们都有锲而不舍的精神。纵观每一个成功企业的创业史，都是在创业者的领导下，经历了一次次的失败后建立起来的。

4. 开阔的眼界、敏锐的反应

广博的见识，开阔的眼界，可以使创业活动少走弯路。创业者开阔眼界的方法包括：职业接触、阅读、行路和交友。在这些过程中，他们凭借自己敏锐的感官，迅速捕捉到外界的变化，从而对商业机会作出快速反应。

5. 把握趋势，明确方向

顺势而作会使创业事半功倍。成功的创业者都很注意研究政策，这是为了明大势；市场的潮流脉动是中势，它直接决定了创业成败；个人的能力、性格、特长是小势，直接影响创业方向的选择。

6. 善借资源，懂得分享

创业者的素质与能力外在地表现在其建立和拓展资源的能力方面，其中最重要的一点是构建人际网络或社会网络的能力。为此，他们都懂得与他人分享的道理，即：算大账的人做大生意，干大事业；算小账的人则永远只能做小生意，干小事情。

7. 坚持学习，经常反省

反省其实是一种学习能力，反省的过程就是学习的过程。大部分创业成功者在智力上并没有什么出类拔萃之处，但他们有一个共通之处，就是都非常善于学习，非常勇于进行自我反省。

8. 勇于创新，出奇制胜

创业者的智慧可归结为不拘一格，出奇制胜。他们永远不满足现状，总是追求更好的产品、服务，更低的成本，总是能够采取一些出乎常人意料之外的行动来战胜竞争对手。

9. 健康的体魄，健全的心理

面对从肉体到精神上的全面损耗，他们不仅修身，而且要修心，训练出一种宠辱不惊的“定力”与“精神力”。

讨论案例 1-2

创业:追逐梦想的旅程

2008 年 5 月,张远和他的团队一起开始开发游戏中间件。在接下来几个月的时间里,他们夜以继日地工作。为了实现可移植性,他们按照国际相关标准来设计自己的产品,攻克了一个个技术难关。2008 年底,他们开发出了可以演示的产品,张远开始在各个手机设计公司奔波做演示。不久,一家国内较大的手机设计公司选中了他们的产品,表示将在高端定位的手机产品线上使用。这样一来,每一款上市手机,都将为他们的公司带来几十万元的销售额,形势一片大好。

但各种麻烦接踵而至,且猝不及防。一方面,从 2009 年春天开始,国内手机厂商普遍进入寒冬,相当多的手机设计公司停业或转型,就连国内手机巨头——夏新手机也一度停业,国内手机行业一片萧条。另一方面,2009 年,中国移动开始对 SP(服务供应商)进行有史以来最严厉的整顿,大量的依赖于中国移动网络的手机游戏公司倒闭。

张远开发的游戏中间件丧失了大部分的市场,曾经表示要采购他们产品的手机设计公司也倒闭了。然而,最大的危机来自于软件的知识产权纠纷。原来,设计产品时,为了保证产品的先进性和可移植性,他们采用了可以找到的最先进的体系架构和规范。但是,进入市场时才发现,这些国际标准需要向相关厂商购买专利的授权,否则产品将成为“盗版”软件而必须承担极大的法律风险。摆在张远面前的问题非常棘手。

专利授权费数额巨大,对于初创公司来说简直是天文数字,难以承受。如果支付了专利授权费,即便是在市场不衰退时,公司也几乎没有任何利润可言。还有个办法就是不交专利授权费,转向国内的“山寨手机”市场,但产品价格也会被压得极低。同时,知识产权的问题解决不好,还会影响商业计划的制订,进而降低融资可能性。

2009 年下半年,经过反复斟酌,在完成了最后一个项目后,张远决定解散公司。他让伙伴们分掉团队所有剩余的现金,以保证他们创业期的收入不低于一般的工作收入。让张远感到欣慰的是这些伙伴后来都找到了不错的工作。

随后的一年多时间里，张远婉拒了多家猎头公司的邀约，开始了几乎独自一人的创业。他接外包项目来维持生计，既做设计、做开发，也做培训，甚至帮助客户组建手机软件开发团队。在这段时间里，他不断反思，总结归纳创业中的经验教训，也利用各种机会认真学习研究成功企业的运营方式和商业模式。张远暗下决心：一定要找到一条路，一条真正的创业之路。

对于创业，张远的思考是：第一，要从小做起，脚踏实地；第二，要坚持原创，完全掌握自己的知识产权；第三，要以现代企业方式规范化运作；第四，尽可能贴近终端用户；第五，打造自己的品牌。

一年后，手机行业发生了很大的变化。安卓手机平台几乎被所有手机厂商和芯片厂商支持，应用和游戏已经不存在移植的问题。而苹果公司的手机如日中天，拥有2亿多用户并且在不断扩张。互联网从个人电脑时代进入了移动互联网时代。独自探索的这一年里，张远看着IT互联网行业翻天覆地地变化，他觉得创业机会又来了，心中一次次的冲动让他热血沸腾，他决定建立自己的手机游戏公司，设计制作游戏。但是，此时的收入只够解决温饱问题，哪里有资金来支持自己的创业理想呢？

2011年7月，张远幸运地得到了中国青年创业计划10万元的支持资金，创立了上海远韬软件科技有限公司，专注于手机游戏的设计开发，通过应用商店App Store模式进军国际市场。张远决定在iPhone平台上设计游戏软件，但是在iPhone平台上创业，风险是极大的。首先，手机游戏种类繁多，开发周期相对比较短，仅苹果公司的App Store里的游戏在两年内就达到20万个，即使减掉旧游戏的升级版本，每天增加的新游戏也将近1000个，并在24小时内，被不间断地投放到全球90个国家的1.5亿用户手中(包括与iPhone兼容的iPad和iPod Touch)，全球所有著名的游戏公司都在这里竞争。有人计算过，一个全新的游戏进入App Store后，两个小时内就会被新的游戏挤出下载首页。而大型游戏公司可以利用之前的游戏系列品牌，将大量已经成功的电脑游戏经过简化和移植来做成手机游戏，做新游戏产品。

张远知道只有将游戏做得好玩并难以复制，才有可能成功。经过两个月的埋头苦干，第一款游戏诞生了。这款游戏以人工智能为重点，在手机游戏中创造了NPC(非玩家控制角色)，玩家可以智能交互交流。张远希望以此技术为基础来防止竞争。

游戏完成了，张远广泛征求了各方面的意见，请教了YBC的创业导师和众多的玩家,虚心接受他们的意见和建议。又经过4个月的努力,新的游戏框架顺利开发完成。在新游戏技术框架下,增加一个人物形象、调整不同的人物性格、加入不同的人物动作和改变一个场景等这样的操作,只需要几分钟的时间。不仅如此,在新的游戏中张远吸取玩家的智慧,实现了只用手指触碰就可以将游戏人物多状态操作,完全可以代替用触摸屏"模拟摇杆",免去了"模拟摇杆"的不适。

后来,张远又将创意、美术和技术三大游戏设计模块分离运作,用标准化方式进行整合。在公司成立的6个月里,已经成功地研发并拥有两个系列的iPhone手机游戏,并通过付费下载、内置广告和在线销售道具等方式开始实现营业收入。

目前,张远正在满怀信心地享受着创业的快乐和艰辛。

第三节 创业的过程

(一) 创业过程的蒂蒙斯模型

美国著名的创业学家蒂蒙斯教授(Timmons,1999)提出了一个被广泛应用的机会筛选模型(如图1-1所示)的战略方案。

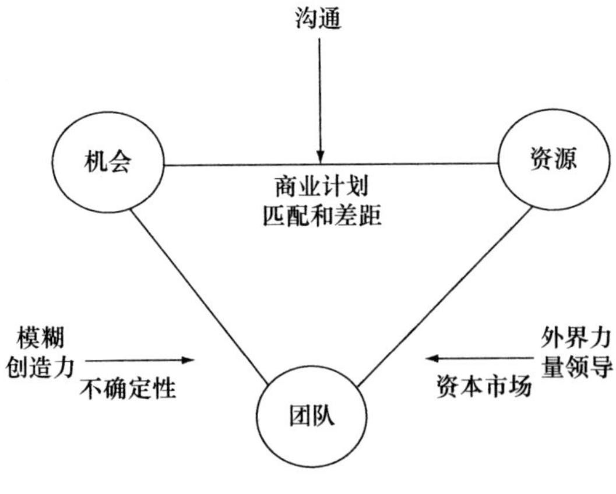

图 1-1

蒂蒙斯模型有以下几个方面的含义：

(1) 商业机会是创业过程的核心驱动力，创始人或工作团队是创业过程的主导者，资源是创业成功的必要保证。

创业过程始于创业者，而不是资金、战略、网络、团队或商业计划。开始创业时，商业机会比资金、团队的才干和能力及相应的资源更重要。

创意并不等于商业机会，商业机会的最重要特征在于有强劲的市场需求，通常，市场越不完善成熟，变化越大，越呈现模糊性和跳跃性，现有的服务和质量的差异性越大，产品技术领先和落伍之间的差距越大，信息和知识之间的不对称性越大，市场所产生的机遇就越多。

具体而言，需要具有这样一些特征，如产品或服务的大幅增值、巨大的市场规模、强劲的增长潜力(20%)和显著的规模经济效应，特别需要具有丰厚的毛利(40%或者更多)和充沛的自由现金流量等特征。

创始人或工作团队的作用就是利用其自身的创造力在模糊、不确定的环境中发现商机，并利用企业网络和社会资本等外界因素组织和整合资源，主导企业利用搜寻到的商业机会创造价值。在创业过程中，资源与商机间经历着一个"适应—差距—适应"的动态过程。商业计划为创业者、商机和资源要素的质量以及相互间的匹配和平衡提供语言和规则。

(2) 创业过程是商业机会、创业者和资源三要素匹配和平衡的结果。创始人或工作团队要善于配置和平衡，借此推进创业过程，他们必须做的核心工作是：对商机的理性分析和把握，对风险的认识和规避，对资源的最合理的利用和配置，对工作团队适应性的分析和认识。

(3) 创业过程是一个连续不断的寻求平衡的行为组合。企业要保持发展，必须追求一种动态的平衡。展望企业未来时，创业者须思考：目前的团队是否能领导企业未来的成长、资源状况；下一阶段成功面临的陷阱是什么，等等。这些问题在不同的阶段以不同的形式出现，牵涉到企业的可持续发展。

总之，创始人或工作团队的任务是在千变万化的环境中依靠机遇、团队和资源三要素之间的和谐和平衡，分析解决存在的种种困难和问题，努力协调创业中各种资源的配置，创造性地解决问题。

(二) 创业过程的一般分析

创业过程一般可以划分为创业动机的产生、创业机会的发现与识别、资源的整合、企业的创建、新创企业的成长和创业的收获六个阶段。

1. 创业动机的产生

一个人是否能成为创业者，直接受三方面因素的影响：一是个人特质。每个人都具有创业精神，但其强度不同，如温州人有强烈的创业动力，其中环境起到了很大作用。二是创业机会。创业机会的增多会形成巨大的利益驱动，促使更多的人创业。三是创业的机会成本。随着社会保障体系的建立和健全，产权制度改革的深化，原有体制差别形成的特殊利益会逐渐减少，结果会进一步降低创业成本，激发人们的创业动机。

2. 创业机会的寻找与识别

创业机会一般分为两种：一种是意外发现的，一种是经过深思熟虑才发现的。国家产业政策的调整、新技术的出现、人口和家庭结构的变化、人的物质和精神需要的变化、流行时尚等都可能形成商业机会。作为创业者，应该具有敏感的嗅觉，能够及时地、准确地识别创业机会。识别之后，还要对机会进行评价和提炼。这里需要创业者将知识、经验、技能和其他市场所需的资源进行整合。

3. 资源的整合

整合这些资源是创业过程最为关键的阶段之一，除非成功地完成这个阶段，否则无论多么有吸引力的机会，或者有多好的新产品和服务，创意都等于零。创业者需要整合的资源包括：基本信息（有关市场、环境和法律问题）、人力资源（合作者、最初的雇员）和财务资源等。

4. 企业的创建

企业的创建需要进行大量的准备工作，其中创业计划、创业融资和注册登记尤为关键。创意能否变成行动，关键看其能否形成一个周密的创业计划；资金往往成为新创企业的"瓶颈"，创业融资在企业的创建过程中至关重要；当创业者完成创业计划并获得融资之后，就可以按照法定程序进行注册登记。包括确定企业的组织形式，设计企业名称系统，向工商行政管理机关提出企业登记注册申请，领取《企业法人营业执照》等。

5. 新创企业的成长

新创企业要在市场上取得成功，就需要在企业营销策略、组织调整、财务稳健管理等经营管理方面更上一层楼，这是企业成长管理的重要内容。

从成长走向成熟的标志之一是能够建设好自己的品牌，形成名牌，在品牌、知识和企业文化等方面形成竞争优势。

6. 创业的收获

创业结果指在预期阶段内可感知的成功或失败。对创业者来说，回报可能是多种多样的，须从中进行仔细选择，以使收益最大化。对回报的满意程度在很大程度上取决于创业者的创业动机。有调查发现，多数创业者的创业动机首先是自己当老板，然后才是追求利润和财富，对这些人来说，当老板的感受就是回报。我国证券市场“中小企业板”的开通，为“二板市场”建设摸索经验，也为创业者获取回报、继续创业创造了条件。

第四节　高校创业教育

(一) 创业教育的内涵与发展

创业教育最早兴起于 20 世纪 40 年代的美国。对其理解大致可以分为两种：狭义的观点认为创业教育的目的在于成功地创办企业并使之发展下去，培养成功的企业家。其代表人物有德鲁克、蒂蒙斯和熊彼特等人。广义的观点则认为创业教育的目的在于培养人的“事业心和开拓心”，把创业教育定义为以培养创新意识、创新精神、创新思维、创造力等创新素质以及创新人才为目标的教育活动。这种观点从柯林·博尔的“第三张护照”到 1991 年日本东京国际教育会议关于创业教育共识，逐渐被更多人认可。

作为创业教育发展起步最早的国家，美国的创业管理课程覆盖了大部分高校，拥有几十份相关学术期刊，创业教育研究也常见于管理学类核心期刊。在英国，1987 年政府发起了“高等教育创业”计划，旨在培养大学生的可迁移性创业能力，鼓励学生自主学习。在德国，德国大学校长会议和全德雇主协会于 1998 年联合发起了一项名为“独立精神”的倡议，呼吁高等学校成为“创业者的熔炉”。在日本，索尼集团总裁盛田昭夫在 1989 年就提出了创业教育的“空隙理论”，形成了“官产学联合”模式的国家创新体系。在印度，《国家教育政策》中明文规定要培养学生的“自我就业所需要的态度、知识和技能”。在新加坡，作为国家教育体系中的重要内容，创业教育已被纳入其社会和教育研究体系中。我国创业教育理念正式提出于 1999 年 1 月公布的《面向 21 世纪教育振兴行动计划》。从实践来看，我国高校创业教育以高校为主渠道，但推动力更多来自政府，走过的是一条“政府推动型创业教育”的道路。

总体而言，国内外的创业教育研究已取得一定成果，但也有些问题有待进一步研究。一方面是对创业教育的理论研究多于实证研究，即使有少量实证，其调查分析也仅仅停留在描述性统计分析的层面上；另一方面是对创业教育的“应然”研究多于反思创业教育的“实然”研究，缺少对创业教育质量和实效性的评价。

（二）创业教育的模式

美国研究者从组织形式的角度将创业教育模式分为聚焦模式和全校性模式，较为具有代表性。聚焦模式以哈佛大学为代表，创业教育组织独立于其他学院成为学校的一个部门或机构。全校的资源和技术集中在一个平台上，师生在一个固定的学院和组织中开展创业教育。全校性模式针对全校学生开设创业教育，又可以分为磁石模式和辐射模式。磁石模式是指学校设置的一个平台机构，如创业教育中心，但中心的师生都是来自于其他学院。百森商学院和斯坦福大学采用的就是这种模式。辐射模式是指创业教育在全校各个学院或系进行，每个院系根据自己的学科特色，在学科课程中融入创业教育的课程。

以美国的三种模式为参照，2002 年教育部确立我国 9 所创业教育试点院校均为全校模式，只不过部分高校采用磁石模式，另一部分则采用辐射模式。随着试点的深入，国内开始有探索创业教育模式的研究见诸期刊。其中，宫丽、周静提出只有建立起高校、政府、社会三方搭建的创业服务体系，高校创业教育才能得到健康、快速的发展。罗向晗认为，要加大引进企业创业教育资源的力度，构建校企合作创业教育体系。胡军、林列在“2011 协同创新”这个大背景下对此问题进行了研究。

总体而言，国内外创业教育模式研究更多局限在宏观层面，缺少中观和微观层面的研究。特别是鉴于创业教育作为一门实践性很强的教育理念和模式，目前的创业教育模式，更多地关注高校系统内部，“封闭性”的研究多于“合作性”的研究，需要以开放的视角进行校内外的创业教育资源整合，切实提高创业教育质量。

讨论案例1-3

Uber的创业过程

2015年,Uber在全球54个国家和200多个城市开展业务,司机数目年初就超过了16万。2015年5月,公司准备新一轮融资,预计估值将超过500亿,这将创下接受风险投资的最高估值公司纪录。此前,只有Facebook在IPO之前达到过500亿美元的估值,但和Facebook用了7年时间达到这个估值不同,Uber仅用了5年。

特拉维斯·卡拉尼克是Uber的创始人,他出生于洛杉矶,小学六年级就会编写程序,是个典型的硅谷小孩。他在大四时与同学合作创办了Scour网站,让网友交换音乐、影片,由此遭到了30多家大型电影、音乐公司的侵权指控,要求赔偿2500亿美元损失。最后,他被迫卖掉公司,偿付赔偿并宣告破产。2001年,他与朋友合作创立了Red Swoosh公司,多次赔到一文不名,甚至付不出房租。直至2010年,卡拉尼克创建了Uber。

卡拉尼克说,Uber创立的灵感来自2008年的巴黎。卡拉尼克和同伴试图打出租车参加一次行业会议,但是叫了半天也没叫到。他想,他们要的服务,无非是手机上点几下,就可以迅速叫到车。Uber面世之前的出租车行业,面临着车脏、叫车慢、服务态度差、昂贵和无法接受信用卡的种种问题。随着移动互联网和定位技术的慢慢普及,卡拉尼克觉得解决这些问题的技术条件成熟了。

和很多地方一样,在Uber开始创业的美国旧金山,打出租车几乎是一场战斗。你要站在户外,不管风吹日晒雨淋,不断挥动着双手,直到成功拦下一辆出租车;或者你要先打电话给出租车调度中心,然后百无聊赖地等上几十分钟,出租车才会慢慢悠悠地过来。到达目的地后,当你还在摸索着掏钱时,却等来司机板着脸的一句话:没有零钱,不能刷卡。

在Uber出现之前,绝大部分国家和城市的出租车系统,都是保守、具有垄断性的行业。部分乘客对出租车不满,却无计可施。所以,人们迫切需要改善此种情形。Uber则非常敏锐地探知到这种失望感和需求。

Uber的出现完全改变了私营交通运营的方式。首先,Uber的移动应用和谷歌地图整合在一起,你能看见最近的车辆离你多远,在手机上设定地点,与这辆车在约定地点汇合。Uber的司机会给你打电话或者发短信确认他们已经在路上了，给你吃个定心丸，表明你的订单已经被接受了。一旦你的车到了(一般是在几分钟之内)，司机会亲切地和你打招呼，然后邀你进入车内。车都是黑色轿车和SUV。即使是Uber的低成本服务，也是由保养得非常好的车组成。当你到达目的地时，Uber的移动应用会通过信用卡收费，不用找零、现金付款、小费以及等着开出收据。你只要下车就好了。Uber把传统出租车交通系统中容易产生摩擦的部分给跳过去了。

2010年，卡拉尼克在美国旧金山与租车公司签订合约，以iPhone作为计费跳表器，让高级出租轿车能在空闲时提供出租车服务。Uber上线四个月后，他就知道这个点子成功了，因为公司收到了旧金山市政府发出的勒令停止营业公文。由于Uber服务跳出了传统范畴，模糊了高级租车与平价出租车之间的界限，费率未经审查，车辆没有漆成规定颜色，并挑战了主管机关的审查制度，从而引发了传统出租车公司的群起抗议。

在与律师讨论后，卡拉尼克不但不搭理公文，甚至还号召网友签署请愿书，发动以电子邮件向市长信箱反馈的活动，最后这纸公文不了了之，Uber的车照样在旧金山满街跑。随后，Uber服务进入全世界的其他城市，几乎无一例外地遭到了类似的阻碍。当Uber进军新城市时，总会面临来自即得利益者的大量诉讼，面临立法机关对Uber经营模式合法性的质疑，也会面临出租车司机们的各种支持或抵制。

Uber做了大量的工作，把Uber引起的这些争议诉说给Uber的潜在消费者来听。Uber实际上把他们面临的这些阻力，当作“弱者营销”的机会，让潜在消费者们知道Uber如何对他们有利，又如何因此激怒了那些不在乎消费者利益的传统行业，所以，Uber才是真正代表消费者利益的一方。Uber把这些本来是对其不利的诉讼或纠纷，变成了发展壮大的有力武器。

当Uber进入一个又一个新市场时，Uber的反对者努力让民意偏向于他们，但是Uber用户体验的质量则让更多的当地民众支持Uber。正是因为用户对Uber的支持，改变了当地的法律，帮助Uber在这些城市发展铺平了道路。当地媒体以及全国性的媒体，在这些争议的报道中，帮助更多的潜在用户了解到Uber，让世界各地的人们都知道Uber颠覆了传统的、糟透了的交通系统。

从2010年下半年Uber获得第一笔天使投资开始到今天估值超过500亿美元，Uber仅仅用了5年。但是公司创始人卡拉尼克依然坚持Uber是一个创业公司，他毫不掩饰自己的野心，希望将Uber打造成一个跨界的创新型的公司。

是的，如果 Uber 只替代现有出租车公司，它其实并不大。如果 Uber 实现了一部分的物流功能，它就大一些。如果 Uber 使用车成本降低到买车成本以下，将用车体验提高到可以媲美私家车，那么它就更大了。如果把 Uber 看成一个超级物联网公司机，每天在全世界运送上亿的人和货物，连接一切，那它就是世界上最大的公司了。

延伸阅读

创业者素质测试

(一) 基本素质自测

“创业”是一个充满诱惑力的词语，但并非每一个人都适合走创业、当老板的道路。美国 HMO 协会设计了一份问卷，可使你在作出决策前对自己有一个初步的了解。

下列各题均有四个选择，答案：A. 是(记 4 分)；B. 多数(记 3 分)；C. 很少(记 2 分)；D. 从不(记 1 分)。请在符合你实际情况的小括号内填上 A、B、C、D。

1. 在急需作出决策的时候，你是否在想：“再让我考虑一下吧？”(　　)
2. 你是否为自己的优柔寡断找借口说：“是得好好慎重考虑，怎能轻易下结论呢？”(　　)
3. 你是否为避免冒犯某个或某几个有相当实力的客户而有意回避一些关键性的问题甚至表现得曲意逢迎呢？(　　)
4. 你已经有了很多写报告用的参考资料，但仍责令下属部门继续提供？(　　)
5. 你处理往来函件时，是否读完就扔进文件框，不采取任何措施？(　　)
6. 你是否无论遇到什么紧急任务，都先处理琐碎的日常事物？(　　)
7. 你非得在巨大的压力下才肯承担重任吗？(　　)
8. 你是否无力抵御或预防妨碍你完成重要任务的干扰与危机？(　　)
9. 你在决定重要的行动计划时常忽视其后果吗？(　　)
10. 当你需要作出可能不得人心的决策时，是否找借口逃避而不敢面对？(　　)

11. 你是否总是在快下班时才发现有要紧事没办,只好晚上回家加班?(　　)

12. 你是否因不愿承担艰苦任务而寻找各种借口?(　　)

13. 你是否常来不及躲避或预防困难情形的发生?(　　)

14. 你总是拐弯抹角地宣布可能得罪他人的决定?(　　)

15. 你喜欢让别人替你做自己不愿做的事吗?(　　)

诊断结果:

50—60 分:你的个人素质与创业者相差甚远;

40—49 分:你不算勤勉,应彻底改变拖沓、效率低的缺点,否则创业只是一句空话;

30—39 分:大多数情况下充满自信,但有时犹豫不决。不过没关系,有时候犹豫是成熟、稳重和深思熟虑的表现;

15—29 分:你是一个高效率的决策者和管理者,更是一个成功的创业者,具有良好的心理素质和坚忍不拔的毅力。

(二) 果断性测试

果断性是指一个人能明辨是非,在紧急关头当机立断地采取决定并执行决定。果断性是以正确认识、当机立断与勇敢行动为特征,以深思熟虑和审时度势为前提条件。果断,不是面对抉择或突变瞻前顾后、犹豫彷徨,也不是轻率冒失、匆促行动;更非排斥他人建议,主观武断。成功者是一个决策者、战略家,你的果断性如何?你是否具备果断性的基本素质?下面测试使你对自己的果断品质有一个了解。请对问题作出肯定或否定的回答,将"是"或"否"置入题后小括号中。

1. 你能在旧的工作岗位上轻而易举地适应与过去的习惯迥然不同的新规定、新方法吗?(　　)

2. 你进入一个新的单位,能够很快适应这一新的集体吗?(　　)

3. 你要为家里购买一台风扇,发现风扇造型、档次、功效的种类极丰富,远不是当初想像得那么简单。你是否走遍全市所有商店才决定要买哪种?(　　)

4. 若熟人为你在其他单位提供一个薪俸更加优厚的职位,你会毫不犹豫答应前往吗?(　　)

5. 如果做错了事,你是否打算一口否认自己的过失,并寻找适当的借口为自己开脱?(　　)

6. 平常你能否直率地说明自己拒绝某事的真实动机，而不虚构一些理由来掩饰之？（　　）

7. 在讨论会上，经过一番辩论和考虑，你能否改变自己以前对这个问题的见解？（　　）

8. 你履行公务或受人之托阅读一部他人作品，作品主题正确，可你对写作风格很不欣赏。那么，你是否会修改这部作品，并坚持按自己的想法对它来个大幅度修改？（　　）

9. 你在商店橱窗里看到一件十分中意的东西，它对你并非必需，你会买下来吗？（　　）

10. 如果一位很有权威的人士对你提出劝告，你会改变自己的决定吗？（　　）

11. 你总是预先设计好度假的节目，而不是“即兴发挥”吗？（　　）

12. 对自己许下的诺言，你是否一贯恪守？（　　）

13. 假若你了解到在某件事上上司与你的观点截然相反，你还能直抒己见吗？（　　）

14. 今天是校友会踏青的日子，你打扮得潇洒利落。但天气似乎要变，带雨具吧又难免累赘拖沓，你能很轻松地马上作出决定吗？（　　）

15. 你花费了很多时间、精力搞出一个设计方案，按说也不错，可总觉得非最佳方案。你是否请求暂缓提交，再仔细斟酌一下呢？（　　）

评分标准

题号	是	否	题号	是	否	题号	是	否
1	3	0	6	2	0	11	1	0
2	4	0	7	3	0	12	3	0
3	0	3	8	2	0	13	3	0
4	2	0	9	0	2	14	2	0
5	0	4	10	0	3	15	0	3

诊断结果：

A 型(0—12 分)：优柔寡断。任何决定对你来说都是一桩难事，你总得反复和朋友商量后才能作出一个并不爽快的决定；如果有谁替你作出所有决定，你简直对他感激不尽了；你使人觉得难以信赖，与你共事或生活会觉得疲劳。不过你无须绝望，试着在日常琐事上“冒险冒险”，天长日久会有所改善的。

B型(13—24分)：小心审慎。在需要紧急决断的事上，你可以当机立断。一旦作决定的时间较为充裕，各种疑虑便向你袭来。于是，你就希望依靠别人，或者和朋友商量，或者去征求师长、上级的“同意”。其实你是有决断能力的，相信自己的头脑和经验吧。

C型(25—36分)：相当果断。你具有足够的逻辑判断力及丰富的经验，这使你能迅速作出合理的决定，偶尔出现失误，你一经意识到就会加以补救；你不经常询问他人意见，但从不排斥别人的建议；你一下定决心，通常会坚持到底，但不会为维护脸面而坚持错误，你具备成功者的良好素质。如果能在一些自己不在行的方面多请教别人，会使你减少失误造成的损失。

D型(37分以上)：极其果断。你不曾体验过犹豫的滋味。如果辅以开阔的眼界及合理的知识结构，你会是大集团强有力决策人的合适人选。

（三）压力应变能力测试

压力在我们生活中是无处不在的，压力有大有小，不同的压力有不同的应变方法，你面对不同的压力会采取什么措施呢？这儿有几个生活中的特殊事例，看看你是怎么应付的。本组试题是测试你的压力应变技巧。

1. 瓦里斯太太常常强制自己，宁愿自己过冷清的寡妇生活，也要使她的两个女儿得到完美的婚姻，并且一点也不含自私的心理来参与她女儿们的交际。可是很惊奇的是发觉她虽然徐娘半老，却是她女儿情场的劲敌。瓦里斯太太应该：(　　)

A. 将她的女儿软禁在家中，做些杂琐的家务

B. 叫她的女儿鼓起勇气，与她在情场上一决雌雄

C. 继续参加她们的集会，但是减少她的魅力

D. 同她的意中人结婚，跳出这恋爱错综的圈子

E. 告诉那些猎艳的男人们，她并非猎品之一

2. 杰克是一个仁慈的基督教徒，爱好种植果树。有一天，他的爱子很懊丧地告诉他说：一个跟他要好的小学同学因品行不良而屡次被老师申斥。果然，数天之间，那个小孩接连在他的园子里偷了好几次果子，但是杰克知道那个孩子家中很贫困，处境不佳。于是杰克：(　　)

A. 将那小孩捉到警察局里去

B. 等他再来偷时把他捉住，痛打一顿

C. 把这事告诉老师，请他代为解决

D. 设法使他脱离这个糟糕的环境而由杰克出钱来教养他

E. 将这个情形告诉慈善救济会，请他们救济他的家庭

3. 怀特太太是一个能干的妇人，擅长交际，她现在要招待一位贵宾，这位贵宾是很讲究吃的，并且是怀特先生的上司，这次招待得周到与否，与她的先生的前程大有关系。怀特太太应该：(　　)

A. 叫新来的厨子做一桌精美的食物

B. 亲自下厨做几盘精美的好菜

C. 到著名的酒楼去吃一顿

D. 请些有趣的亲友做陪客，再预备些丰盛可口的饭菜

E. 叫一席酒筵

4. 玛丽小姐是一位天生多才多艺很能干的女郎，对于事业已经有相当的经验和成就。可是她专制的未婚夫禁止她歌唱、写作和播音。因为他以为她的歌唱不入调，她写作的思想不健全，她的意识趋于缴进主义，所以要她做他的私人秘书。玛丽小姐应该：(　　)

A. 解除婚约　　B. 只做一些写作工作

C. 只与歌咏队合唱　　D. 只做极普通的播音

E. 接受那个秘书的职位

5. 杰克是一位聪明而情感丰富的未婚男子，对世事不很感兴趣，但喜欢他一个行为不端的同事的小孩。那位同事暗中非法侵占公司的款项，不过不易找出犯罪的证据。这笔款子现在还有时间追回，可是他同时和他同事的妻子发生恋爱。杰克应该：(　　)

A. 长期诉讼，以便追回已占款项

B. 暴露同事的不法行为，作为将来他妻子同他离婚的理由

C. 以暴露同事的不法行为相要挟，叫他同事与妻子离婚并要他立即辞职

D. 因为爱他同事的小孩，放弃对同事妻子的爱

E. 和他同事的妻子和小孩一起私奔

6. 约翰先生胸怀大志，但眼下颇拮据，很想利用结婚来弄些钱。他有四个对象：海伦每天都要去参加音乐会，陶乐斯很喜欢大家庭制，乔赛斐常要人跟她一同去旅行，琼是一位极活跃的政治领袖，但约翰先生对于旅行、音乐、家庭以

及政治都不感兴趣。他应该：(　　)

A. 和海伦结婚　　B. 和陶乐斯结婚

C. 和乔赛斐结婚　　D. 和琼结婚

E. 不与其中任何人结婚

7. 伊莫奇是个早熟而伶俐的女孩，她与她慈爱的母亲和思想健全的父亲同住在一个小村子里。她常窃听父母对邻居不满的谈话并加以宣扬。当她母亲知道这位爱女把他们的私语在外边宣扬的时候，应该：(　　)

A. 对邻居以幽默的方式解释伊莫奇尚年幼，所言均非事实

B. 对于伊莫奇所宣扬的坏话加以否认

C. 严厉指责伊莫奇使她以后不敢多嘴

D. 与邻居反目

E. 从此以后缩小谈话范围，只谈政治与家常琐事

8. 富翁雷特是福伦制造厂的总经理，为人很保守，知道他的爱女要同一个激烈的社会主义者维克多订婚，雷特应该：(　　)

A. 叫他私人雇用的打手将维克多毒打一顿

B. 设法纠正维克多的思想

C. 禁止他们结婚

D. 叫他的爱女去周游世界以避免对方的追求

E. 给维克多一个管理工人的要职

9. 雷纳太太是一个肥胖、随便，而且很会打算的妇人，每天早晨都按时坐公共汽车到办公室。有一天早晨，她出门晚了一些，当她喘着气赶到公共汽车站时，一部车子刚巧开走。她应该要：(　　)

A. 大声叫喊，叫公共汽车停一停

B. 跟着公共汽车跑过一站，再坐上去

C. 等第二部公共汽车

D. 奔到街心，跳上那部公共汽车

E. 坐出租车

10. T博士是一位有自信心的心理学教授，他的18岁的儿子是个情绪容易冲动的青年。有一天夜里这位青年在公路上开汽车，不留神将一个老人碾死了，当时大声叫喊，狂按喇叭，可是无人答应。他知道这件事并无第二人知道，回家后向父亲请示。T博士应该：(　　)

A. 立即叫警察

B. 请律师想方设法

C. 讳言事实,以缓和他儿子的情绪

D. 设法诱导他儿子去自首

E. 绝口不谈此事,禁止他儿子再开汽车

评分标准:

题号	A	B	C	D	E	题号	A	B	C	D	E
1					√	6				√	
2				√		7	√				
3				√		8					√
4	√					9			√		
5			√			10				√	

这是一套有质量、有难度的测试题。实际上,本题目测试了两个内容:一个是假使你是当事人,你会怎么做;二是你答这道题的时候还必须仔细阅读试题,你的答案还必须符合试题中设定的人物的性格特点和习惯等。比如,第 2 题,选择 D 便很符合杰克是一个仁慈的基督教徒乐善好施的特点。第 5 题,选 C 不但符合试题中人的特点,而且你不觉得这是一种十分老于事故的做法吗!

诊断结果:

能答对 8 道题以上,证明你的压力应变能力非常棒。

答对 4—7 道题,证明你的压力应变能力尚可。

答对 3 道题以下,证明你需要提高你的压力应变能力。

说明:本测试选自《大富翁测试题》。

(四) 意志力指数测试

我们通过克服困难,努力达到预定目的的过程称为意志过程,人的意志品质可分积极和消极两种,消极的意志品质有盲目性、冲动性、受暗示性、独断性、脆弱性和顽固性等。积极的意志品质包括自觉性、果断性、坚韧性和自制力。下列各题中,每题有 5 个备选答案:A. 很符合自己的情况;B. 比较符合自己的情况;C. 介于符合与不符合之间;D. 不大符合自己的情况;E. 很不符合自己的情况。

1. 我很喜爱长跑、远足、爬山等体育运动,但并不是因为我的身体条件适应这些项目,而是因为这些运动能够锻炼我的体质和毅力。( )

2. 我给自己订的计划,常常因为主观原因不能如期完成。( )

3. 一般来说,我每天都按时起床,不睡懒觉。( )

4. 我的作息没有什么规律性,经常随自己的情绪和兴致而变化。( )

5. 我信奉“凡事不干则已,干则必成”的信条,并身体力行。( )

6. 我认为做事情不必太认真,做得成就做,做不成便罢。( )

7. 我做一件事情的积极性,主要取决于这件事情的重要性,即该不该做;而不在于对这件事情的兴趣,即不在于想不想做。( )

8. 有时躺在床上,下决心第二天要干一件重要事情,但第二天这种劲头又消失了。( )

9. 在工作和娱乐冲突的时候,即使这种娱乐很有吸引力,我也会马上决定去工作。( )

10. 我常因读一本引人入胜的小说或看一出精彩的电视节目而忘记时间。( )

11. 我下决心办成的事情(如练长跑),不论遇到什么困难,都会坚持下去。( )

12. 我在学习和工作中遇到了困难,首先想到的就是问问别人有什么办法。( )

13. 我能长时间做一件事情,即使它枯燥无味。( )

14. 我的兴趣多变,做事时常常是这山望见那山高。( )

15. 我决定做一件事时,常常说干就干,决不拖延或让它落空。( )

16. 我办事喜欢挑容易的先做,难做的能拖则拖,实在不能拖时,就赶时间做完算数,所以别人不大放心让我干难度大的工作。( )

17. 对于别人的意见,我从不盲从,总喜欢分析、鉴别一下。( )

18. 凡是比我能干的人,我不大怀疑他们的看法。( )

19. 我喜欢遇事自己拿主意,当然也不排斥听取别人的建议。( )

20. 生活中遇到复杂情况时,我常常举棋不定,拿不定主意。( )

21. 我不怕做我从来没有做过的事情,也不怕一个人独立负责重要的工作,我认为这是对自己很好的锻炼。( )

22. 我生来胆怯,没有十二分把握的事情,我从来不敢去做。( )

23. 我和同事、朋友、家人相处时，很有克制能力，从不无缘无故发脾气。(　　)

24. 在和别人争吵时，我有时虽明知自己不对，却忍不住要说一些过头话，甚至骂对方几句。(　　)

25. 我希望做一个坚强的、有毅力的人，因为我深信"有志者事竟成"。(　　)

26. 我相信机遇，很多事实证明，机遇的作用有时大大超过个人的努力。(　　)

评分标准：

单数题号，A记5分，B记4分，C记3分，D记2分，E记1分；

双数题号，A记1分，B记2分，C记3分，D记4分，E记5分。

各题得分相加，统计总分。

诊断结果：

111分以上：说明你意志力很坚强；

91—110分：说明你意志力比较坚强；

71—90分：说明你意志力一般；

51—70分：说明你意志力比较薄弱；

50分以下：说明你意志力很薄弱。

(五) 人际沟通能力测试

善于交谈的人，能够左右逢源，不善于表达的人，总是很被动。如果你想知道自己与他人的交谈能力，就请进行以下测试。请将你选好的答案代号填入小括号内。

1. 你是否时常避免表达自己的真实感受，因为你认为别人根本不会理解你？(　　)

A. 肯定　　B. 有时　　C. 否定

2. 你是否觉得需要自己的时间、空间，一个人静静地独处才能保持头脑清醒？(　　)

A. 肯定　　B. 有时　　C. 否定

3. 与一大群人或朋友在一起时，你是否时常感到孤寂或失落？(　　)

A. 肯定　　B. 有时　　C. 否定

4. 当一些你与之交往不深的人对你倾诉他的生平遭遇以求同情时，你是否会觉得厌烦甚至直接表现出这种情绪？（　　）

A. 肯定　　B. 有时　　C. 否定

5. 当有人与你交谈或对你讲解一些事情时，你是否时常觉得百无聊赖，很难聚精会神地听下去？（　　）

A. 肯定　　B. 有时　　C. 否定

6. 你是否只会对那些相处长久，认为绝对可靠的朋友才吐露自己的心事与秘密？（　　）

A. 肯定　　B. 有时　　C. 否定

7. 在与一群人交谈时，你是否经常发现自己驾驭不住自己的思路，常常表现得注意力涣散，不断走神？（　　）

A. 肯定　　B. 有时　　C. 否定

8. 别人问你一些复杂的事，你是否时常觉得跟他多谈简直是对牛弹琴？（　　）

A. 肯定　　B. 有时　　C. 否定

9. 你是否觉得那些过于喜爱出风头的人是肤浅的和不诚恳的？（　　）

A. 肯定　　B. 有时　　C. 否定

评分标准：

选 A 记 3 分；选 B 记 2 分；选 C 记 1 分。

诊断结果：

9—14 分：你很善于与人交谈，因为你是一个爱交际的人；

15—21 分：你比较喜欢与人交朋友。假如你与对方不太熟，刚开始可能比较少言寡语，可一旦你们熟起来，你的话匣子就再也关不上了。

22—27 分：你一般情况下不愿与人交谈，只有在非常必要的情况下，才会与人交谈。你较喜欢一个人的世界。

（六）人际交往能力测试

人际交往能力是指在社交过程中处理人际关系、解决人际冲突的能力。人际交往能力是广义的交际能力最为重要的方面。人际交往能力强的人，都会成为社交活动中的佼佼者，成为万众瞩目的焦点，其个人魅力可想而知。

1. 要是有人邀请你，这次邀请对你来说又非常重要，你去时：(　　)

A. 穿着舒适，随便　　　　B. 穿适合这种场合的衣服

2. 你并不同意朋友的新的爱好，假如他征求你的意见时：(　　)

A. 直截了当地表示反对　　　　B. 试图找出一个得体的说法

3. 你由于大意，同一天安排了两个约会，那么你将赴哪个约会呢？(　　)

A. 赴先定的那个约会　　　　B. 赴更重要的约会

4. 你的朋友因家庭纠纷找你，希望能听一听你的建议，你怎么办呢？(　　)

A. 不表示自己的态度　　　　B. 按你的看法评价谁是谁非

5. 一个朋友滔滔不绝叙述一个电视节目，而你认为这个节目没有意思，于是你说：(　　)

A. 这个节目我没有看过，但我想看看

B. 我看过，但不喜欢

6. 你朋友怀疑他自己买的新车宝马太贵了，而你认为确实买贵时：(　　)

A. 你直接说出你的看法　　　　B. 向他表示祝贺

7. 做客时有人讲了个有趣的故事，但记不清如何结尾了，而你知道结尾时：(　　)

A. 你将结尾讲出来　　　　B. 你保持沉默

8. 假如你遇见一个人，但想不起他的名字时，你怎么办呢？(　　)

A. 难为情地急于走开

B. 坦率地承认你记不起他的名字了

9. 要是有件小事(如头痛或家务事)使你苦恼时：(　　)

A. 你闷在心里　　　　B. 随便告诉熟人

评分标准：

如果你的选择与下表中答案相符，则记 1 分，反之记 0 分。

题号	答案	题号	答案	题号	答案
1	A	4	A	7	B
2	B	5	A	8	B
3	A	6	B	9	B

(七) 处理公务关系能力测试

请在4分钟内将选择的答案号填入每题之后的小括号中，答题时请不要乱猜乱填，也不要思前想后，尽量按自己真实的想法一次填完即可。

1. 办公空间有限，你不得不将一位精力充沛的供销专家安排在打字员办公桌旁。这位专家是公司元老，工作一向出色，年薪也相当高；但他常迟到，不到休息时间便去喝茶小憩，桌上总是乱糟糟的，而这会给那些优秀的打字员造成不良影响。至于那些刚从商业学校毕业、工资较低的打字员更容易受影响，你将怎么做？(　　)

A. 解雇专家

B. 如果打字员不守规章，就解雇她们

C. 无选择(即不想选任何答案)

2. 你与一个下属离开一家餐馆，发现餐馆少找了你们三角钱。你收入颇丰，时间又宝贵，这时你怎么办？(　　)

A. 这不只是钱的问题，还关涉到原则。应该回转去提意见，如可能，收回缺额

B. 忘掉这事

C. 叫下属去提意见

D. 无选择

3. 你是个从普通职员提升起来的经理，你的工作很繁忙。同时你的部门有一系列复杂的日常事务，你知道自己比手下任何人都更胜任这些事务，那么，你选择下列哪种做法？(　　)

A. 对每件具体工作事必躬亲

B. 把这些事分别派给几个下属去干

C. 无选择

4. 你知道这位可能成为你客户的人是个蝴蝶标本收集者，你带着业务目的拜访他。你拿出一个标本说："听说你是蝴蝶标本专家，这是我孩子捕到的一只蝴蝶，我把它带来是想请教你它是什么蝴蝶。"你预计可能发生哪种情形？(　　)

A. 他会觉得你有些冒昧、不合时宜

B. 他会对你产生好感

C. 无选择

5. 你希望一位执拗的同事按你的建议去做，应怎么办？（　　）

A. 尽量使他相信这建议至少有一部分是出自他的头脑

B. 只考虑这建议会给你带来荣誉

C. 无选择

6. 假设自己是一家商店的经理，一位顾客闯入你办公室怒气冲冲地发泄不满，你意识到完全是她的错，应如何走第一步棋？（　　）

A. 努力迁就她的错误看法，对她表示同情

B. 心平气和地向她指出其不满是误会造成的，不是商店的责任

C. 告诉她去找顾客意见簿或专司此职的管理人员，如果要求是正当的，问题会得到解决，而找你是没用的

D. 无选择

7. 有位女士来你店里买鞋，由于她右足略大于左足，总也找不到她能穿的鞋，你觉得应当解释一下，你将如何措辞？（　　）

A. 女士，你的右脚比左脚大

B. 女士，你的左脚比右脚小

C. 无选择

8. 你是老板，一名雇员向你献上有关提高效率的计策。他的建议是你过去已想过并打算实施的，那么，下面哪种处理方法较好？（　　）

A. 告诉他你真实的想法，但也对他给予充分的肯定

B. 闭口不提你以前的想法，只赞扬他的合作精神

C. 无选择

9. 下面哪种说法比较好？（　　）

A. 我恰巧到附近有事，因此顺便来和你谈点事儿

B. 我专诚前来找你谈这件事

C. 无选择

10. 善于言辞是优秀业务人员的标志，假定你和一位才学高深、掌握数国语言的博士交谈，你会选择哪类风格的句子来表达？（　　）

A. 这是常见的事

B. 这属于每日必有之常事

C. 这种事发生得很频繁

D. 无选择

评分标准：

1. B；2. B；3. B；4. B；5. A；6. C；7. B；8. A；9. A；10. A。

对照答案，每答对一题记 3 分；漏答一题减 3 分；选了两个以上“无选择”者减 5 分；连一个“无选择”也未选的减 5 分(题 6 如答对，算你选了一个“无选择”)，计算出你的总得分。

诊断结果：

得分为 27—30 分，属于优秀的公务关系协调者。你不是靠盲目的鼓励首肯，或不容分说的高压手段来解决问题，而是长于以情动人、以理服人，用高超的技巧来使目的得以实现。你有资格成为一个大团体的领导者、管理者。

得分为 17—24 分，属于一般的公务关系协调者。平常情形下，你能够以合理适度的方式使他人接受你的意见，按你的意图去干。但如若时间紧迫或情况特殊，你往往会作出一些不当的决定。这说明你可能不能胜任大范围内公务关系的管理与协调。

得分为 0—15 分，属于“拙劣”的公务关系协调者。你不了解在处理工作关系时“因势利导”的原则，对人的观察研究也不够，尤其忘记了自己的工作不是处理这些关系，而把自己过分地“投入”进去，这就很难得心应手地运用技巧来协调好各方面的关系。你与管理者无缘，只适于从事具体的专项工作。

第二章

创业机会及其评估

创业研究的权威专家蒂蒙斯认为，创业机会是创业成败的关键要素。寻找、识别与评估创业机会是新企业创业过程的起点，也是创业过程中的关键点。一个新企业创业过程的核心就是创业机会的分析与发掘过程，新企业的创立过程是由机会驱动的。从动态的角度看，创业机会并不简单等同于新产品、新服务、新原材料和新的组织方式。机会是将资源创造性整合，通过市场需求（或兴趣、愿望）分析预测，传递实现价值的可能性。

【课堂学习】

1. 了解什么是创业机会；
2. 区分创业机会的类型；
2. 掌握发现创业机会的方法；
4. 掌握如何进行创业机会的评估与比较。

【课后实践】

1. 你身边有哪些创业机会；
2. 根据自身资源优、劣势评估选择对你而言合适的创业机会。

导读材料

一名大学生的互联网创业

胡某是一名计算机学院的学生，刚上大三，他就去软件公司打工，一边赚钱一边检验学习成果。据他回忆，第一次使技术和商业有所结合，是和几个“哥们儿”，一起开发修改一个网守计费程序。由于没有经验，程序晚入市3天，市场就被抢掉大半，从这开始他才知道，商场经验有时候比技术还重要。2006年，互联网业务爆发，服务器开发、网站制作尤为火爆，胡某凑了3万元，买了一批服务器，想做互联网方面的业务，结果到了2007年，全部赔光了。这次创业以失败告终，但是失败的经历让他在大学里沉积了两年，同时对于他的人生价值观也产生了影响。

在学校时，胡某踏实、勤勉和好学的态度得到师兄的认可，师兄带着他学习计算机，编写程序。为了解决技术上的问题，胡某整整一年的时间都泡在图书馆里，这种勤奋好学的劲头使他的专业知识越来越扎实。2006年创业的失败，使他产生巨大的经济压力的同时也积累了宝贵的创业经验。2008年跟商学院的合作可以说是胡某第二次创业的转折点。这个项目需要成立公司，在此原因下胡某注册了公司。到了2009年2月，商学院的整站系统开发项目上线后，得到了同行业的一些认可，公司便开始有了新的合作业务。2010年，公司业务开始扩张：注册资本扩充到100万，正式迁到科技园，成功申报大学生创业扶持项目，并且与公司合作的大客户增加到7家。在企业发展过程中，胡某逐渐认识到：“北京、上海、广州的今天，就是其他城市的明天，这些城市的移动互联产品应用如何，就是全国范围内的科技风向标。”他坦言，国内互联网公司调研报告权威数据显示，现在北、上、广智能手机普及率达到70%—80%。而在当地为65%，这给移动智能终端研究和应用，提供了巨大的机遇，其中APP见效最快。同时，通过对市场的分析，他发现目前本地市场基于移动互联网的商品销售分为两个方向，一个是本地自主研发销售，另外一个是非定制的通用模本软件在全国范围内销售。其中，前者研发价格相对较高，但提供个性化定型和战略服务，因研发团队较少，所以软件提供数量有限。而后者多为北、上、广等地团队制作的模本软件，针对性不强，适用于一般性企业，例如餐饮服务等，但优势是价格低廉，后期服务维护费用不高。另外，从竞争对手方面考虑，创业者调查发现，伴随着 APP 应用的普及，研发团队潜在人才存在缺口。因此到了 2012 年，公司网站建设方面的业务基本关闭，开始大力发展手机业务；通过跟新文化报社合作，来提高行业内对企业的认可度，并宣传企业在移动互联网方面的成绩。“新文化+”的上线，标志着公司进入媒体行业；吉码产品也已经有商户合作；公益方面也有一些作为，包括吉大美美资源站的建设、美美书乡的建设等。该公司的一切事物在探索中前进并蓬勃发展。

关于自己的创业机会识别过程，胡某认为大学期间专业知识的积累是搜索创业机会和进一步发现创业机会的关键因素。同时，这些专业知识、政府的政策支持(如提供创业资金)以及学校优势(如更加容易获取来自学校的内部订单)是他作出创业决策的关键因素，即这些因素影响了机会识别的最终评价阶段。作为成功的大学生创业代表，胡某也谈了初次创业失败对自己的影响。通过初次创业的失败经历，胡某认识到自己对于自身认识的不足，以及创业过程中对于市场变化的警觉性不够。这一经历使得他以后在待人处事方面更加老练，为再次创业的经营管理方面提供了经验。

【思考与讨论】

1. 胡某的创业机会是如何产生的?
2. 胡某的前几次互联网创业为什么会失败?

第一节　创业机会的产生

创业是发现市场需求，寻找市场机会，通过投资经营企业满足这种需求的活动。创业需要机会，而机会无时不在，无处不在，但是机会要靠发现，在茫茫的市场经济大潮中要想寻找到合适的创业机会，需要创业者具备一定的素质并掌握发现市场机会的方法。

(一) 什么是创业机会

对于创业机会的定义众多，有人认为，创业机会可以看作是对于市场需求的进一步满足，它的出现满足了市场的部分需求。也有人更加强调创业机会发现过程中创业者个人的主观因素，认为创业机会是通过将新的产品、服务和原材料等引入生产的过程中，进而将这些要素进行组合以满足外部需求，创造出价值。这一观点将创业机会看作是可以提供的一种新的产品或者服务，或者说是一种新的组织管理模式，通过对这些要素进行销售以获取利润。通过这两个视角的研究，揭示了对于创业者来说，在搜索创业机会的同时，也需要进一步地去评价和完善创业机会。

通俗地讲，创业机会就是一个创意，可以在当前的市场环境中顺利实施并获取利润。这个创意要提供的产品或服务不但能给某些人带来实际的好处和用处——他们肯买，而且他们付的价钱使你可以得到利润。没人要的东西肯定不是创业机会，有人不给钱或给的钱不能令你有利润也不是创业机会。譬如，你要在一个社区附近开设一个钢琴学习班，这个创意满足了社区一部分人的需求，这种需求是真实的，因此这是一个机会。但是，由于该社区消费者的整体消费能力不高，导致他们对于满足此需求的支付意愿低于你提供需求的成本，他们不愿意支付能让你获利的金额，所以，这就不是一个创业机会。

因此，创意是机会的源泉，而机会是创业机会的前提。通常，在创业企业中产生的过程为：创意——机会——创业机会。在这个过程中，创意是发掘商业机会的开始。

（二）创业机会产生的过程

1. 创意的产生来源

很多想创业的大学生，首先遇到的问题，就是怎样发现创业计划，形成创意。通过分析众多的企业创业案例，可以发现，企业创业的创意可以有很多方面的来源。大致说来，企业创意常常来源于顾客、现有的企业、企业的分销渠道、政府机构，以及科学研究与开发活动。

（1）顾客

有潜力的创业者应该密切注意有关新产品或服务的创意的最终焦点——潜在顾客。创业者可以采取非正规的方式去追踪顾客的潜在需求，也可以采取正规的方式安排与顾客座谈，使顾客有机会表达他们的意见。值得注意的是，产品的创意所针对的市场应足够大，大到足以支持一个新的风险企业长期生存。对于市场容量的判断是一个十分重要的因素，对于市场问题我们将在下面作更深入的讨论。

(2) 现有企业

有潜力的创业者应该运用正规的方法,对市场上竞争者的产品和服务进行追踪、分析和评价。通过这种分析,能够发现现有产品存在的缺陷,从而有针对性地提出改进产品的方法,并以此开发出有巨大市场潜力的新产品。竞争者之间的产品通常具有很强的替代性,因此,从产品功能的分析与替代出发来寻找新的产品与新的市场,也应是创意的一个重要来源。

(3) 分销渠道

分销商也是新产品创意的最佳来源之一,因为他们直接面向市场,对市场的需求了如指掌。分销商不仅能经常对全新的产品提出建议,而且也能帮助创业者推广他们的新产品。例如,有一个创业者就从他的销售代理人那里了解到,他们的针织品销得不好的原因主要在于颜色不合消费者的口味。在充分考虑了这个建议之后,他们对产品的颜色进行了适当的调整,这家公司最终成为美国地区非品牌针织品供应商中的领先者。

(4) 政府机构

专利局的文档中蕴含着大量的新产品创意。尽管专利本身可能对于引进新产品形成法律制约,但它却可能对其他更有市场潜力的新产品的创意给予有益的启发。一些政府机构和出版当局对于专利应用的监督起着积极的作用。

新产品的创意也可能来源于对政府有关法规的反应。例如,一项旨在消除工业中不安全工作条件的职业安全和健康条例规定,拥有三个以上雇员的企业必须配备急救药箱,急救药箱中应该装有适合本企业或行业的特别物品。这一条例甚至对急救药箱本身也提出一定的要求,比如一家建筑公司的急救药箱需要具有防风防雨功能,这与生产润肤品或经营零售贸易的公司所需要的急救药箱就有所不同。作为对安全和健康条例的反应,那些已建立和新近成立的企业纷纷上市各种各样的急救药箱。一家新近成立的公司——安全销售公司就成功地开发并销售了急救药箱。

在中国,尽管政府在这方面的服务尚待完善,但基本的关于专利的目录及查询等均已具备较强的基础,因而也应是中国的潜在创业者获得创意的重要来源之一。但遗憾的是,据报道,中国专利目录的利用还非常地不充分,大多数的创业者也完全忽视了这一重要来源。

(5) 研究与开发

新创意的最大来源应该是企业本身的研究与开发活动,无论这种研究与开发是通过现有员工的正规努力还是通过不正规的地下实验室。一个非常正规的研究与开发部门通常装备精良，有能力为企业成功地开发新产品。

2. 激发创意的方法

尽管创意的来源有多个方面，但要使得创意成为一家新的风险企业的发展基础却仍然是一个十分困难的问题。创业者可以运用多种方法来帮助激发新的创意并加以测试。这些方法包括集中小组方法、头脑风暴法和问题编目分析。

（1）集中小组方法

集中小组方法自 20 世纪 50 年代以来就被广泛地使用，具体而言，所谓集中小组方法即由主持人带领一群人聚在一起进行公开的、深入的讨论，用不局限于主持人提问的方式来征得与会者的反应，主持人则以直接或间接的方式来集中该小组的讨论。一般地，小组由 8 到 14 个参与者组成，每个成员都会接受其他小组成员的评论，以刺激其创造性地产生新产品的创意。例如，有一家美国公司对女用拖鞋的市场感兴趣，它就召集了 12 位来自波士顿地区、具有各种社会经济背景的妇女组成一个集中小组，并通过小组讨论产生了一个新的产品概念，即“像旧鞋子一样合脚、温暖而又舒适的拖鞋”。这个产品概念被开发成为新产品并取得了市场销售的成功，而且其广告词也是根据集中小组成员的评论得出的。

除了产生新的产品创意以外，集中小组方法也可以用于对产品构思和概念进行筛选。通过一定的程序，可以得到更加定量化的分析结果，因此，集中小组是产生新产品创意的一种有效的方法。

（2）头脑风暴法

头脑风暴法被用来激发新产品的创意主要是基于这样一个事实，即当人们与其他人聚在一起，参与到一个小组中时，往往会被刺激而产生更大的创造力。与上述集中小组方法不同的是，头脑风暴法中的小组讨论一般没有明确限制的集中讨论的主题，而是只有一个大致的相对较宽的领域。这将十分有利于参与者发挥他们的想象力。尽管小组产生的大多数创意都不可能取得进一步的开发并转化为市场上的产品，但往往会从大量海阔天空的想象中产生出一个好的创意。当头脑风暴法相对着眼于某个特定的产品或市场时，产生好的创意的概率也就会比较大。

头脑风暴的过程应该乐趣无穷，不存在某个统治局面的人，而且不应禁止讨论。

美国一家大型商业银行曾经成功地运用头脑风暴法产生的创意创办了一个新的杂志，该杂志旨在为其顾客提供高质量的信息。参与头脑风暴的经理人员主要集中于市场的特点、信息内容、杂志的期数，以及该杂志对银行的宣传价值。一旦杂志的形式和期数得以确定，银行又召集位于三个城市——波士顿、芝加哥和达拉斯的那些列入《财富》杂志 1000 家企业的财务副总裁参加集中小组，针对这个新办杂志的形式、关联性及对各自企业的价值进行讨论。

(3) 问题编目分析

问题编目分析运用和集中小组相类似的方式产生新产品创意，但不同的是，集中小组由顾客本身产生创意，而问题编目分析则按产品类型为顾客提供一系列问题，要求顾客根据问题对这类产品进行讨论。这种方法的好处在于把已知产品与所提出的问题相联系，并在此基础上获得新产品创意，这相对于产生一个全新的产品概念本身要容易一些。这种方法也经常用来对一个新产品创意进行测试。

以该方法在食品行业中的运用为例，最困难的任务之一是列出尽可能详尽的问题，比如重量、口味、外观和成本。一旦列出了完整的问题，人们将会把有关产品与问题联系起来。

问题编目分析产生的结果必须经过仔细的评价，因为也许它实际上并不能够揭示出一个新的经营机会。例如，通用食品公司曾经开发一种简装的麦片盒，以解决现有盒子不能很好地适合货架这一问题，但结果却并不成功，因为包装规格对实际的购买行为影响甚小。为了保证最好的结果，问题编目分析应该用来初步确定产品创意，然后进行进一步的评价。

3. 商业机会的获取

商业机会是指商业行为中的创意所产生的机会，通俗的说法也就是应用于商业中的一些点子。大多数情况下，市场机会来自于某一商业机会，一般包含以下几类：

(1) 通过分析特殊事件，寻找商业机会。例如，某炼钢厂因为资金不足，不得不购买迷你型钢炉，而后竟然发现后者的获利率要高于前者，后来经过分析，钢品市场结构已发生变化，因此该厂将投资重点放在迷你型炼钢技术。

(2) 通过分析矛盾，寻求商业机会。如金融机构提供的服务与产品大多针对专业投资大户，但占市场很大比例的一般投资者却没有受到应有的重视。这样的矛盾显示出为一般大众投资提供服务的市场是极具潜力的。

(3) 通过分析作业程序，寻求商业机会。例如，分析很多行业的生产作业流程，可以挖掘软件开发和信息服务。

(4) 通过分析产业与市场结构变迁的趋势，寻求商业机会。例如，在国有体制改革和公共事业产业开放的调整中，可以在能源、电信、交通产业中挖掘更多的商业构思。

(5) 通过分析人口统计资料的变化趋势，寻求商业机会。例如，人口的老龄化、教育程度的变化、社会竞争导致业余充电学习等提供了很多的机会。

(6) 通过分析价值观念和认识的改变，寻求商业机会。例如，人们对于饮食需求认识的改变，造就健康食品市场的兴起。

(7) 通过新知识的产生，寻找商业机会。例如，当某一医学领域发生了重大突破，就可以预计这会给医疗服务领域带来商机。

(8) 通过复制外地市场，寻找商业机会。商业机会也可以来自生活中的观察和体验。如个人生活经历和工作经历、个人爱好、偶然发现、通过媒体获得相关信息(报纸、电视、书籍、资料等)、交流、接受培训或教育。

4. 创业机会的诞生

从激发创意开始，到商业机会的获取是一个艰难的过程，有时需要反复多次。此时，有的创业者认为自己已经有了很好的想法和点子，从而对后面的创业过程充满信心。但是，创意和机会固然重要，从大胆的想法和新异的点子到转化为创业机会，仍然需要一个漫长的过程。许多创业者就是因为仅仅凭一个想法去创业而失败了。只有详细了解机会的特征并根据自身的资源选择创业机会，才能在后面的创业过程中无往不利。

讨论案例 2-1

熊猫慢递:反逻辑的创意

现代社会,人们似乎总在追求越来越快、越来越高效的生活。比如快递,顾名思义,它的主要竞争点就在于"快",比拼谁能在最短时间内将顾客委托的邮件准确送达目的地。但有一家以"慢递"为价值诉求的公司,反其道而行之,用情感价值替换了传统邮递服务中的效率价值,它就是"熊猫慢递"。

2009 年初,中国第一、世界唯一的"熊猫慢递邮局"在北京正式挂牌营业。它坐落在北京 798 艺术区的一条安静的街道上,门口的电线杆上挂着一个印有可爱熊猫的圆形灯箱,老远就能把眼球吸引过去。与普通邮局的喧嚣忙碌大相径庭,这里巨大的白色柜台、温暖的鹅黄色灯光以及轻柔悠扬的音乐,让一切都温馨而随意。柜台前,3 排各式搞怪的明信片可供客人选择:有些是空白的牛皮纸明信片,你可以随意在上面写写画画;有些是印着邮局 logo 的手绘明信片;还有些是拼图明信片,你可以写好文字后,将它们拆开装入信封。除此之外,一系列"文化"明信片也别有情趣,有的印着小时候考试的卷子;有的印着"好好吃饭,天天睡觉"等口号;还有的则标明为"好老公(好老婆)证书"等。

"亲爱的宝贝,虽然你现在还在妈妈肚子里,但是你的到来使爸爸妈妈非常非常非常的幸福!我们希望你在妈妈肚子里的时候一定要吃得饱睡得好,长成一个健康的宝宝。明年的这个时候,让爸爸妈妈把你的小脸亲个够!爱你的爸爸妈妈。"这是一对年轻夫妇写给他们未降生的宝宝的信。装进信封,贴上邮票,这封信于 2010 年 7 月 8 日被准时投递到了小家伙的手中。这样一封爱意浓浓的信,就是由熊猫慢递来完成投递的。

在这里,每封信都是保密的,如果不是寄信人自己提起,工作人员也无从知晓信的内容。但从信封上注明的信息来看,大部分人选择给未来 1—2 年的家人、好友或自己写信。

熊猫慢递的主要收入来源为邮件保管费,以及售卖明信片的收入。他们帮客户保存信件的收费标准定为一年 99 元,每增加一年,费用增加 10 元。可以说,利用人们普遍存在的隐性需求,熊猫慢递将消费者对于时间敏感的固有价值观进行了重新定位,找到了商机。

熊猫慢递邮局的创意来自于一封在 2008 年 8 月寄出的明信片。当时在北京一家咨询公司工作的李铁娜并没有想到，自己去丽江旅游时，从四方街的一间“特别破的小邮电所”中寄出的明信片，同事们竟然在一个多月后才收到。突然看到同事们收到“已经被自己抛在脑后”的明信片，李铁娜感觉到了一阵惊喜，就好像重新找回了一段失去的时光。回忆之余，大家也不免调侃一下中国邮政的速度，“这哪是快递，分明是慢递嘛”。可是他们同时又感叹：“没有慢递，哪来的惊喜呢?”聊着聊着，有人突然冒出一个想法：“要不然，我们就来开一个慢递公司?”这个创意，被这群人中的“老大”刘伟迅速抓住了。

于是，2008 年的整个 10 月，这些分别毕业于财会、土木、法律、设计等专业的“70 后”“80 后”聚集在一起，进行“疯狂的头脑风暴”。无论是在办公室、酒吧、出差的飞机上，还是在红绿灯下的汽车里，这个创意都会被他们拎出来反复讨论。他们运用理性思维，拿出数据和事实来证明、推断怎么做这件事？这事为什么可以做？光是选址就费了一番工夫。他们曾考虑过北京的几个著名的旅游区，如南锣鼓巷、什刹海、烟袋斜街。但由于慢递就像“一种行为艺术”，他们最终圈定了 798 艺术区。因为这里是年轻人聚集区，来逛的人大部分都比较喜欢有创意感的东西。接下来是产品分析，什么产品和这些消费者对路？最终还是确定用原创的明信片做载体，来保留顾客的美好回忆。

在究竟选择哪种“足够慢”的动物来做慢递代言人的问题上，也曾经在团队内部引发争论。

有人提议用蜗牛或乌龟，但其他人认为这两种动物“负面新闻太多，有误事的嫌疑”。猪八戒也被推上榜单，可是经过一番仔细的考证，有人提出：“猪八戒是个神仙，跑得应该也不会太慢吧。”这个建议也只得作罢。

直到熊猫被提名时，这个“代表中国”的形象，得到了所有人的认可。为了强调它的职业特征，设计师高呈昀特别将熊猫的头放大、肚子变胖、手脚缩短，一个憨憨的、看起来不太擅长运动的“胖墩儿”慢递员就这样问世了。

“在这个节奏快得让人眩晕的时代里，慢是件好事。”曾在北京市建筑设计研究院工作了 5 年的高呈昀，从听说了“邮政慢递”的那一刻起，就成为了这个当时还不成熟的项目的合伙人之一。几个月后，她发现，正是这只熊猫帮助她在专业之外第一次找到了“自己的事业”。

而对于这个团队的大多数人来说，一年前也都是北京几百万上班族中最普通的一员。每天打卡上班，拿着一份不算丰厚的薪资，在朝九晚五的时间段里，过着满是框架、不得逾矩的生活。

2009年1月1日，当时命名为“邮政慢递”的小店，开始了试营业。那时他们最好的打算就是能守住798这一家店。

很多人都有这样的体会，当想起家人、朋友的生日或是重要纪念日时，却已是昨天、前天，甚至几个月前的事了。不是不愿意与亲朋好友沟通，而是每天要处理的信息太多。乐尚艺游推出的“熊猫慢递”就是看到了这个市场。他们鼓励消费者一次性把亲朋好友的生日或特殊纪念日都记录下来，然后在有空的一天来到熊猫慢递，为他们写下心中的祝福和邮寄的时间。

熊猫慢递邮局的口号就是“写给未来的信”，抓住的正是人们内心最柔软的部分，即对情感的需求。

熊猫慢递提供和普通邮局相同的信件投递服务，唯一的区别是，投递的时间由寄信人自己决定，可以是一月后、一年后，也可以是十年后，甚至更久以后。为了保证每封“写给未来的信”都不丢失，工作人员还要求寄信人同时填写投递失败后的寄还地址。即使这样，还是有客人担心时间越久，信丢失的风险越大。为此，熊猫慢递承诺会认真对待每一封信件，即使有一天这个店不存在了，也会兑现承诺，守护信任。在这里，每位寄信人的嘱托都会被登记造册，所有信件按照投递日期被分放在若干个标明月份的红色木箱里。而每天傍晚，“熊猫慢递”的投递员都会骑着自行车，将当天要发送的信件送到附近的邮局。

虽然，熊猫慢递提供的服务有一定的市场，但要让现代的消费者们放弃早已习惯了的通过敲击键盘发送邮件，而是亲自抽出时间购买礼物或写信确实有点奢侈。那么，如何才能最大程度地激发消费者隐藏在内心深处的情感需求呢？为此，熊猫慢递特地聘请专业设计师为慢递业务设计个性化的明信片，已达500种左右，这些明信片最大的特点就是“主题”明确。在北京798艺术区的“熊猫慢递”旗舰店内，“最佳母亲奖状”“年度最佳老公奖状”“感谢信”“道歉信”等个性明信片随处可见，甚至还有写给自己的鼓励书。此外，他们还准备了一些现成短语，供消费者表达情感时使用，消费者只需摘取寥寥几句，就能让这个已有的“半成品”得到情感的升华。另外，他们还给顾客提供留言本，转订成册按照日期保存，便于顾客以后查找。

熊猫慢递的这些做法很好地契合了都市人的心理需求。人们寄信的动机可能不尽相同，有人为了祝福，有人为了宣泄。很多在生活中不便直接表达的情绪，通过拉长收信时间，可以有效缓解寄信人的尴尬和焦虑感，帮助减压。此外，如果将生命视为一趟旅程，那么每一天都值得享受。当你选择让亲友或自己等待一封未来将至的信，其实就是在有意识地放慢脚步，感受时间的传递与寄托。这个时候，建立信任是非常容易的，人与人之间的关系也因此变得单纯起来。

尽管推出时间还不长，但熊猫慢递已吸引了不少顾客，也收获了很多感人的邮件。其中一封代为保管50年的邮件来自一位刚刚新婚的小伙子。他为自己新婚的妻子写下了一封50年后的信，要寄给金婚时的妻子。还有一位已经被诊断出癌症的老先生为自己尚未出生的孙子写下自己的祝福，明星姚晨也在微博上公布了她在熊猫慢递投放的家信。到目前为止，差不多有1万封信件在这里被委托邮寄，其中最“遥远”的一封要存放到2046年。

熊猫慢递邮局模式看似简单，但要想复制并不容易，因为熊猫慢递不只是简单经营一个慢递业务，整个店的经营中有相当程度的创意成分在里面。良好的创意就意味着经营的门槛。

现在，熊猫慢递团队每天都在不停地思考。他们已经在北京王府井开了一家分店，还有不少人前来谈合作加盟。他们接下来的计划是进驻机场。人在旅途，更有一份想表达的心情，候机的时间正好适合给自己的未来写封信。他们还准备开展一项新业务——把信件存放在银行的保险箱中，以更好地保证信件的安全。他们认为，平时人们把贵重的东西放在保险柜里，而记忆是比任何金钱都宝贵的财富。在未来的计划中，熊猫慢递还准备建一个心灵档案馆。一些商场和银行也看中了熊猫慢递的明信片，主动上门希望可以提供打包服务，为企业客户在一些特殊的日子寄出明信片以传情达意，在给客户带来惊喜和浪漫的同时也为自己做了宣传。

第二节 创业机会的来源和类型

关于创业机会的来源，主要存在两种观点，即发现视角观点和创造视角观点。发现视角下的观点认为创业机会是一种已经存在的客观现象，它独立于环境之中并等待被创业者发现。创造视角下的观点则是将创业机会看作是创业者自身的一种能力体现，即创业机会是由创业者创造的，而不是存在于已有市场之中。相对于发现视角中认为机会产生于市场的客观现象而言，创造视角的研究更加强调创业行为的突出作用。在创造过程中，创业者按照自己的最初机会信念行事，同时会观察市场的反应。随着信息的不断累积，与机会相关的信念等也会发生改变。因此，创造视角的学者们认为机会是创业者通过观察市场的反应，利用自身的资源创造产生的。

(一) 创业机会的来源

我们知道，创业机会要从商业机会中产生，那么，哪些情况又代表着机会呢？机会无时不在，无处不在。寻求机会的简便方法，就是关注以下六个方面：

1. 问题

创业的根本目的是满足顾客需求，而顾客需求在没有满足前就是问题。寻找创业机会的一个重要途径是善于去发现和体会自己和他人在需求方面的问题或生活中的难处。比如，上海一位大学毕业生发现远在郊区的本校师生往返市区交通十分不便，就创办了一家客运公司；因双职工家庭没有时间照顾小孩，于是有了家庭托儿所；因没有时间买菜，就产生了送菜服务等，这些都是把问题转化为创业机会的成功案例。

2. 变化

创业的机会大都产生于不断变化的市场环境，环境变化了，市场需求、市场结构必然发生变化。著名管理大师彼得·德鲁克将创业者定义为那些能"寻找变化，并积极反应，把它当作机会充分利用起来的人"。这种变化可以包括：产业结构的变动、消费结构的升级、城市化的加速、人口结构的变化、价值观与生活形态的变化、政府政策的变化、居民收入水平的提高、全球化趋势等诸方面。比如，随着居民收入水平提高，私人轿车的拥有量将不断增加，这就会派生出汽车销售、修理、配件、清洁、装潢、二手车交易、陪驾等诸多创业机会；人口因素变化可以产生以下一些机会：为老年人提供健康保障用品、为独生子女提供服务、为年轻女性和上班女性提供用品、为家庭提供文化娱乐用品等。

3. 创造发明

创造发明提供了新产品、新服务，更好地满足了顾客需求，同时也带来了创业机会。比如随着电脑的诞生，电脑维修、软件开发、电脑操作的培训、图文制作、信息服务、网上开店等创业机会随之而来，即使你不发明新的东西，你也能成为销售和推广新产品的人，从而给你带来商机。

4. 新知识、新技术的产生

随着科技的发展,开发高科技领域是时下热门的课题,例如美国近年来设立的风险性公司、电脑占 25%,医疗和遗传基因占 16%,半导体、电子零件占 13%,通信占 9%。新知识、新技术的产生也带来了许多市场机会。例如,当人类基因图像获得完全解决,可以预期必然在生物科技与医疗服务等领域带来极多的新事业机会;又如随着健康知识的普及和技术的进步,围绕“水”就带来了许多创业机会,上海就有不少创业者加盟“都市清泉”而走上了创业之路。

5. 竞争

机会并不只属于“高科技领域”。在运输、金融、保健、饮食、流通这些所谓的“低科技领域”也有机会,关键在于开发。如果你能弥补竞争对手的缺陷和不足,这也将成为你的创业机会。看看你周围的公司,你能比他们更快、更可靠、更便宜地提供产品或服务吗?你能做得更好吗?若能,你也许就找到了机会。

6. 差异

机会不能从全部顾客身上去找,因为共同需要容易认识,基本上已很难再找到突破口。而实际上每个人的需求都是有差异的,如果我们时常关注某些人的日常生活和工作,就会从中发现某些机会。因此,在寻找机会时,应习惯把顾客分类,如政府职员、农民、大学讲师、杂志编辑、小学生、单身女性、退休职工等,认真研究各类人员的需求特点,机会自见。

(二)创业机会的类型

1. 显性机会

显性机会是指在目前的市场上存在明显的没有被满足的现实需求,这是表面的市场机会,是我们大家都很容易看到的,但这种机会如果很快就消失的话,它也可能是一种陷阱。我们判断这种机会,就要看它是不是一直存在?这种机会是不是可以商业化或者通过怎样的商业化可能把这种机会持续化?这种机会对我来说可能是一个机会,对其他人来说是不是机会同样大?为什么这种显性机会一直存在?这些问题的回答和解决取决于机会的持续性和实现这一机会的资源、成本、独特能力以及环境等各项条件。如果基本条件具备的话,那这就是天赐良机。

2. 隐性机会

现有的产品种类未能满足的或尚未完全为人们意识到的隐而未见的需求，就是隐性机会。隐性机会也是潜在的市场机会，要发现和识别潜在的机会比识别显性机会需要更多的判断力和行业经验。另外，潜在的机会是通过征兆的识别而来的，要能在变化的因素中发现代表未来趋势的征兆。开创新时代的创业者往往具有对未来趋势准确把握的能力，在新事物出现征兆时就能够迅速地识别。

3. 突发机会

有时会有一种突发的变化造成一种不平衡，由此带来一个新的机会，我们把它叫作突发机会。德鲁克把它叫作意外的机会。它是指一种由外部的突发性变化而带来的机会，但这种机会往往也是一过即逝的。如何把握这种机会，并由此使得这种机会成为可持续的机会，是一个重要问题。

一般来说，显性机会易于为人们发现和识别，同时利用这种机会的企业较多，因而难以取得机会效益，即先于其他企业进入市场所取得的竞争优势和超额利润。隐性机会虽然不易于为人们发现和识别，但同时抓住和利用这种机会的企业较少，因此机会效益比较高。而突发机会则是比较难以把握的，如果一旦抓住，往往可以化危为机，使得形势出乎预料地回转，获得极大的超额利润。所以，创业者更应注意发现和利用潜在的市场机会，同时时刻关注意外突发的机会并利用之。

讨论案例 2-2

挖掘中国的创业机会

中国作为全球成长最快的一个市场，创业者的创业机会大概分为如下几类：

第一类是由于新技术的发展所产生的一些新的商业模式，这主要是在移动互联网领域的机会。

第二类机会是围绕着整个服务业的空缺点，填补市场需求的空白点，例如酒店、餐馆、租车等服务。

第三类机会实际上相对于前两类机会略显长远一些，主要围绕城市化、老龄化这两个未来发展的大趋势进行。例如住房、教育、医疗、养老等民生类需求。

第四类机会是围绕安全生产而衍生的一系列机会。随着人们生活水平的提高，满足“吃饱喝足”的要求已成为历史，人们对于衣食住行的要求也越来越高，这种思维模式的转变也为创业者提供了许多新的机会。

第五类机会是随着产业升级的更新换代而产生的创业机会。例如制造业，整个产业链的技术水平不高，所以主要靠廉价的劳动成本来抢占市场。但是随着劳动力成本的必然上升，要想保持持续的竞争力，唯一的方法就是采用高附加值，即通过产业升级、技术创新来生产出高附加值的东西。

第三节 创业机会的评估与选择

发现了创业机会，并不意味着就可以进行创业，还得看这个机会能不能成为一个有价值的商业机会，这就需要对创业机会进行评估。这里首先介绍创业机会评估及其重要特征。

(一) 创业机会的评估

所有的创业行为都来自于绝佳的创业机会，但是如何才能知道自己的创业机会是否具有发展前景呢？我们都知道，几乎九成以上的创业梦想最后都落空。事实上，新创业获得高度成功的几率大约不到1%。成功与失败之间，除了不可控制的机运因素之外，显然还有许多创业机会在开始的时候，就已经注定未来可能失败的命运。创业本身是一种在做中学的高风险行为，而且失败也可能是奠定下一次创业成功的基础。不过这些先天体质不良，市场进入时机不对，或者具有致命瑕疵的创业构想，如果创业者能先以比较客观的方式进行评估，那么许多悲剧的结局就不至于一再发生，创业成功的几率也可以因此而大幅提升。

1. 影响机会评估的因素

(1) 机会评价总是受到人的价值观制约。因此，参与机会评价的人如能具备以下条件将更能准确评估机会：

首先，评估人最好有创办新企业的经历，研究表明，至少具有5—10年以上的企业经验，才能识别出各种商业行为，并获得创造性的预见能力和捕捉商机的能力；其次，具有管理经验，尤其是担当过决策层管理职务者的经验。创业机会的开发和识别，至少要求新企业决策者与别人的价值判断不同。如果资源所有者和新企业决策者对资源生产力的判断一致，那么资源所有者就可以通过提高资源的定价来分享利润，从而使得创业者的利润趋向零。如果其他创业者也有同样的创业判断，就会产生竞争，直到利润消失。

（2）商业机会的开发与识别与时间有关。某些时候，此时看起来似乎不太有成功可能的机会，到下一时间段可能有完全不同的结果。通常人们所说的"时机"这两个字，代表市场机会的价值与时间密切关联。而时间的机会窗口也不是永远打开的，很多时候需要判断一个机会窗口是否有足够的获利回收的时间长度。美国风险投资业内的一项研究调查发现，当机会窗口的时间短于3年，新创企业的失败率高达80%以上，而如果机会窗口的时间超过7年，则几乎所有投资的新创企业都能获得丰厚的回报。

（3）是否具备配套的资源和专业能力。好的机会必须在适当的环境和良好的执行下才能验证其盈利能力。

2. 评估准则

如何评估创业机会？针对创业机会的市场与效益面，通过市场评估和效益评估设计的一套评估准则，可以作为创业者评估创业机会及项目投入的决策参考。首先是市场评估准则：

（1）市场定位。一个好的创业机会，必然具有特定市场定位，专注于满足顾客需求，同时能为顾客带来增值的效果。因此评估创业机会的时候，可由市场定位是否明确、顾客需求分析是否清晰、顾客接触通道是否流畅、产品是否持续衍生等，来判断创业机会可能创造的市场价值。创业带给顾客的价值越高，创业成功的机会也会越大。

（2）市场结构。针对创业机会的市场结构进行5项分析，包括进入障碍、供货商、顾客、经销商的谈判力量、替代性竞争产品的威胁，以及市场内部竞争的激烈程度。由市场结构分析可以得知新企业未来在市场中的地位，以及可能遭遇竞争对手反击的程度。

（3）市场规模。市场规模大小与成长速度，也是影响新企业成败的重要因素。一般而言，市场规模大者，进入障碍相对较小，市场竞争激烈程度也会略为下降。如果要进入的是一个十分成熟的市场,那么纵然市场规模很大,但由于已经不再成长,利润空间必然很小,因此这项新企业恐怕就不值得再投入。反之,一个正在成长中的市场,通常也会是一个充满商机的市场,所谓水涨船高,只要进入时机正确,必定会有获利的空间。

(4) 市场渗透力。对于一个具有巨大市场潜力的创业机会,市场渗透力(市场机会实现的过程)评估将会是一项非常重要的影响因素。聪明的创业家会选择在最佳时机进入市场,也就是市场需求正要大幅增长之际,因为你已经做好准备,等着接单。

(5) 市场占有率。从创业机会预期可取得的市场占有率目标,可以显示这家新创公司未来的市场竞争力。一般而言,要成为市场的领导者,最少需要拥有20%以上的市场占有率。如果低于5%的市场占有率,则这个新企业的市场竞争力不高,自然也会影响未来企业上市的价值。尤其处在具有赢家通吃特点的高科技产业,新企业必须拥有成为市场前几各的能力,才比较具有投资价值。

(6) 产品的成本结构。产品的成本结构,也可以反应新企业的前景是否亮丽。例如,从物料与人工成本所占比重、变动成本与固定成本的比重,以及经济规模,可以判断企业创造附加价值的幅度以及未来可能的获利空间。

其次是效益评估准则:

(1) 合理的税后净利。一般而言,具有吸引力的创业机会,至少需要能够创造15%以上税后净利。如果创业预期的税后净利是在5%以下,那么这就不是一个好的投资机会。

(2) 达到损益平衡所需的时间。合理的损益平衡时间应该能在两年以内达到,但如果三年还达不到,恐怕就不是一个值得投入的创业机会。不过有的创业机会确实需要经过比较长的耕耘时间,通过这些前期投入,创造进入障碍,保证后期的持续获利。在这种情况下,可以将前期投入视为一种投资,才能容忍较长的损益平衡时间。

(3) 投资回报率。考虑到创业可能面临的各项风险,合理的投资回报率应该在25%以上。一般而言,15%以下的投资回报率,是不值得考虑的创业机会。

(4) 资本需求。资金需求量较低的创业机会,投资者一般会比较欢迎。事实上,许多个案显示,资本额过高其实并不利于创业成功,有时还会带来稀释投资回报率的负面效果。通常,知识越密集的创业机会,对资金的需求量越低,投资回报反而会越高。因此在创业开始的时候,不要募集太多资金,最好通过盈余积累的方式来创造资金。而比较低的资本额，将有利于提高每股盈余，并且还可以进一步提高未来上市的价格。

(5) 毛利率。毛利率高的创业机会，相对风险较低，也比较容易获得损益平衡。反之，毛利率低的创业机会，风险则较高，遇到决策失误或市场产生较大变化的时候，企业很容易就遭受损失。一般而言，理想的毛利率是40%。当毛利率低于20%的时候，这个创业机会就不值得考虑。软件业的毛利率通常都很高，所以只要能找到足够的业务量，从事软件创业在财务上遭受严重损失的风险相对会比较低。

(6) 策略性价值。能否创造新企业在市场上的策略性价值，也是一项重要的评价指标。一般而言，策略性价值与产业网络规模、利益机制、竞争程度密切相关，而创业机会对于产业价值链所能创造的加值效果，也与它所采取的经营策略与经营模式密切相关。

(7) 资本市场活力。当新企业处于一个具有高度活力的资本市场时，它的获利回收机会相对也比较高。不过资本市场的变化幅度极大，在市场高点时投入，资金成本较低，筹资相对容易。但在资本市场低点时，投资新企业开发的诱因则较低，好的创业机会也相对较少。不过，对投资者而言，市场低点的成本较低，有的时候反而投资回报会更高。一般而言，新创企业的活跃的资本市场比较容易创造增值效果，因此资本市场活力也是一项可以被用来评价创业机会的外部环境指标。

(8) 退出机制与策略。所有投资的目的都在于回收，因此退出机制与策略就成为一项评估创业机会的重要指标。企业的价值一般也要由具有客观鉴价能力的交易市场来决定，而这种交易机制的完善程度也会影响新企业退出机制的弹性。由于退出的难度普遍要高于进入，所以一个具有吸引力的创业机会，应该要为所有投资者考虑退出机制，以及退出的策略规划。

3. 评估的方法

(1) 标准打分矩阵

通过选择对创业机会成功有重要影响的因素，并由专家小组对每一个因素进行最好(3分)、好(2分)、一般(1分)三个等级的打分，最后求出对于每个因素在各个创业机会下的加权平均分，从而可以对不同的创业机会进行比较。下表列出了其中十项主要的评价因素，在实际使用时可以根据具体情况选择其中的全部或者部分因素进行评估。

表 2-1 标准打分矩阵

标准	专家评分			
	极好(3 分)	好(2 分)	一般(1 分)	加权平均分
易操作性	8	2	0	2.8
质量和易维护性	6	2	2	2.4
市场接受度	7	2	1	2.6
增加资本的能力	5	1	4	2.1
投资回报	6	3	1	2.5
专利权状况	9	1	0	2.9
市场的大小	8	1	1	2.7
制造的简单性	7	2	1	2.6
广告潜力	6	2	2	2.4
成长的潜力	9	1	0	2.9

(2) 机会优先法

这实际上是美国西屋公司制定的决策评估办法,主要用于计算和比较各个机会的优先级。公式如下:

技术成功概率×商业成功概率×(价格－成本)×投资生命周期/总成本
　　=机会优先级

在该公式中,技术和商业成功的概率以百分比表示(从 0 到 100%),平均年销售数是以销售的产品数量计算,成本是以单位产品成本计算,投资生命周期是指可以预期的年均销售数保持不变的年限,总成本是指预期的所有投入,包括研究、设计、制造和营销费用。对于不同的创业机会,将具体数值带入公式,特定机会的优先级越高,该机会越有可能成功。

例如,假设一个创业机会的技术成功概率为 80%,市场上的商业成功概率为 60%,在 9 年的投资生命周期中年均销售数量预计为 20000 个,净销售价格为 120 元,对于每个产品来说全部成本为 87 元,研发费用为 500000 元,设计费用为 140000 元,制造费用为 230000,营销费用为 50000 元,把这些数字代入公式中,可以计算得出机会优先级约等于 6。

(3) 选择因素法

在这种方法中,通过 11 个选择因素的设定来对创业机会进行判断。如果某个创业机会只符合其中的6个或更少的因素，这个创业机会就不可取；相反，如果某个创业机会符合其中的7个或者7个以上的因素，那么这个创业机会将大有希望。

表2-2 选择因素法

• 这个创业机会在现阶段是否只有你一个人发现了？
• 初始的产品生产成本是否可以承受？
• 初始的市场开发成本是否可以承受？
• 产品是否具有高利润回报的潜力？
• 是否可以预期产品投放市场和达到盈亏平衡点的时间？
• 潜在的市场是否巨大？
• 产品是否是一个高速成长的产品家族中的第一个成员？
• 是否拥有一些现成的初始用户？
• 是否可以预期产品的开发成本和开发周期？
• 是否是处于一个成长中的行业？
• 金融界是否能够理解你的产品和顾客对它的需求？

（二）创业机会的选择

有的创业者认为自己有很好的想法和点子，对创业充满信心。有想法、有点子固然重要，但是并不是每个大胆的想法和新异的点子都能转化为创业机会的。许多创业者因为仅仅凭想法去创业而失败了。那么如何选择一个好的商业机会呢？这就需要了解创业机会的特征并根据自身的资源选择创业机会。

1. 要根据自身资源优势选择创业机会

环境机会对不同的创业者来说，并不一定都是最佳的机会。因为这些环境机会不一定符合创业者的目标和能力，不一定能取得最大的竞争优势。环境机会中只有那些符合创业者的目标和能力、有利于发挥自己的资源优势的机会，才是可以考虑的。所谓优势，比如有现成客户，典型如很多外贸公司的销售人员出去自己创业，把自己积累的客户带去新公司；或者拥有技术，比如学徒工满师后自己开店，再如先天具备某一领域的专长；或者至亲好友中有着某方面特殊资源等。

2. 要分析创业机会的可行性

当你看到了创业商机之后，接下来就是考察商机的可行性。有想法、有点子只是第一步，并不是每个大胆的想法都能转化为创业机会。那么，如何判断一个好的商业机会呢？在评估创业机会是否可行时，创业者应该考虑三个相互作用的因素：创业的目标、外部环境变化带来的契机，以及竞争的基础是专有资产还是快速行动。对创业机会的吸引力（即风险和回报）进行评估和比较，是必不可少的。此外，创业者还应该以现实的态度评估自己的风险倾向等个人偏好。

讨论案例 2-3

大学生如何检验创业想法

创业的想法是否符合市场的需求，大学生创业团队是否能有效地运作创业项目，是决定创业成功与否的重要因素，大学生可以利用高校丰富的实践资源，通过创业赛事、创业训练项目，丰富和磨砺自己的创业想法和团队，为成功创业打下良好的基础。

首先，参与大学生创业比赛，如“创青春”全国大学生创业大赛、“创业之星”大学生创业大赛、“张江高科杯”大学生创业计划大赛等相关赛事，完善自己的创业计划。

（1）“创青春”全国大学生创业大赛

该大赛由共青团中央、教育部、人力资源社会保障部、中国科协、全国学联等共同主办，偶数年举办。2014 年，大赛下设 3 项主体赛事：第九届“挑战杯”大学生创业计划竞赛、创业实践挑战赛、公益创业赛。

面向对象：大学生创业计划竞赛面向高等学校在校学生；创业实践挑战赛面向高等学校在校学生或毕业未满 5 年的高校毕业生，且已投入实际创业 3 个月以上；公益创业赛面向高等学校在校学生，以创办非盈利性质社会组织的计划和实践等作为参赛项目的主要评价内容。

申请渠道：各高校团委组织实施校内选拔推荐，各省市赛区进行预赛。

（2）“创业之星”团队大赛

该大赛由上海市学生事务中心主办，比赛采用创业计划书撰写和企业模拟竞赛（比赛使用指定的企业经营模拟软件）的形式进行。

面向对象：上海高校在校大学生。

申请渠道：各高校就业服务部门组织选拔。

(3)“张江高科杯”大学生创业大赛

该大赛由共青团上海市委员会、上海市教育委员会、上海市科学技术协会、上海市学生联合会、上海张江高科技园区开发股份有限公司、上海市大学生科技创业基金会主办，参赛作品应是针对一项产品、技术、概念产品或服务，是大学生课外科技文化活动中一项具有导向性、示范性、群众性和市场性的全市性竞赛活动。

面向对象：全日制非成人教育的各类高等院校的本科生、专科生、硕士研究生(包括 MBA)和博士研究生，以学校为单位，以创业计划团队形式参赛，统一申报。参赛者需要自行组成具有学科互补优势、专业配备科学、人员结构合理的创业计划团队，可跨校组队参赛(但小组成员务必协商以明确作品申报单位)，参赛团队的主要人数原则上不超过 5 人。

申请渠道：大赛采取学校和上海市两级赛制，各高校团委组织实施。

其次，申报创新创业相关训练计划，如国家/上海市大学生创新创业训练计划、上海市研究生创新创业培养专项，初步验证创业想法。

(1) 国家/上海市大学生创新创业训练计划

创新创业训练项目是教育部在创新训练项目的基础上，为进一步提升大学生创新创业实践能力设立的，入选项目本科生团队在导师指导下，每个学生在项目实施过程中扮演一个或多个具体的角色，通过编制商业计划书、开展可行性研究、模拟企业运行、参加企业实践、撰写创业报告等工作，了解和模拟创业实践活动，国家级/上海市项目对于入选团队每项目资助 1 万元。

创业实践项目是学生团队在学校导师和企业导师共同指导下，采用前期创新训练项目(或创新性实验)的成果，提出一项具有市场前景的创新性产品或者服务，以此为基础开展创业实践活动。国家级项目资助 10 万元。

面向对象：国家大学生创新创业训练计划：复旦大学、上海交通大学、同济大学、华东师范大学、华东理工大学、东华大学、上海外国语大学、上海财经大学、上海海关学院在校本科大学生。

上海市大学生创新创业训练计划：在沪高校在校本科大学生。

申请渠道：相关高校教务、学生工作、就业、团委等部门。

(2) 上海市研究生创新创业培养专项

上海市教育委员会学位办公室从 2013 年开始，在上海市研究生教育创新计划中设立上海市研究生创新创业培养专项，通过与上海市大学生科技创业基金会合作,对研究生开展为期6个月的创新创业能力培训与创业实践,并给予入选项目2万元进行验证。

面向对象:上海高校在读全日制博士和硕士研究生(原则上以理工科研究生为主),不超过5人。

申请渠道:各高校研究生培养部门、就业创业相关部门组织实施,每人限申请1个项目。

最后,了解创业企业的运行管理

创业见习是帮助青年提升就业创业技能、实现社会经验积累的有效途径,也是了解企业市场开拓、经营管理、生产物流等运行环节的良好机会。本市大学生可以在创业实训模拟平台开展模拟创业,也可以在共青团青年就业创业见习基地、人力资源和社会保障部门设立的创业见习基地、中国(上海)创业者公共实训基地以及各类大学生创业孵化器进行创业见习,增强对于创业企业运作的深入了解。

(1) 创业实训模拟平台

创业实训"模拟公司"技术起源于50年代德国经济起飞初期。创业实训"模拟公司"运作的基本方式是在"工作岗位"上学习,按照实际公司的组织结构和商业操作程序运行,从形式到经营都与传统公司一样,只有产品和货币是数字化的。采取"上课""上班"和"上网"三结合的实岗实训方式,通常每个模拟公司有一个真实的公司作为母版公司,对其给予指导和帮助。模拟公司主要由培训师充当经理,创业受训者在"工作岗位"上训练提升相关管理或岗位能力。

面向对象:有创业意愿或正在创业的本市劳动者。

申请渠道:中国(上海)创业者公共实训基地、杨浦科技创业中心已经引进该套系统,可向上述单位申请测试,或登录 http://chinapen.org/咨询。

(2) 创业实训系统

为方便高校成功开展创业教育,建立大学生创业实训课程体系,教育部全国高校学生信息咨询与就业指导中心联合华普亿方共同开发了《大学生创业实训系统》。系统将创业知识体系与创业仿真实训紧密结合,形成了最全面的大学生创业教育课程体系。在"经营我的企业"中,初创企业经营的关键要素全部囊括在内,包括选址、人力资源管理、产品加工制造、市场营销、采购供应、财务管理等经营活动。同时,也体现外部经济环境、金融环境、社会环境等的变化对企业的影响。通过仿真软件体验企业的经营管理,提高经营决策能力。

面向对象:高等学校在校学生。

申请渠道:登录 http://cy.ncss.org.cn/cysx/index.shtml,用本人学籍信息进行注册。

(3) 上海共青团青年就业创业见习基地

共青团上海市委员会委托上海市青年创业就业促进会认证企业,提供规范的见习岗位,切实保障见习(实习)生权益。目前,团市委、团区县委、街镇团工委(青少年社工、青年就业援助员)三级全覆盖的联系机制已在全市范围内基本形成。

面向对象:本市青年、高校大学生。

申请渠道:各区县团委青工部门、高校团委。

(4) 政府补贴创业见习

本市青年可以进入经人力资源社会保障部门确认为创业见习基地的企业单位,接受带教老师指导,在实际岗位上进行创业知识技能的学习锻炼,切实提高创业能力,努力实现创业,并享受政府见习补贴。见习期限一般最长不超过6个月,一年只能参加一次。见习学员生活费补贴标准为当年城镇职工月最低工资标准的60%,并购买综合保险。

面向对象:本市青年或高校应届毕业生。

申请渠道:向区县开业指导服务部门申请。本市青年可携带身份证、《劳动手册》、创业理论知识培训成绩证明等材料,向户籍所在相关部门申请;非上海生源应届大学毕业生,携带身份证、毕业证书、学校就业指导部门出具的推荐证明、创业理论知识培训成绩证明,向高校所在区县相关部门申请。具体见习单位信息可登录 http://www.12333sh.gov.cn/cyfw/cyjx/index.shtml 查询。

第四节　创业机会产生的环境分析

创业环境包括一般外部环境、社区环境、行业环境、政策环境、内部环境几个方面。

(一) 创业的一般外部环境

创业的一般外部环境主要是指企业所在的国家或地区的政治、经济、人口、社会文化、科技、资源甚至地理和气候等环境。

1. 政治环境分析

政治环境分析主要包括以下四个方面:(1) 对国家制度和政策进行分析:主要分析其政治制度、对外政策,包括不同国家和地区的政策等。(2) 对国家或地区之间的政治关系进行分析:主要分析设立或取消关税壁垒,采取或撤销一些惩罚性措施,增加或减少一些优惠性待遇等。(3) 对政治和社会动乱进行分析。(4) 对国有化政策进行了解和分析。

2. 经济环境分析

经济环境对主要分析这个国家的能源和资源状况,交通运输条件,经济增长速度及趋势,产业结构,国民生产总值,通货膨胀率,失业率,以及农、轻、重比例关系等方面;同时也要分析某一国家(或地区)的国民收入、消费水平、消费结构、物价水平、物价指数等。

3. 政策、法律环境分析

创业者如能了解一些常用法律及政策,以法律政策规范企业的投资、经营和管理行为,将使企业发展一帆风顺,假使违反法律和政策,则企业的发展可能会走很多弯路,也许自己的权益都得不到保障;也许经济纠纷不断;也许创业者受到行政处分甚至被追究刑事责任。我国的法律及政策法规数量众多,创业者没有必要一一熟悉,但了解或熟悉一些与创业相关的法律与政策法规却是非常必要的。

与创业相关的法律与法规大致可以分为三类:(1) 涉及企业主体、调整平等主体之间关系的主体法和程序法,如《民法通则》等。(2) 涉及企业运营和对于企业运行进行规范、管理的法律,如《票据法》等。(3) 涉及税收的法律。对于创业者而言,比较重要的税收法律是流转税法(包括增值税、营业税、消费税)和所得税法(个人所得税和企业所得税)。

4. 社会环境分析

社会环境包括:(1) 社会文化:主要分析社会行业准则、社会习俗、社会道德观念等文化因素。(2) 公众的价值观念:主要分析人们对于婚姻、生活方式、工作、道德、性别角色、公正、教育、退休等方面的态度和意见。(3) 人口统计特征:主要包括人口数量、人口密度、年龄结构的分布及其增长、地区分布、民族构成、职业构成、宗教信仰构成、家庭规模、家庭寿命周期的构成及发展趋势、收入水平、教育程度等。

据统计，由于我国实行计划生育政策，20 世纪末和 21 世纪初，人口结构趋于老龄化，青壮年劳动力供应则相对紧张，从而影响企业劳动力的补充。但是另一方面，人口结构的老龄化使得出现了一个老年人的市场，这就为生产老年人用品和提供老年人服务的企业提供了一个老年人的市场，一个发展的机会。

5. 科技环境分析

创业者须及时了解分析创业地区的新技术、新材料、新产品、新能源的状况，国内外科技总的发展水平和发展趋势，本企业所涉及的技术领域的发展情况，以及专业渗透范围、产品技术质量检验指标和技术标准等。

6. 地理和气候环境分析

应注意对地区条件、气候条件、季节因素、使用条件等方面进行分析。

(二) 创业的社区环境

创业者进行创业时一般企业规模较小，其影响力局限于社区范围；反过来，社区环境的“小气候”对刚创建的企业来说，影响却巨大，所以分析企业所在的社区环境是重点之一。

1. 社区购买力分析

对社区购买力的分析，主要涉及以下几个内容：(1) 居民货币收入；(2) 流动购买力；(3) 购买力投向分析。

2. 社区人口状况分析

创业时创建的企业规模较小，其产品或服务往往只用于社区消费者的需要，社区消费者状况对企业的生存和发展具有相当大的影响，为研究人口状况对市场需求的影响，便于进行市场细分化，应对人口情况进行分析研究，包括：(1) 社区总人口；(2) 社区家庭总数和家庭平均人口数；(3) 社区人口的年龄构成；(4) 社区人口的职业构成；(5) 社区人口的教育程度。

3. 产品或服务需求和供应调查与分析

需求通常是指人们对外界事物的欲望和要求，人们的需求是多方面、多层次的。对创业者拟生产的产品或服务需求和供给方面的分析主要包括：

（1）消费者购买动机分析。

（2）消费者购买行为分析。消费者购买行为是消费者购买动机在实际购买过程中的具体表现，也就是通常所讲的“三 W”“一 H”分析，即了解消费者在何时购买（When）、何处购买（Where）、由谁购买（Who）和如何购买（How）等情况。

某些商品销售随着自然气候和商业气候的不同，具有明显的季节性。如在春节、五一、中秋节、国庆节等节日期间，消费者购买商品的数量要比以往增加很多。

某商场在对一周内的客流进行实测调查后发现，一周中客流量最多的是周日，最少的是周一；而在一天内，客流最高峰为职工上下班时间，即上午 11 时和下午 5 时；其他时间客流人数也均有一定的分布规律。据此，商场对人员和货物都作出了合理安排，做到忙时多上岗、闲时少上岗，让售货员能在营业高峰到来时，以最充沛和饱满的精神面貌迎接顾客，从而取得了较好的经济效益和社会效益。

关于在何处购买，对于多数大件商品，如商品房、电器等，消费者在购买前已在家中作出决定。而对于一般日用品、食品和服装等，具体购买哪种商品，通常是在购买现场，受商品陈列、包装和导购人员介绍而临时作出决定的，具有一定的随意性。目前，我国一些城市已出现通过电视商场购买的方式，使得决定购买和实际购买行为在家中便可完成。

例如，我们在为某商场所作的市场营销环境调查中了解到：有 59%的居民选择距家最近的商店，有 10%的居民选择距工作地点最近的商店，有 7%的居民选择上下班沿途经过的商店；有 18%的居民选择有名气的大型、综合、专营商店；有 6%的居民则对购物场所不加选择，即随意性购物。

关于由谁购买，有关调查结果显示：对于日用品、服装、食品等商品，大多由女方作出购买决定，同时也主要由女方实际购买；对于耐用消费品，男方作出决定的较多，当然在许多情况下也要同女方共同商定，最后由男方独自或与女方一同去购买；对于儿童用品，常由孩子提出购买要求，由父母决定，与孩子一同前往商店购买。此外，通过调查还发现，男方独自购买、女方独自购买或男女双方一同购买对最后实际成交有一定影响。上述三个方面的调查能为商店经营提供许多有价值的信息，如了解到光临某商场或某柜台的大多为年轻女性，就可着意营造一种能够吸引她们前来购物的气氛，并注意经销商品的颜色和包装等;如果以男性为主,则可增加特色商品或系列商品的陈列和销售。

不同的消费者具有各自不同的购物爱好和习惯。如从商品价格和商品牌子的关系上看,有些消费者注重品牌,对价格要求不多,他们愿意支付较多的钱购买自己所喜爱的品牌;而有些消费者则注意价格,他们购买较便宜的商品,而对品牌并不在乎或要求不高。

(3) 市场供给调查分析。包括:现有竞争对手的产品能否满足顾客需求?竞争对手产品或服务的不足之处有哪些?现有竞争对手对于市场需求会作出什么反应?会不会有新的竞争对手出现?

(三) 创业的行业环境

行业是影响企业生产经营活动最直接的外部因素,是企业赖以生存和发展的空间。一个行业的经济特性和竞争环境以及它们的变化趋势往往决定了该行业未来的利润和发展前景。企业的行业环境分析总体包括以下六个方面:

1. 行业经济特性分析

这主要从以下几方面进行:市场区域范围及规模大小、规模经济特征、行业进入与退出壁垒及难易程度、对资源的要求程度及平均投资回收期、市场成熟程度、市场增长速度、行业中公司的数量及其规模、购买者的数量及规模、分销渠道的种类及特征、技术革新的方向及速度、行业总体盈利水平等。

2. 行业竞争力量分析

根据迈克尔·波特行业结构分析模型,一个行业的竞争状态是各种竞争力量共同作用的结果,这些竞争力量主要包括五个方面:行业中现有公司之间的竞争状况、供应商的议价能力、顾客的议价能力、替代产品或服务的提供商为了争夺顾客所采取的进攻性行动、来自潜在进入者的威胁等。

3. 行业中的变革驱动因素分析

行业变革驱动因素是指那些改变整个行业及竞争环境的主要原因及因素,创业时能敏锐地判断行业驱动因素非常有利于企业未来的战略制定。

尽管促使某一行业发生变化的变革因素很多,但一般说来,真正算得上驱动因素的不会超过 3 至 4 个,创业者必须仔细辨别,将行业驱动因素从那些并不重要的因素中区别开来,并将关注的重点集中于这些对公司未来发展至为关键的驱动因素。

4. 行业中竞争地位分析

要使公司在竞争中获得胜利,就必须确认主要的竞争对手,并理解竞争对手的战略及其意图。除此之外,还必须时时跟踪竞争对手的策略,并预测其可能采取的行动,不仅应关注现时的竞争对手,还应估计谁将可能成为未来最主要的竞争对手,并为此积极采取应对之策。

5. 行业的关键成功因素分析

一个行业的关键成功因素(KSF)是指影响行业中的各个公司能否取得成功的关键因素,包括产品与服务属性、资源要求、竞争能力、特定战略等。

对于某一个特定的行业而言,在某一特定的时候,行业关键成功因素一般不会超过 3 至 4 个,作为公司的创立者,应该从诸多影响成功的因素中找出最为关键的因素,并在日常管理中聚焦于这些因素。

6. 行业未来前景分析

创业者可以从对前面五个问题的分析和理解中得出对该行业未来前景的基本判断:该行业是否具有吸引力?

(四) 创业的内部环境

创业的内部环境分析包括内部资源分析、能力分析以及核心竞争力分析。

1. 企业内部资源分析

在创业阶段,主要分析目前拥有的财力资源、物力资源、市场资源、环境资源、技术资源、人力资源等方面就足够了。

值得注意的是,在进行企业资源分析的时候,还需要特别注意企业的无形资源,如技术资源、信誉资源、文化资源和商标等。

2. 企业能力分析

对于企业能力,由于企业还不存在,创业者应从以下几方面分析未来企业的一些能力:

(1) 企业从外部获取资源的能力。

(2) 生产能力。创业者可能没有进入生产环节,但应该根据创业计划预测企业今后的生产能力,例如,创业初就对加工工艺和流程、生产设备设施、仓储、员工、产品或服务质量等方面进行分析。

(3) 营销能力。主要从战略角度考虑,包括三方面的内容:一是市场定位的能力;二是营销组合的有效性;三是营销管理能力。

(4) 科研与开发能力。包括企业科研队伍的现状和变化趋势,和高等院校或科研单位合作的基础、条件等。

3. 企业核心能力分析

企业核心能力是指决定企业生存和发展的最根本因素,它是企业持久竞争优势的源泉。

一般认为,企业培育核心能力的途径主要有二:传统途径和现代途径。传统途径就是产品经营,指企业为了实现内部资源的最优配置而采取的一系列管理行为,包括生产作业管理、供应管理、技术创新、市场营销管理、财务管理、人力资源管理等。现代途径就是资本运营,指企业为了有效整合外部资源而采取的更为复杂的管理行为,包括兼并、收购、分拆、上市、联营、破产等。因而,核心能力的培育涉及企业经营管理的各种活动。

讨论案例 2-4

上海大学生创业时的资金筹集渠道

资金是企业的血液,对于大学生初创的新企业而言,相当一段时间内是没有收入或者收入微薄的,充足的资金有利于初创企业的正常发展。大学生创业资金来源通常包括:

(1) 自有资金和亲朋好友融资:表明自己对于企业承担责任,有利于增加投资者投资的可能性,但缺点是资金有限。

(2) 合伙人投资:引入合伙人可以带来资金和人才,利益共享,风险共担,缺点是合伙人选择不当容易引起纠纷。

(3) 创业前小额担保贷款:由政府担保,并提供一定额度的贴息贷款。优点是对抵押品要求相对较低,但对于大学生创业者,贷款必须偿还本息后再获得利息补贴。

(4) 天使投资:不以营利为目的,公益性的创业基金,对于大学生创业者而言,资金成本较低,基金的专家、交流平台有助于创业者在初期的平稳发展。如上海市大学生科创基金会的雏鹰计划和雄鹰计划、上海市慈善基金会的“玉佛寺觉群大学生创业基金”、YBC青年创业国际计划。

1. 上海市大学生科创基金

上海市大学生科技创业基金是不以盈利为目的的公益性的创业“天使基金”,下设两种创业资助计划:创业雏鹰计划和创业雄鹰计划,分别以债权与股权两种方式,对青年创业者提供资金上的帮助,并提供相应的后续支持与服务。

表2-3　创业雏鹰计划与创业雄鹰计划

项目名称	雏鹰计划	雄鹰计划
资助形式	通过委托银行向创业企业发放小额信用贷款。	由基金会与申请人等共同出资设立创业企业,持有创业企业股份。
资助额度及年限	对创业者及单个创业项目的资助额度不超过20万元。贷款期限为2年。	资助额度不超过50万元(自筹资金需高于基金资助金额),资助期为3年。
申请人资质要求	1. 毕业生:毕业五年内(含本科、专科、硕士研究生、博士研究生、归国留学生); 2. 在校生:高校本科四年级以上在读学生(含本科四年级、专科三年级、硕士研究生、博士研究生)。	
申请人条件	需持有创业企业部分股权,且担任法定代表人;需全职投身于创业。	
创业企业条件	1. 企业需注册在上海;2. 指定银行开立基本户或一般户,用于贷款。	1. 企业需注册在上海;2. 团队自筹资金,需占公司注册资金50%以上;3. 团队出资需以货币形式。
评审	评审将从项目前景、用款以及还款计划等方面考察项目。	评审将从市场、产品、团队、财务可行性等多方面来综合考察项目。
退出机制	本金的一半按月等额还款,另一半贷款期满后还款。	基金所占公司的股权不参与分红,资助期满后,按照原价退出所占股权。

2. 觉群大学生创业基金

该基金由上海市教委、上海市慈善基金会、共青团上海市委、玉佛寺共同管理,用于扶持有志创业的应届上海普通高校全日制毕业生在沪从事非科技类创业活动。基金为单个项目提供不超过人民币10万元的创业贴息贷款,贴息比例至少为50%,直至免息。资助周期原则上不超过2年,最长不超过2期(4年)。

适用对象：毕业学年在校生、离校后两年内毕业生（含上海生源外地高校毕业生），不含专业学位学生、定向生和委培生等。

申请渠道：将申请表递交至毕业生所在高校毕业生就业工作部门，一般每年 6 月份前后开始申报。

3. YBC 青年创业基金

中国青年创业国际计划（简称 YBC）由共青团中央、中华全国青年联合会、国家劳动和社会保障部、中华全国工商业联合会等 7 家机构倡导发起。YBC 为创业青年提供 3—5 万元免息免担保的创业启动资金，同时为创业者提供免费、系统的创业培训，为创业者配备一对一的创业导师，免费为创业者提供为期 3 年的咨询和指导。

适用对象：18—35 周岁青年人。

申请渠道：登录 YBC 全国办网页（www.ybc.org.cn），点击“下载中心”，下载填写《YBC 创业基金申请表》和《YBC 商业计划书》，发送到 YBC 办公室指定邮箱。

延伸阅读

创新思维方法

要想发现常人无法发现的创业商机，必须独具慧眼，具备创新思维，学会创新思维方法。创新思维方法大致可分为以下几类：

1. 创意思维方法

创意是“具有创造性意念”的简称，它是现实世界中并不存在而仅存于头脑思维中的东西。创意思维就是大脑构想创意的过程。创意具有超越性，能够超越具体的时间、空间和客观事物。创意的价值在于指挥人类的活动，创意实现了，物质境界就会发生变化。因此，是人类的创意给社会带来新事物，取代旧事物，推动社会前进。

2. 发散思维方法

发散思维亦称扩散思维、辐射思维，是指从已有的信息出发，尽可能向各个方向扩展，求得多种不同的解决办法，衍生出各种不同的结果。发散思维是多向的、立体的和开放型的思维。这种思路好比自行车车轮一样，许多辐条以车轴为中心沿径向外辐射。对一个问题，从多个角度，通过多渠道，提炼出多个观点。

3. 收敛思维方法

与发散思维相反，收敛思维是从已知的前提条件（如方案、设想、思路、知识、经验等）出发，寻找解决问题的最佳答案，或逐步推导出唯一的结果。收敛思维亦称汇聚思维、聚合思维。这种思维就像车轮的辐条全都汇聚到一个中心上来一样。所以，收敛思维是一种单一目标的、闭合式的思维。提高收敛思维能力也就是提高分析、综合、抽象、概括、判断、推理的逻辑思维能力。

4. 对立思维方法

对立思维，即两两相对，从问题的两个方面思考问题，可以避免片面性。有志者事未必成，就是对《后汉书》中“有志者事竟成”这一观点的反思。再如，近墨者黑与近墨者未必黑；开卷有益与开卷未必有益；知足者常乐与不知足者常乐。

5. 逆向思维方法

逆向思维，又叫逆反思维。逆向思维是与正向思维相对而言的，即突破思维定式，从相反的方向思维，这样可以避免单一正向思维和单向度的认识过程的机械性，克服线性因果律的简单化，从相向视角（如上—下、左—右、前—后、正—反）来看待和认识客体。这样往往别开生面，独具一格，常常会带来独创性的发挥，取得突破性的成果。历史上的司马光“砸缸救人”，军事上的“声东击西”“欲擒故纵”“空城计”，数学上的所谓“反证法”等都与逆向思维有关。逆向思维常常被视为创造性思维的主要表现之一。

6. 缺点列举思维方法

缺点列举思维方法是一种分析列举型的创新思维，其实质是鼓励人们积极寻找并抓住事物不方便、不合理、不美观、不实用、不省料、不便宜、不安全、不省力、不耐用等各种缺点及不足，把它们一一列举出来，然后针对不足之处，有的放矢，发明创新，寻找解决问题的最佳方案。缺点列举思维并不以克服事物的缺点为目标，而是巧妙地利用事物的缺点，化弊端为利益，化腐朽为神奇。

7. 检核思维方法（检核目录法）

对问题进行提问能激发人们的思维活力，对一系列问题进行提问则更能激发人们的思维热情。而大量的思考和有序的提问,使人们有可能产生新的设想和新的创意。奥斯本检核目录法使人们能有效运用联想、类比、组合、分割、移花接木、异质同构、颠倒顺序、大小转化、改型换代等多种思维技巧,以突破各种心理定势和传统观念的束缚,进而获得解决创新问题的设想和方案。

(1) 能否他用:一物多用。启示:经过多方考虑,会极大改善人们在“能否他用”方面的思考能力和检核能力,使创新的水平明显提升。

(2) 能否借用:现有的事物能否借用别的经验?能否模仿别的东西?过去有无类似创新?现有的发明成果能否引入其他创新性设想之中?

(3) 能否改变:现有的事物能否作某些改变,如意义、颜色、声音、味道、花色、品种等,改变以后的效果又将如何?

(4) 能否扩大:现有的事物能否扩大应用范围?能否增加使用功能?能否添加零部件?高度、强度、寿命、价值能否扩大或增加?

(5) 能否缩小:现有的事物能否减少、缩小或者省略某些东西?能否浓缩化?能否微型化?短一点行不行?轻一点行不行?压缩、分割、简略行不行?

(6) 能否代用:现有的事物能否用其他的材料、其他的元件、其他的原理、其他的方法、其他的结构、其他的工艺、其他的动力、其他的设备来代替?

(7) 能否调整:现有的事物能否调整已知布局?能否调整既定程序?能否调整日程计划?能否调整规格型号?能否调整因果关系?

(8) 能否颠倒:现有的事物能否从相反的方向考虑?能否位置颠倒?能否作用颠倒?能否上下颠倒?

(9) 能否组合:现有的事物能否组合?能否原理组合?能否方案组合?能否材料组合?能否形状组合?能否功能组合?其实,整个世界的任何元素、任何物质、任何结构、任何时空都能成为我们自由联想、自由组合的基本材料。

8. 信息交合思维方法

所谓信息交合法,是建立在信息交合理论基础上的一种组合分析类创新法。而信息交合理论是研究客观世界和心理世界信息运演的理论。信息交合法从多角度和多层面探讨思维方法问题。运用信息交合法,可以改变人们的思维习惯,提高人们的思维能力,拓展人们的思维层次,从而最大限度地发挥人们的思维活力。掌握和运用好信息交合法,可以使我们自觉检查知识结构、积极拓宽专业视野、努力发掘智力资源、主动更新思维方式,从而培养起自身多系统、多方位、多功能、高效率、高创新性、高实用性的“三多三高”思维素质。

9. 纵向思维方法(现象探索思维法)

根据思维进行的方向可以将思维划分为纵向思维和横向思维。所谓纵向思维,是指在一种结构范围中,按照有顺序的、可预测的、程式化的方向进行的思维方式,这是一种符合事物发展方向和人类认识习惯的思维方式,遵循由低到高、由浅到深、由始到终等线索,因而清晰明了,合乎逻辑。我们平常的生活、学习中大都采用这种思维方式。

10. 横向思维方法

所谓横向思维,是指突破问题的结构范围,从其他领域的事物、事实中得到启示而产生新设想的思维方式。横向思维由于改变了解决问题的一般思路,试图从别的方面、方向入手,其广度大大增加。

11. 纵横思维方法

真正有创造性的人,往往是将两者有机地结合起来运用,进行纵横向思考。成语“响遏行云”,说的是薛谭向秦青学唱歌,还未完全学会,以为学到家了,就想离去。秦青为他饯行。席间,秦青放声高歌,歌声震撼林木,响彻云霄。薛谭自感惭愧,留下继续苦学。对此材料,从薛谭角度纵向思考,立论“知错就改”;从秦青的角度横向思考,立论“言教不如身教”;有的把薛、秦加以对比,纵横思考,立论“严师出高徒”“学无止境”。

12. 求异思维方法

追求与众人、前人有所不同的独具卓识的思维品质,是获取新颖性创新成果的重要保证。新观点、新思想、新理论常常是从求异的争辩中产生,打破人们长期以来养成的“求同排异”的思维定式,敢于怀疑前人的结论和见解,敢于发前人所未发,敢于标新立异。始终把思维当成一个求异而常新的开放系统。常理:鞋子是用来穿的,而标新立异,鞋子会扫地。鞋带上静电,走到哪里就把哪里的灰尘吸走;在任何地方,不但不扬尘,反而清洁环境。

第三章

创业筹备和计划

大学生在初次创业的道路上面临社会经验、管理能力等方面的不足，所以大学生创业，明确创业项目后，首先必须做好创业的筹备与计划，即组建一个优秀的创业团队，制订一份详细的创业计划，选择一些恰当的融资方法。

【课堂学习】

1. 了解培养创业团队的内容；
2. 掌握创业计划书的主要内容与要点；
3. 了解创业企业融资程序，掌握融资决策的理念和原则；
4. 掌握创业企业融资方案策划的一般方法。

【课后实践】

1. 针对自己的创业计划，设计出合理的创业团队方案；
2. 能撰写创业计划书；
3. 能根据创业企业的实际，提出融资需求并选择恰当的融资方式与渠道。

导读材料

雷军自述大学创业经历

那是1990年的事情了，大三暑假。王全国有个同事，和他的一个朋友想办家公司，拉我和王全国入伙。他们两人负责市场销售，我和王全国负责技术和服务，股份四个人平分。我和王全国对自己的技术相当自信，他们俩也对自己的销售能力非常自信，觉得就是“天作之合”，我们几乎没有犹豫就答应了。我当时想，乔布斯、盖茨、戴尔就是大学创业成功的，我为什么不可以？想到这些，顿时热血沸腾，脑子晕晕的。今天回想起来觉得好奇怪，我们根本就没有讨论过开公司谁投钱、开张后做什么、靠什么赚钱等实际问题。真的是“人有多大胆，地有多大产”。

公司取名为三色，即 Sun Sir，我们希望红、黄、蓝三原色创造七彩的新世界，放飞我们创业的梦想。我们四个人都没有什么钱，也没有找人投资，最后还是我帮公司拿了第一张单子，赚了几千元，就开始启动了。

刚开始，我们租用了珞瑜饭店103房间作为办公室。我们什么赚钱就做什么，没什么套路。每天忙得热火朝天，白天跑市场销售，晚上回来做开发。后来找了一个方向，做仿制汉卡。办公室十几平方米，放了桌子和电脑后，就没什么地方。我们晚上基本不回宿舍，睡觉的时候五六个人就直接躺在办公室里。实在找不到地方躺的人，就只能坐在电脑前干活了。不久，李儒雄加入了我们的团队。他也是一个很能干的人，后来他参与创办了连邦软件，曾任连邦软件总裁。但没过多久，我们仿制汉卡的技术就被人盗用了，他们一次做的量比我们大，卖的价钱也比我们便宜，最终这个产品几乎没挣到什么钱。

看起来我们的团队也很强大，公司最多的时候有14个人，业务范围也挺宽的，卖过电脑，做过仿制汉卡，甚至接过打字印刷的活。实际上，账上基本没什么钱，连吃饭都是个问题。有个兄弟吹牛说他麻将打得好，自告奋勇去和食堂师傅打麻将，真的赢了一大堆饭菜票。后来实在没钱的时候，我们就派他去打麻将赢饭菜票。我们就是这样过日子的。

还有件很烦心的事，就是四个股份相同的股东，谁做董事长，谁说了算。我当年20岁刚出头，不想掺和这样的事情，但他们好几次把我从武大的教室里面叫出来开会，一开就是一通宵。短短几个月时间，董事长改选了两次。和所有创业公司一样，中间还发生过好多好多事。

高涨的创业热情被残酷的现实一天一天消磨，我开始思考一个问题：作为一个大四的学生，我是否具备创业所需要的能力？琢磨了好几个晚上，我提出了散伙。

那是冬天的一个星期天，大家同意了我和王全国退出，我们分了一台286计算机、一台打印机和一堆芯片，就离开了。虽然我们一起创业只有半年多时间，回想起来过去的事情历历在目，觉得有一个世纪那么漫长。

经过了创业的煎熬，回到学校，心里轻松极了，一个人走在武大的樱花路上，觉得阳光灿烂。我的大学创业过程就这样惨淡收场了。

【思考与讨论】

1. 雷军创业失败的主要原因是什么？

2. “什么赚钱做什么”的创业模式为什么不可持续？

3. 雷军说：“有件很烦心的事，就是四个股份相同的股东，谁做董事长，谁说了算。”你认为创业团队应该如何作决定？

第一节　创业团队的建设

越来越多的调查结果显示，创业团队比个人创业家更能解释创业绩效。而当代高科技创业的蓬勃兴起，更突显出创业过程中创业团队的重要性。在高科技创业的历程中，由于所需的技术能力往往单凭创业者一个人是不够的，必须要有各种不同的人员，才能拥有足够的技能、能力、资源，共同应对激烈的竞争环境。因此，在创业的初期通常是以创业团队的形式，由两个以上的成员共同创业。创业团队对创业的影响是极为重要的，很多数据与个案都显示，能否拥有并维持一个优良的创业团队，是影响创业企业成功与否的最大因素。

（一）创业团队的成立

1. 创业团队的组成

团队是由具有技能互补的人组成的有一致目标的群体，他们认同一个共同目标和一个能使他们彼此担负责任的程序,并相处愉快,乐于一起工作,共同为达成高品质的结果而努力。团队就是合理利用每一个成员的知识和技能协同工作,解决问题,达到共同的目标的共同体。而创业团队,就是由少数具有技能互补的创业者组成,他们为了实现共同的创业目标和一个能使他们彼此担负责任的程序,共同为达成高品质的结果而努力的共同体。

创业团队需具备五个重要的团队组成要素,称为5P。

(1) 目标(Purpose)

创业团队应该有一个既定的共同目标,为团队成员导航,知道要向何处去,没有目标,这个团队就没有存在的价值。目标在创业企业的管理中以创业企业的远景、战略的形式体现。

(2) 人(People)

人是构成创业团队最核心的力量。三个及三个以上的人就形成一个群体,当群体有共同奋斗的目标就形成了团队。在一个创业团队中,人力资源是所有创业资源中最活跃、最重要的资源。应充分调动创业者的各种资源和能力,将人力资源进一步转化为人力资本。

目标是通过人员来实现的,所以人员的选择是创业团队中非常重要的一个部分。在一个团队中可能需要有人出主意,有人订计划,有人实施,有人协调不同的人一起去工作,还有人去监督创业团队工作的进展,评价创业团队最终的贡献,不同的人通过分工来共同完成创业团队的目标。在人员选择方面要考虑人员的能力如何,技能是否互补,人员的经验如何。下面将进一步讨论利用角色定位的理论对团队成员各自承担的任务所起的作用。

(3) 定位(Place)

创业团队的定位包含两层意思:

第一,创业团队的定位。包括创业团队在企业中处于什么位置?由谁选择和决定团队的成员?创业团队最终应对谁负责?创业团队采取什么方式激励下属?第二,创业者个体的定位。作为成员之一在创业团队中扮演什么角色,是制订计划还是具体实施或评估?是大家共同出资,委派某个人参与管理,还是大家共同出资,共同参与管理,或是共同出资,聘请第三方(职业经理人)管理?这体现在创业实体的组织形式上,是合伙企业还是公司制企业?

(4) 权限(Power)

创业团队中领导人的权力大小与其团队的发展阶段和创业实体所在行业

相关。一般来说，创业团队越成熟，领导者所拥有的权力相应越小，在创业团队发展的初级阶段领导权相对比较集中。高科技实体多数是实行民主的管理方式。

(5) 计划(Plan)

计划有两层含义：第一，目标最终的实现，需要一系列具体的行动方案，可以把计划理解成达到目标的具体工作程序。第二，按计划进行可以保证创业团队的进度。只有在计划的操作下创业团队才会一步一步地贴近目标，从而最终实现目标。

2. 创业团队的类型

从不同的角度、层次和结构，可以划分为不同类型的创业团队，而依据创业团队的组成者来划分，创业团队有星状创业团队、网状创业团队和从网状创业团队中演化而来的虚拟星状创业团队。

(1) 星状创业团队

在团队中有一个核心人物，充当领队的角色。这种团队在形成之前，一般是核心人物有了创业的想法，然后根据自己的设想进行创业团队的组织。因此，在团队形成之前，核心人物已经就团队组成进行过仔细思考，根据自己的想法选择相应人员加入团队，这些加入创业团队的成员也许是核心人物以前熟悉的人，也有可能是不熟悉的人，但这些团队成员在企业中更多时候是支持者角色。

(2) 网状创业团队

这种创业团队的成员一般在创业之前都有密切的关系，比如同学、亲友、同事、朋友等。一般都是在交往过程中，共同认可某一创业想法，并就创业达成共识以后，开始共同进行创业。在创业团队组成时，没有明确的核心人物，大家根据各自的特点进行自发的组织角色定位。因此，在企业初创时期，各位成员基本上扮演的是协作者或者伙伴角色。

(3) 虚拟星状创业团队

这种创业团队是由网状创业团队演化而来，基本上是前两种的中间形态。在团队中，有一个核心成员，但是该核心成员地位的确立是团队成员协商的结果，因此核心人物从某种意义上说是整个团队的代言人，而不是主导型人物，其在团队中的行为必须充分考虑其他团队成员的意见，不如星状创业团队中的核心主导人物那样有权威。

3. 创业团队角色搭配

团队当中有不同的角色，角色和角色间配合的时候，也会存在着若干问题，在角色搭配的时候需要加以注意。

(1) 创新者碰到协调者的上司，这时他们间的关系应该没有问题，因为协调者善于整合各种不同的人一起去达成目标；但如果创新者碰到实干者的上司往往就会不太理想，因为实干者喜欢按计划做事，不喜欢变化。

(2) 作为同事，创新者和凝聚者之间不会有问题，因为凝聚者擅长协调人际关系；但如果一个创新者碰到另一个创新者同事，这时两人会围绕着各自的立场和观点展开争议，内耗也就可能出现。

(3) 创新者的领导，如果碰到一个实干者的下属会很高兴，因为有人在把他具体的工作细节往前推，正好是一种互补；但要碰到一个推进者的下属，他们间的矛盾可能就会激化。

(4) 两个完美者在一起，可能作为上司的完美者并不欣赏作为下属的完美者，因为完美者永远觉得自己的标准是最高的，很难接受别人的标准；但完美者如果碰到实干者同事，往往彼此间很欣赏；如果碰到一个信息者的上司，下属与他就会有一些冲突，因为信息者对于外界的新鲜事物接受很快，而完美者主张只有绝对的把握才去做，他们围绕着要不要采取新的方式和方法存在一些疑问。类似的不同团队成员之间还会有很多配合关系，也都需要一一了解。

在了解不同的角色对于团队的贡献以及各种角色的配合关系后，就可以有针对性地选择合适的人才，通过不同角色的组合来达到团队的完整。另外，由于团队中的每个角色都是优点和缺点相伴相生，领导者要学会用人之长、容人之短，充分尊重角色差异，发挥成员的个性特征，找到与角色特征相契合的工作，使整个团队和谐，达到优势互补。优势互补是团队搭建的根基。团队竞争是创业企业赖以战胜大企业的主要法宝。大企业可以聘用非常好的职业经理人，而在创业之初创业企业则只能通过团队精神在人力资源上超过大企业。所以，寻找到好的优势互补的合作伙伴，是创业成功一半的保证。当代社会，社会分工越来越细，最专业的事就要交给最专业的人去做，胜算才会更大；也只有优势互补的团队才能充分发挥其组合潜能，也肯定优于个人创业的单打独斗。

在一个创业团队中，成员的知识结构越合理，创业的成功性越大。纯粹的技术人员组成的公司容易形成技术为主、产品为导向的情况，从而使产品的研发与市场脱节；全部由市场和销售人员组成的创业团队缺乏对技术的领悟力和敏感性，也容易迷失方向。因此，在创业团队的成员选择上，必须充分注意人员的知识结构——技术、管理、市场、销售等，充分发挥个人的知识和经验优势。

4. 创业团队的发展阶段及方法

一支团队通常经历一系列阶段才能成长起来，就好像植物的成熟过程。一般包括：形成期、波动期、稳定期、成熟期等。

为了使团队早日成熟，在决定团队发展方法的时候，首先需要了解每个阶段可能发生的事件，并认识团队目前所处的阶段。在此基础上，才能帮助团队顺利发展。只有认识到团队的发展目标，才能找到帮助的方法。

帮助团队发展的另外一种方法，就是以领导行为理论为基础，在不同阶段选择不同的领导行为。换句话说，在不同的阶段，任务需要、团队需要和个人需要三方所占的比重不同，团队领导需要在不同的阶段注重不同的角色和任务。

(1) 形成阶段

在这个阶段，团队的各个成员聚集到一起，每个人迫切想知道他们的工作任务是什么。他们会思考一些问题，如我们到这里要做什么？怎么做？当他们面对突发的情况时，有的十分焦虑、有的矜持。在这一时期成员之间的信任一般处于低谷阶段(除非成员原来就相互认识)。本阶段团队进行的主要活动应该是交流思想和收集信息。

在形成阶段，个人需要很高——他们需要确定各自的工作任务是什么，以及别人是如何评价他们的。因而，团队领导需要多用一些精力认识每个成员，并就将要发生的事与他们沟通。

团队需要在形成阶段处于中等水平，团队还在探索发展方式和操作方式。此时的团队领导需要通过自由探索等活动，帮助团队成员相互认识。

形成阶段的任务需要很低，只有在群体成为一支团队之后才能真正开始解决工作中的问题。在这一阶段，团队领导可以向团队成员介绍自己的观点，回答“我们要做什么”的问题。这一阶段主要解决的不是任务的需求，但需要慢慢推进工作。

(2) 波动阶段

当团队从互相交流信息转向拥有共同目标时，成员之间可能会意见不合并陷入冲突。这是一个充满竞争且积极向上的阶段。如果处理得当，本阶段将富有创造性。

在这个阶段，个人需要仍保持较高水平，因此必须继续满足个人的需要并使团队成员安心。随着成员提出不同的观点(如群体应该如何协作、群体应该做什么等)，团队需要逐渐提高。这时要注意发生问题的信号，并避免一两个人在群体中占据优势。随着冲突的产生，把冲突公开并帮助团队成员解决冲突变得越来越重要。

任务需要在此阶段仍处于较低水平，因为团队仍旧处在发展过程中。团队领导需要把任务看作是推动团队发展并解决波动问题的工具。

(3) 稳定阶段

在稳定阶段，团队成员理解了各自的工作任务并相互信任，团队开始和谐发展。各成员感到他们是团队的一部分，并意识到如果接受他人的观点，他们就能够更好地完成任务。

在这一阶段，团队个人可以得以应手地处理在团队中遇到的事情，因此他们的个人需要在某种程度上降低了。

此时，团队需要仍然很高，因为团队正在致力于在行动准则和工作程序上达成一致。团队领导在本阶段的角色是激励新想法，督促每个团队成员全力以赴，帮助他们达成一致。

在此阶段，任务需要的重要性开始凸现，团队领导应该注重目标的制定并激励团队成员为目标做出贡献，使团队成员加强合作。

(4) 成熟阶段

在成熟阶段，团队在一种公开、信任的氛围中工作。团队成员之间能够相互理解，并领悟工作的实质。他们受到鼓舞，以期达到目标。团队主要致力于完成工作任务。

在这一阶段，个人与团队需要处于中等水平。团队领导的精力主要放在任务需要上，帮助团队招待并监控计划，时刻谨记团队目标。

这个阶段要小心团队退回到前一个阶段。例如，当有新成员加入时，团队经常会恢复到规范化阶段。如果发生了这种情况，要尽快修正行动，回到成熟阶段。

5. 创业团队应注意的一些问题

不同的创业者在共同的创业远景鼓舞下，形成了创业团队。搭建一支优秀的创业团队对任何创业者而言，都是一项至关重要的工作，是保证创业团队沿着共同目标，求同存异，最后实现团队远景的组织保证。团队应该注意以下问题：

(1) 知己知彼。有些创业者认为，绝大多数创业团队的核心成员都很少，一般是三四人，多的也不过十来人，如此少的团队成员从企业管理角度来看，实在是“小儿科”，因为人数太少，几乎每个从事管理工作的人都觉得能够轻易驾驭。但实际上，这个创业团队成员虽少，但是都有自己的想法、自己的观点，特别是当团队中具备领导特质的人有两个或两个以上时，团队成员在内心有不服管的信念。因此，我们对创业团队中的每个成员都不能抱以轻视的态度。

一个优秀的创业团队的所有成员都应该相互非常熟悉，知根知底。《孙子兵法》中云：“知己知彼，百战不殆”。在创业团队中，团队成员都非常清醒地认识到自身的优劣势，同时对其他成员的长处和短处也一清二楚，这样可以很好地避免团队成员之间因为相互不熟悉而造成的各种矛盾、纠纷，迅速提高团队的向心力和凝聚力。同时，团队成员相互熟悉更有利于工作的合理分配，最大可能地发挥各自的优势。

现在，国内许多大学生选择创业，他们选择的合作伙伴也多是同学、朋友、校友，但还是很快就失败了。为什么呢？因为他们选择的合作伙伴虽然都是他的“熟人”，但是他的那些“熟人”之间是缺乏交流、沟通的，说到底，团队成员之间还是相互陌生的。

(2) 有可以胜任的带头人。在企业管理和市场营销中，经常谈论领导者的核心竞争力。事实上，在创业团队中，带头人的作用更加重要。带头人正如大海航行中巨轮的舵手，指引着创业团队的方向。

创业团队中必须有可以胜任的领导者，而这种领导者，并不是单单靠资金、技术、专利来决定的，也不是谁提出什么好的点子谁就当头。这种带头人是团队成员在多年同窗、共事过程中发自内心认可的，应该在创业团队中有巨大的、无形的影响力，能够有一呼百应的气势和号召力。

许多创业团队在很短的时间内就消亡了，很重要的原因在于创业团队的带头人不是一个合格的领导者。而领导者的作用，就是“决定一切”！

许多年轻人雄心勃勃，冀望一日升天，他们敢于第一个吃“螃蟹”，但是他们不一定是胜任的创业团队带头人，他们最多只是起到了一种“先锋”示范作用。

(3) 有正确的理念。要坚信组织能够健康发展下去，相信创业团队一定能够获得成功。不要一开始就想着失败，尤其不要用那些“经典”的理论如“只能共苦，不能同甘”“天下没有不散的筵席”等支配自己的思想和行动，应该树立坚定的信念，要坚信团队的事业一定能成功。

(4) 有严格的规章制度。俗话说：“没有规矩不成方圆”。最初创业时就把该说的话说到，该立的字据一定要立。把最基本的责、权、利说得明白透彻，尤其股权、利益分配更要讲清楚，包括增资、扩股、融资、撤资、人事安排及解散等。这样在企业发展壮大后，才不会出现因利益、股权等的分配分歧产生团队之间的矛盾，导致创业团队的分散。

(二) 创业团队的发展

1. 创业团队的学习方法

(1) 实践是最好的学习方法，这个道理已经毋庸置疑。我们可以通过接受教育、观察以及吸取书本知识和别人的经验学习很多东西。从经验中学习或“实践学习”的周期一般由四个阶段构成，包括：做事情获得经验；思考和讨论；从思考中得出结论，建立理论化模型；为行为制订计划并设法应用理论。经验学习可以从四个阶段中的任何一个开始。不同的人会选择从不同的阶段开始，而且环境也会影响人们决定开始学习的阶段。

(2) 无论团队领导是否参与都需要为培训制订一个计划，即使脱产培训活动也不例外。如果没有这个计划，将无法督导、审查或进行评估活动，致使对活动的进程一无所知。

(3) 思考和讨论对于学习是至关重要的。学习班不但需要投入时间进行思考，还需要积极地提出问题并进行讨论。思考可以帮助我们认识并承认感觉和直觉的重要性，使认识由表及里，进行回顾和交流。

(4) 审查学习效果的方式可以是正式的，也可以是非正式的。审查时，回顾学习计划，并对比传授的知识是否满足了学员的需求，即“学习是否有效”？最好在学习的过程中进行非正式的审查(如果是在职培训)，在学习活动刚结束时进行正式的和非正式的审查(目的是检验和评估学习方法、学习本身以及学习的内容，同时检查目标)，在培训结束后的两周或一个月时间内实施复查(检查培训是否发挥了作用，同时还要考虑如何帮助学员举一反三)。

2. 创业团队的文化氛围

(1) 培养成员间融洽的关系

不管是采用定期召开团队会议的方法，还是以其他方式(如 E-mail)，加强团队成员之间的交流，作为团队领导，最重要的是培育团队成员之间的融洽关系。

下面列举了一些培养良好的团队关系时可以采用的方法：

一是赞美成员；

二是鼓励成员直接表达；

三是互相信任；

四是确保批评对事不对人；

五是重视问题。

(2) 团队成员之间的问题及解决方法

如果在团队中有两个人不能融洽共处，则有可能会对其他人产生不良影响。作为团队领导应该注意问题出现的苗头，并采取切实的方法防患于未然。如果团队成员在信任方面出现问题，就需要立刻采取措施解决问题，使团队具备一个合作和信任的气氛。

一是成员相互之间不尊重或不尊重彼此的观点。

如果团队成员不相互尊重，则说明团队仍处于形成阶段，可以深入了解团队中的每个成员，明白他们的感受以及想法，并承认每个人的贡献，树立良好的榜样；进行社交活动(如周末聚餐)，加强成员之间的了解；表明自己信任所有的成员，并欣赏他们做出的贡献；指出人与人的观点可能不同，因此即使不赞同他人的观点但仍要尊重他人。

二是成员相互之间存在分歧和误解。

有时，人们意识到误解的时候，情绪会变得急躁不安。妨碍相互理解的原因包括：没有认真倾听，对同一个问题的看法不同，侧重于问题的不同方面，沟通出现障碍等。对此，可以采用“六顶思考帽子”方法来解决。使用这个方法能够避免群体思考陷入混乱，并确保从一开始就使误解最小化。

在使用这个技术的时候，应该允许每个人每次集中思考问题的一个方面(如事实、感觉或思想)；同时也允许每个人能够在思考中转变角色。例如，建议团队成员从黑色的(否定的)转为黄色的(肯定的)思考。使用帽子的另一种方式是让群体中的每个人暂时戴上同一项帽子。

表 3-1 六项思考帽子

帽子颜色	用于		范例
白色	事实	中性信息(如你从计算机中获得的信息)	民以食为天
红色	情感与感觉	包括预感和直觉	我感到很生气,因为我们失去了很多客户
黑色	否定	评估思想或情形的不妥之处	这个建议不会起任何作用
黄色	肯定	评估思想与情形的有利之处	这是个好主意
绿色	创造力	产生思想	你可以尝试换个角度
蓝色	控制	正如管弦乐队中的指挥一样——控制帽子的使用	现在我们需要戴上黄色帽子思考

三是成员相互之间存在冲突。

团队成员所具有的多样性,为团队带来不同的见解以及不同的经验和技能,但也具有负面影响,不同的个性可能导致产生冲突。冲突可分为健康的和不健康的。

健康的冲突是指人们以一种公开的、实事求是的态度表达不同的观点和看法,并相互尊重。这种冲突一般有肯定的、积极的结果,如人们感受比较自然,其他团队成员感觉也友好,作出的决定比没有冲突情形下的决定更好。

而不健康的冲突对团队完成工作的能力产生威胁,能够导致争执或交流障碍。在不健康的冲突中,人们感情用事,以一种破坏性的方式相互攻击。

作为团队领导,需要判断个人之间产生不健康冲突的原因并想办法解决,下面列出五种行为方式,当面临冲突时,可以根据实际情况有效选择,如表 3-2 所示:

表 3-2 五种面对冲突的行为

对抗	能快速获得结果,但如果处理不好,则浪费时间
协作	可以得到最好的解决结果和很高的团队承诺,但可能较耗时
折中	虽不能得到很好的解决结果,但人人都能有所收获
迁就	因为没有争论,所以结果可能很差
回避	推迟冲突的解决

下面的一些要点有助于团队领导以恰当的方式处理冲突：

一是营造公开、信任的氛围；

二是作为冲突一方，公开自己的见解；

三是公开冲突——鼓励人们充分表达观点；

四是鼓励成员为别人着想；

五是对事不对人——面对问题不受个人感情影响；

六是发生冲突的时候，坚持解决问题。

(三) 外部人力资源的利用

外部人力资源，即创业者构建其人际网络或社会网络的能力。一个创业者如果不能在最短时间之内建立自己最广泛的人际网络，那他的创业一定会非常艰难，即使初期能够依靠领先技术或者自身素质，比如吃苦耐劳或精打细算，获得某种程度上的成功，但也可以断言他的事业一定做不大。

1. 外部人力资源的概念

我们可以将外部人力资源定义为一种社会的组织特征，如信任、规范和网络，它们能够通过推动协调和行动来提高社会效率。

外部人力资源是关系网络的价值，关系网络的本质是互惠共同体，且具有信任和规范的机制。团队的外部人力资源由团队的外部联系和内部关系共同构成，外部联系的绩效作用主要体现在突破组织边界，通过社会关系网络中拥有特殊优势的结点获取经济、资源、信息和控制等多方面的利益，而内部关系主要反映团队集体的内部特征，如共同的规范、彼此的信任等，这些特征可以"润滑"团队成员之间的关系，以利于在团队内部展开充分有效的合作。

2. 外部人力资源对于团队的绩效作用

创业团队的外部人力资源与物质资本、人力资本一样，在提高团队绩效的同时也有相应的成本代价和风险，建立关系网络需要投入时间和其他资源，外部人力资源缺少维持也会贬值。

以新产品开发团队为例，团队的部分任务绩效指标，如新产品经济效益等方面的评价工作是由市场来决定的，如果产品能够快速占领市场，那么在团队耗费一定成本的前提下，团队的工作就有较高的经济效益，团队的外部资源提升团队的绩效就体现在此方面。

从纵向联系角度来看，很显然，如果团队的成员或领导与当地政府机关有较密切的联系，团队就可以从政府公关，通过行政的力量来推广产品，进而在政府的声誉保证下快速占领市场。

从横向联系角度来看，利用团队成员的横向联系，团队可以更容易与其他同类团队或者企业建立知识和信息的共享机制，从外界获取更多的产品相关信息，从而对新产品的创新程度作出正确的判断，以便精益求精，提高创新绩效。

从社会联系角度来看，由于市场上信息公开的困难，所以市场信息总是不对称的，如果团队的领导路子广、朋友多，即有较多的非经济的社会交往和联系，就容易建立起摄取稀缺信息资源和市场机会的非正式机制，成为信息不对称的获利者。

具体来说，创业团队外部人力资源的绩效作用至少表现在以下几个方面：

（1）获取行政资源的支持。政府机构掌握公共权力，对部分社会资源拥有最终决定权，因此政府对企业获取稀缺资源具有直接干预和约束作用。拥有丰富社会关系网络的创业团队往往通过与政府的密切联系来影响政府公共权力的行使，进而促进本企业的发展，或通过关系网络获取政府内部信息和政府资源的优先使用权，这些都直接或间接地提升了企业的竞争力和经济绩效。

（2）获取信息资源。创业团队的关系网络是企业的信息通道，该通道提供的信息更准确、更快捷、更稳定，企业管理者借助外部网络使企业迅速感知环境的变化并作出反应。一般来说，规模大的网络比规模小的网络包含的信息更多，另外，网络中成员种类的增加也会使得信息更具创新性和更具价值。

（3）减少交易费用。市场交易过程中都会产生发现交易对象、发现价格、订立契约和执行契约等费用，在实际经验中更多的是认知分歧带来的信息沟通费用。而拥有广泛网络联系的企业创业团队往往能节省信息收集、询价的费用，企业网络成员间的交易也因相互之间的信任、长期合作而节省了讨价还价、制定契约和执行的费用。

3. 大学生创业团队的常见外部人力资源

（1）同学资源。同学之间因为接触比较密切，彼此比较了解，同时因为少年人不存在利害冲突，成年人则大多数从五湖四海走到一起，彼此也甚少存在利害冲突，所以友谊一般都较可靠，纯洁度更高。对于创业者来说，是值得珍惜的最重要的外部资源之一。

在许多成功者的身后都可以清楚地看到他们同学的身影，有的是少年时代的同学，有的是大学时代的同学，还有各种成人教育如进修班、研修班上的同学。一位创业者说，他到中关村创立公司前，曾经花了半年时间到北大企业家特训班上学、交朋友。他开始的十几单生意，都是在同学之间做的，或是由同学帮着做的。同学的帮助，在他创业的起步阶段起了很大的作用。与同学相似的，是战友，还有同乡。共同的人文地理背景，使老乡有一种天然的亲近感。

(2) 职业资源。所谓职业资源，即创业者在创业之前，为他人工作时所建立的各种资源，主要包括项目资源和人际资源。充分利用职业资源，从职业资源入手创业，符合创业活动“不熟不做”的教条。尤其是在国内目前还没有像美国或欧洲国家一样普遍认同和执行“竞业避止”法则的情况下，选择从职业资源入手进行创业，已经成为许多人创业成功的捷径和法宝。

(3) 朋友资源。朋友是一个总称，包括同学、战友、老乡、同事。一个创业者，各类朋友都要谈得来，交得上，就好像十八般兵刃，到时候不定就用上了哪般。真诚的朋友犹如资本金，对创业者来说是多多益善。

讨论案例 3-1

俞敏洪的中国合伙人

“任何事情都是你不断努力去做的结果，当你碰到困难的时候，你不要把他想象成不可克服的困难，只要你勇于去克服它！”1993 年，俞敏洪创办了新东方培训学校，创业伊始，俞敏洪单枪匹马，仅有一个不足十平方米的漏风的办公室，零下十几度的天气，自己拎着糨糊桶到大街上张贴广告，招揽学员。

在新东方创办之前，北京已经有三四所同类学校，参加新东方培训的多是以出国留学为目的。新东方能做到的，其他学校也能做到。就当时的大环境而言，随着出国热，以及人们在工作、学习、晋升等方面对英语的多样化要求，国内掀起了学习英语的热潮，越来越多的优秀教师加入到英语培训这个行业，如何先人一步，取得自己的竞争优势，把新东方做大做强，俞敏洪认识到英语培训行业必须要具备一流的师资。

1. 聚集人才

培训学校普遍做不大是有原因的，由于对个别讲师的过分倚重，每个讲师都可以开一个公司，但是每个公司都做得不大。所以，俞敏洪需要找到更多的合作伙伴，帮他控制住英语培训各个环节的质量。而这样的人，不仅要有过硬的专业知识和能力，更要和俞敏洪本人有共同的办学理念。他首先想到的是远在美国的王强、加拿大的徐小平等人，实际上这也是俞敏洪思考了很久所作的决定——这些人不仅符合业务扩展的要求，更重要的是这些人作为自己在北大时期的同学、好友，在思维上有着一定的共性，肯定比其他人能更好地理解并认同自己的办学理念，合作也会更坚固和长久。

这时他遇到了一个和他有着共同梦想的朋友——杜子华，杜子华像一个漂泊的游侠，研究生毕业后游历了美国、法国和加拿大，凭着对外语的透彻领悟和灵活运用，在国外结交了许多各色朋友，也得到了不少让人羡慕的机会。但是他在国外待的时间越久，接触的人越多，就越是感觉到民族素质提高的重要性和迫切性。要提高一个人、一个民族的素质唯有投资教育。

1994 年，在北京做培训的杜子华接到了俞敏洪的电话，几天后，两个同样钟爱教育并有着共同梦想的"教育家"会面了，谈话中，俞敏洪讲述了新东方的创业和发展、未来的构想、自己的理想、对人才的渴望……这次会面改变了杜子华单打独斗实现教育梦想的生活，杜子华决定在新东方实现自己的追求和梦想。

1995 年，俞敏洪来到加拿大温哥华，找到曾在北大共事的朋友徐小平。这时的徐小平已经来到温哥华 10 年之久，生活稳定而富足。俞敏洪不经意地讲述自己创办新东方的经历，文雅而富有激情的徐小平突然激动起来："敏洪，你真是创造了一个奇迹啊！就冲你那 1000 人的大课堂，我也要回国做点事！"

随后，俞敏洪又来到美国，找到当时已经进入贝尔实验室工作的同学王强。1990 年，王强凭借自己的教育背景，三年就拿下了计算机硕士学位，并成功进入著名的贝尔实验室，可以说是留学生中成功的典型。白天，王强陪着俞敏洪参观普林斯顿大学，让他震惊的是，只要碰上一个黑头发的中国留学生，竟都会向俞敏洪叫一声"俞老师"，这里可是世界著名的大学啊。王强后来谈到这件事时说自己当时很震惊，受到了很大的刺激，俞敏洪说："你不妨回来吧，回国做点自己想做的事情。"

就这样，徐小平和王强都站在了新东方的讲台上。1997 年，俞敏洪的另一个同学包凡一也从加拿大赶回来加入了新东方，新东方就像一个磁场，凝聚起一个个年轻的梦想，这群在不同土地上为了求学，洗过盘子、贴过广告、做过推销、当过保姆的年轻人，终于找到一个突破口，年轻人身上积蓄的需要爆发的能量在新东方充分得到了释放。

就这样,从 1994 年到 2000 年,杜子华、徐小平、王强、胡敏、包凡一、何庆权、钱永强、江博、周成刚等人陆续被俞敏洪网罗到了新东方的门下。

2. 构建团队

作为教育行业,师资构成了新东方的核心竞争力,但是如何让这支高精尖的队伍最大程度地发挥作用,俞敏洪从学员需求出发,秉持着一种"比别人多做一点,比别人做得好一点"的朴素的创新思维,合理架构自己的团队,寻找和抓住英语培训市场上别人不能提供或者忽略的服务,使新东方的业务体系得以不断完善。

徐小平、王强、包凡一、钱永强等人分别在出国咨询、基础英语、出版、网络等领域各尽所能,为新东方搭起了一条顺畅的产品链。徐小平开设的"美国签证哲学"课,把出国留学过程中一个大家关心的重要程序问题,上升到一种人生哲学的高度,让学员在会心大笑中思路大开;王强开创的"美语思维"训练法,突破了一对一的口语训练模式;杜子华的"电影视听培训法"已经成为国内外语教学培训极有影响力的教学方法,新东方的老师很多都根据自己教学中的经验和心得著书立说,并形成了自身独有的特色,让新东方成为一个有思想、有创造力的地方。

俞敏洪的成功之处是为新东方组建了一支年轻而又充满激情和智慧的团队,俞敏洪的温厚,王强的爽直,徐小平的激情,杜子华的洒脱,包凡一的稳重,五个人的鲜明个性让新东方总是处在一种不甘平庸的氛围当中。

谈到团队的组建,《西游记》中由唐僧率领的取经团队被公认为是一支"黄金组合"的创业团队。四个人的性格各不相同,却又同时有着不可替代的优势。比如说,唐僧慈悲为怀,使命感很好,有组织设计能力,注重行为规范和工作标准,所以他担任团队的主管,是团队的核心;孙悟空武功高强,是取经路上的先行者,能迅速理解、完成任务,是团队业务骨干和铁腕人物;猪八戒看似实力不强,又好吃懒做,但是他善于活跃工作气氛,使取经之旅不至于太沉闷;沙僧勤恳、踏实,平时默默无闻,关键时刻他能稳如泰山、稳定局面。

但是,创业路上,并没有那么巧的机缘和条件,能幸运地集聚到这样四个不同性格的人。所以,如果只能从这四个人中挑选出两个人来作为创业成员的话,你会挑选哪两位?

在一次活动中，牛根生客串主持人，向马云和俞敏洪提出了这样一个问题。

俞敏洪选沙僧和孙悟空，马云选择了沙僧和猪八戒。两人都选择了耿直忠厚的沙僧，但是关于另一个人选，两人的选择却很有意思。

马云这样解释他为什么选择猪八戒："最适合做领袖的当然是唐僧，但创业是孤独寂寞的，要不断温暖自己，用左手温暖右手，还要一路幽默，给自己和团队打气，因此我很希望在创业过程中有猪八戒这样的伴侣。当然，猪八戒做领导是很欠缺的，但大部分的创业团队都需要猪八戒这样的人。"

俞敏洪不赞同马云的选择，他认为猪八戒不适合当一个创业伙伴，猪八戒是很能搞活气氛，让周围的人轻松起来，但是缺点也很突出，就是不坚定，需要领袖带着才能往前走。而且猪八戒没信念，哪好就会去哪，哪有好吃的就往哪去，很容易在创业过程中发生偏移，企业有钱时会（大赚一笔后）离开，企业没钱时也很可能会弃企业而去。而孙悟空就不会这样，他是一个很理想的创业成员。

俞敏洪列举了他的理由：他（孙悟空）的优点很明显：第一，有信念，知道取经就是使命，不管受到多少委屈都要坚持下去。第二，有忠诚，不管唐僧怎么折磨他都会帮助他一路走下去。第三，有头脑，在许多艰难中会不断想办法解决。第四，有眼光，能看到别人看不到的机会和磨难。

当然，孙悟空也有很多个人的小毛病，会闹情绪，撂担子，所以需要唐僧必要时念念紧箍咒。但是，在取经路上，孙悟空所起到的作用是至关重要的。如果将西天取经比喻成一次创业过程，孙悟空就是其中不可或缺的创业成员。

新东方的创业团队就有些类似于唐僧的取经团队。徐小平曾是俞敏洪在北大时的老师，王强、包凡一同是俞敏洪北京大学西语系80级的同班同学，王强是班长，包凡一是大学时代睡在俞敏洪上铺的兄弟。这些人个个都是能人、牛人。所以，新东方最初的创业成员，个个都是"孙悟空"，每个人都很有才华，而个性却都很独立，俞敏洪曾坦承：论学问，王强出自书香门第，家里藏书超过5万册；论思想，包凡一擅长冷笑话；论特长，徐小平梦想用他沙哑的嗓音做校园民谣，他们都比我厉害。

俞敏洪敢于选择这帮牛人作为创业伙伴，并且真的在一起做成了大事，成就了一个新东方传奇，从这一点来说，他是一个成功的创业团队领导者。他知道新东方人多是性情中人，从来不掩饰自己的情绪，也不愿迎合他人的想法，打交道都是直来直去，有话直说。因此，新东方形成了一种批判和宽容相结合的文化氛围，批判使新东方人敢于互相指责，纠正错误；宽容使新东方人在批判之后能够互相谅解，互相合作。这就是新东方人的特点：大家互相之间不记仇，不记恨，只计较到底谁对、谁错、谁公正。

这种源自北大精神的自由文化，是俞敏洪敢用“孙悟空”，而且是多个“孙悟空”的前提条件，这是新东方成功的关键因素之一。而另一个关键因素就是俞敏洪本人所具备的包容性，帮助他带领着一帮比他厉害的“牛人”，不仅将新东方从小做大，还完成了让局外人都为之捏了一把汗的股权改制。最令人意料不到的是，俞敏洪居然还将新东方带到了美国的资本市场，成为中国第一个在海外成功上市的民营教育机构。这一份成绩虽然还不能定义为最终的胜利，但是仍然有着非同寻常的意义，它告诉人们，对于中国教育来说，一切价值正有待重估。

第二节　创业计划书的编制

创业计划就是创业者计划创立的业务的书面概要，它为业务的发展提供了指示图，并成为衡量业务进展情况的标准。制定一个完整的创业计划需要投入相当多的精力，最终计划应做成一份结构清晰完整，可作为公司宪章的业务文件。通常一份创业计划是一份完整、独立的文件，用以介绍可行的市场需求，公司如何满足这些需求，并强调实施工作所需的资源。

（一）编制创业计划书的意义和作用

创业计划书，是创业者自己在创业前需要准备的一份书面计划，是创业者创业的蓝图，也是筹措创业资金的重要依据。其意义和作用主要体现在两方面：

1. 帮助创业者理清思路，准确定位

著名投资家克雷那说：“如果你想踏踏实实地做一份工作的话，写一份创业计划，它能迫使你进行系统的思考。有些创意可能听起来很棒，但是当你把所有细节和数据写下来的时候，它自己就崩溃了。”可能许多创业者在刚开始投入一项事业中去的时候凭借的仅仅是一腔的热情，然而当真正着手去做一些事情的时候，才会发现需要考虑的地方何止是一处两处，也许有一些创业者只是在自己的脑海里形成一副蓝图，但是如果未雨绸缪，就需要制订一份创业计划书，这样不容易偏离自己原先预定的方向。

在创业融资之前，创业计划书应该首先是给创业者自己看的。办企业不是“过家家”，创业者应该以认真的态度对自己所有的资源、已知的市场情况和初步的竞争策略作尽可能详尽的分析，并提出一个初步的行动计划，通过创业计划书做到使自己心中有数。

另外，创业计划书还是创业资金准备和风险分析的必要手段。对初创的风险企业来说，创业计划书的作用尤为重要，一个酝酿中的项目，往往很模糊，通过制订创业计划书，把正反理由都书写下来，然后再逐步推敲，创业者就能对这一项目有更加清晰的认识。可以这样说，创业计划书首先是把计划中要创立的企业推销给创业者自己。

2. 帮助创业者获得创业融资

一位投资家曾经说过：“企业邀人投资或加盟，就像向离过婚的女士求婚一样，而不是像和女孩子初恋。双方各有打算，仅靠空口许诺是无济于事的。”对于正在寻求资金的创业者来说，创业计划书的好坏往往决定了融资的成败。

除了使创业者更加了解自己要做的事情外，创业计划书更多的还是让别人看的，尤其是给那些能给创业者提供一定资金帮助的人。所以，创业计划书的另外一个重要作用就是帮助创业者把计划中的企业推销给风险投资家。因此，创业计划书还要说明创办企业的目的，创办企业所需的资金，为什么投资人值得为此注入资金等一些问题。

此外，对于已建立的创业企业来说，创业计划书还可以为企业的发展定下比较具体的方向和重点，从而使员工了解企业的经营目标，并激励他们为共同的目标而努力。更重要的是，它可以使企业的出资者以及供应商、销售商等了解企业的经营状况和经营目标，说服出资者（原有的或新来的）为企业进一步发展提供资金。

（二）创业计划书的基本格式

创业计划书通常包括封面、保密要求、目录、摘要、正文（综述）、附录几部分。

1. 封面（标题页）

标题页可以放一张企业的项目或产品彩图，但需留出足够的版面排列以下内容:创业计划书编号、公司名称,项目名称、项目单位、地址、电话、传真、电子邮件、联系人、公司主页、日期等。

2. 保密要求

保密要求可放在标题页,也可放在次页,主要是要求投资方项目经理妥善保管创业计划书,未经融资企业同意,不得向第三方公开创业计划书涉及的商业秘密。

3. 目录

目录标明各部分内容及页码,要注意确认目录页码同内容的一致性。

4. 摘要

摘要是对整个创业计划书的概括,目的在于用最简练的语言将计划书的核心、要点、特色展现出来,吸引阅读者仔细读完全部文本,因而一定要简练,一般要求在两页纸内完成。摘要十分重要,它是出资者首先要看的内容,因而必须能让读者有兴趣并渴望得到更多的信息,从而给读者留下长久的印象。计划摘要应从正文中摘录出投资者最关心的问题,包括对公司内部的基本情况,公司的能力以及局限性,公司的竞争对手,营销和财务战略,公司的管理队伍等情况的简明而生动的概括。如果公司是一本书,它就像是这本书的封面,做得好就可以把投资者吸引住。

5. 正文

正文是创业计划书的主体部分,要分别从公司基本情况、经营管理团队、产品/服务、技术研究与开发、行业及市场预测、营销策略、产品制造、经营管理、融资计划、财务预测、风险控制等方面对投资者关心的问题进行介绍,要求既有丰富的数据资料,使人信服,又要突出重点,实事求是。

6. 附录

附录是对正文中涉及的相关数据、资料的补充,作为备查。

(三) 创业计划书的内容与要点

1. 摘要

摘要是为了吸引战略合伙人与风险投资人的注意而将创业计划书的核心提炼出来制作而成的,它是整个创业计划书的精华,涵盖计划书的要点。一般要在后面所有内容编制完毕后，再把主要结论性内容摘录于此，以求一目了然，在短时间内给使用者留下深刻的印象。

在摘要中，企业必须回答下列问题：

（1）企业所处的行业，企业经营的性质和范围。

（2）企业主要产品的内容。

（3）企业的市场在哪里，谁是企业的顾客，他们有哪些需求。

（4）企业的合伙人、投资人是谁。

（5）企业的竞争对手是谁，竞争对手对企业的发展有何影响。

（6）如何投资，如何确定投资数量和方式。

（7）投资回报及安全保障。

摘要如同推销产品的广告，编制人要反复推敲，力求精益求精，形式完美，语句清晰流畅而富有感染力，以引起投资人阅读创业计划书全文的兴趣。特别要详细说明自身企业的不同之处以及企业获取成功的市场因素。

2. 企业介绍

这一部分是向战略合伙人或者风险投资人介绍融资企业或项目的基本情况。具体而言，如果企业处于种子期或创建期，现在也只有一个美妙的商业创意，那么，应重点介绍创业者的成长经历、求学过程，并突出其性格、兴趣爱好与特长，创业者的追求，独立创业的原因以及创意如何产生。

如果企业处于成长期，应简明扼要介绍公司过去的发展历史、现在的状况以及未来的规划。具体而言，包括：公司概述、公司名称、地址、联系方法；公司的业务状况；公司的发展经历；对公司未来发展的详尽规划；本公司与众不同的竞争优势；公司的法律地位；公司的公共关系；公司的知识产权；公司的财务管理；公司的纳税情况；公司的涉诉情况等。在描述公司发展历史时，正反的经验都要写，特别是对以往的失误，不要回避。要对失误进行客观的描述，中肯地进行分析，反而能够赢得投资者的信任。

3. 管理团队介绍

管理团队是投资者非常看重的，这部分主要是向投资者展现企业管理团队的结构、管理水平和能力，职业道德与素质，使投资者了解管理团队的能力，增强投资信心。

这部分主要介绍管理团队、技术团队、营销团队的工作简历、取得的业绩，尤其是与目前从事工作有关的经历。另外，可以着重介绍企业目前的管理模式，如果无特色，也可以不介绍，或者归入劣势部分。

在编写过程中，首先，必须对公司管理的主要情况作一个全面介绍，包括公司的主要股东及他们的股权结构、董事和其他一些高级职员、关键的雇员以及公司管理人员的职权分配和薪金情况，必要时，还要详细介绍他们的经历和个人背景。企业的管理人员应该是互补型的，而且要具有团队精神。一个企业必须要具备负责产品设计与开发、市场营销、生产作业管理、企业理财等方面的专门人才。

此外，在这部分创业计划书中，还应对公司组织结构作一简要介绍，包括公司的组织机构图，各部门的功能与责任，各部门的负责人及主要成员，公司的报酬体系等。

这部分应让投资者认识到，创业者具有与众不同的凝聚力和团结战斗精神，管理团队人才济济且结构合理，在产品设计与开发、财务管理、市场营销等各方面均具有独当一面的能力，足以保证公司以后成长发展的需要。

4. 技术产品(服务)介绍

在进行投资项目评估时，投资人最关心的问题之一就是，企业的产品、技术或服务能否以及在多大程度上解决现实生活中的问题，或者企业的产品(服务)能否帮助顾客节约开支，增加收入，这是市场销售业绩的基础。

技术产品(服务)介绍一般包括以下内容：产品的名称、特性及性能用途；产品处于生命周期的哪一阶段，市场竞争力如何；产品的研究和开发过程；产品的技术改进、更新换代或新产品研发计划及相应的成本；产品的市场前景预测；产品的品牌和专利。

在这一部分，企业家要对产品(服务)作出详细的说明，说明要准确，也要通俗易懂，让不是专业人员的投资者也能明白。一般，产品介绍都要附上产品原型、照片或其他介绍。具体来说，产品介绍必须要回答以下问题：

(1) 顾客希望企业的产品能解决什么问题？顾客能从企业的产品中获得什么好处？

(2) 企业的产品与竞争对手的产品相比有哪些优缺点？顾客为什么会选择本企业的产品？

(3) 企业为自己的产品采取了何种保护措施？企业拥有哪些专利、许可证，或与已申请专利的厂家达成了哪些协议？

(4) 为什么企业的产品定价可以使企业产生足够的利润？为什么用户会大批量地购买企业的产品？

(5) 企业采用何种方式去改进产品的质量、性能？企业对发展新产品有哪些计划？

此外，对于一些以技术研发为重点的高新技术企业来说，还要对相关技术及其企业研发情况进行分析，包括企业技术来源、技术原理、技术先进性、技术可靠性；公司的技术研发力量和未来的技术发展趋势，公司研究开发新产品的成本预算及时间进度，技术的专利申请、权属及保护情况、技术发展后劲和技术储备等，以使投资者对公司的技术研发队伍的实力，公司未来竞争发展对技术研发的需要有所了解。

产品(服务)介绍的内容比较具体，因而写起来相对容易。虽然夸赞自己的产品是推销所必需的，但应该注意，企业家和投资家所建立的是一种长期合作的伙伴关系。空口许诺，只能得意于一时。如果企业不能兑现承诺，不能偿还债务，企业的信誉必然要受到极大的损害，这是真正的企业家所不屑的。

5. 行业、市场分析预测

行业与市场分析主要对企业所在行业基本情况，企业的产品或服务的现有市场情况、未来市场前景进行分析，使投资者对产品或服务的市场销售状况有所了解。这是投资者关注的重点问题之一。

行业分析主要介绍行业发展趋势，行业发展中存在的问题，国家有关政策，市场容量，市场竞争情况，行业主要盈利模式，市场策略等。

市场分析包括已有的市场用户情况、新产品或者服务的市场前景预测等几个部分：

已有市场用户情况，要分析公司在以往经营中拥有了什么样的和多少用户？市场占有率如何？市场竞争情况如何？是否已经建立了完整的市场营销渠道？

市场前景预测，首先要对需求进行预测，包括市场是否存在对这种产品的需求？需求程度是否可以给企业带来所期望的利益？新的市场规模有多大？需求发展的未来趋向及其状态如何？影响需求的因素有哪些？新产品的潜在目标顾客和目标市场是什么？

市场前景预测还要包括对市场竞争的情况——企业所面对的竞争格局进行分析：市场中主要的竞争者有哪些？是否存在有利于本企业产品的市场空档？本企业预计的市场占有率是多少？本企业进入市场会引起竞争者怎样的反应？这些反应对企业会有什么影响？

为此，企业首先应尽量扩大收集信息的范围，重视对环境的预测以及采用科学的预测手段和方法，让投资者相信，你的预测是建立在尽可能科学的基础之上的。其次，要注意自己所假设的一些前提条件（特别是宏观经济发展、消费者偏好、消费能力等），并且要根据前提条件可能发生的变化对市场前景预测作出必要的调整。千万不能单凭想象，作出不切实际的美好前景的估计。

6. 市场营销策略

企业的盈利和发展最终都要拿到市场上来检验，营销成败直接决定了企业的生存命运。

营销策略的内容应包括：营销机构和营销队伍的建立；营销渠道的选择和营销网络的构建；广告策略和促销策略；价格策略；市场渗透与开拓计划；市场营销中意外情况的应急对策等。

在介绍市场营销策略时，创业者要讨论不同营销渠道的利弊，要明确哪些企业主管专门负责销售，主要适用哪些促销工具，以及促销目标的实现和具体经费的支出等。

一般来说，中小企业可选择的市场营销策略有以下几种：

（1）集中性营销策略，即企业只为单一的、特别的细分市场提供一种类型的产品（如制造汽车配件）。这种方法尤其适用于那些财力有限的小公司，或者是在为某种特殊类型的顾客提供服务方面确有一技之长的组织。

（2）差异性营销策略，即为不同的市场设计和提供不同类型的产品。这种战略大多为那些实力雄厚的大公司所采用。

（3）无差异性营销策略，即只向市场提供单一品种的产品，希望它能引起整体市场上全部顾客的兴趣。当人们的需求比较简单，或者并不被人们认为很重要时，该策略较为适用。

7. 生产计划

生产制造计划旨在使投资者了解产品的生产经营状况。这一部分应尽可能把新产品的生产制造与经营过程展示给投资者。主要内容包括：

（1）公司现有的生产技术能力，企业生产制造所需的厂房、设备情况。

（2）质量控制和改进能力。

（3）新产品的生产经营计划，改进或将要购置的生产设备及其成本。

（4）现有的生产工艺流程，生产周期标准的制定以及生产作业计划的编制。

（5）物资需求计划及其保证措施，供货者的前置期和资源的需求量。

（6）劳动力和雇员的有关情况。

同时，为了增加企业的评估价值，企业家应尽量使生产制造计划更加详细、可靠。

8. 财务分析与预测

这部分包括公司过去若干年的财务状况分析，今后三年的发展预测，以及详细的投资计划，旨在使投资者据此判断企业未来经营的财务状况，进而判断其投资能否获得理想的回报，因而它是决定投资决策的关键因素之一。

（1）过去三年的财务状况，包括过去三年的现金流量表、资产负债表，以及损益表和每年度的财务总结报告书。如果公司刚刚成立，应该讲述创业者对财务管理重要性的认识。

（2）今后三年的发展预测。主要是明确说明财务预测的依据、前提假设和预测方法，然后给出公司未来三年预计的资产负债表、损益表以及现金流量表。

财务预测的依据、前提假设是投资者判断企业财务预测准确性和财务管理水平的标尺，也是投资者关注的焦点。其主要依据和前提假设是企业的经营计划、市场计划的各项分析和预测，就是说，要在这部分明确回答下述问题：

（1）产品在每一个期间的销售量是多少？

（2）什么时候开始产品线扩张？

（3）每件产品的生产费用是多少？

（4）每件产品的定价是多少？

（5）使用什么分销渠道？所预期的成本和利润是多少？

（6）需要雇佣哪几种类型的人员？雇佣何时开始，工资预算是多少？

由于财务分析预测在公司经营管理中的重要地位，企业需要花费较多的精力来作具体分析，必要时最好与专家顾问进行商讨。

对于中小企业来说，财务预测既要为投资者描绘出美好的合作前景，同时又要使得这种前景建立于坚实的基础之上，否则反而会令投资者怀疑企业管理者的诚信或财务分析、预测及管理能力。

9. 融资计划

融资计划主要是根据企业的经营计划提出企业资金需求数量、融资的方式和工具，投资者的权益、财务收益及其资金安全保证，投资退出方式等，它是资金供求双方共同合作前景的计划分析。

融资计划的主要内容包括：

(1) 融资数额是多少？已经获得了哪些投资？希望向战略合伙人或风险投资人融资多少？计划采取哪种融资工具，是以贷款、出售债券，还是以出售普通股、优先股的形式筹集？

(2) 公司未来的资本结构如何安排？公司的全部债务情况如何？

(3) 公司融资所提供的抵押、担保文件，包括以什么物品进行抵押或者质押，什么人或者机构提供担保？

(5) 投资收益和未来再投资的安排如何？

(6) 如果以股权形式投资，双方对公司股权、控制权、所有权比例如何安排？

(7)投资者介入公司后，公司的经营管理体制如何设定？

(8)投资资金如何运作？投资的预期回报是什么？投资者如何监督、控制企业运作？

(9) 对于吸引风险投资的，风险投资的退出途径和方式是什么，是企业回购、股份转让还是企业上市？

这部分是融资协议的主要内容，企业既要对融资需求、用途提出令人信服的理由，又要有令人心动的投资回报和投资条件，同时也要注意维护企业自身的利益。其基础是企业的财务分析与预测。

由于与资金供给方合作的模式可能有多种，因此还需设计几种备选方案，给出不同盈利模式下的资金需要量及资金投向。

10. 风险分析

这部分内容主要是向投资者分析企业可能面临的各种风险隐患，风险的大小以及融资者将采取何种措施来降低或防范风险、增加收益等。主要包括：

(1) 企业自身各方面的限制，如资源限制、管理经验的限制和生产条件的限制等。

(2) 创业者自身的不足，包括技术上的、经验上的或者管理能力上的欠缺等。

(3) 市场的不确定性。

(4) 技术产品开发的不确定性。

(5) 财务收益的不确定性。

(6) 针对企业存在的每一种风险，企业进行风险控制与防范的对策或措施。

对于企业可能面临的各种风险，融资者最好采取客观、实事求是的态度，不能因为其产生的可能性小而忽略不计，也不能为了增加获得投资的机会而故意忽视、隐瞒风险因素，应该对企业所面临的各种风险都认真地加以分析，并针对每一种可能发生的风险作出相应的防范措施，这样才能取得投资者的信任，也有利于引入投资后双方的合作。

11. 附件和备查资料

附件主要是对创业计划书中涉及的一些问题的细节和相关的证书、图表进行描述或证明，如企业的营业执照、公司章程、验资审计报告、税务登记证、高新技术企业(项目)证书、专利证书、鉴定报告、市场调查数据、主要供货商及经销商名单、主要客户名单、场地租用证明、公司及其产品的介绍、宣传等资料、工艺流程图、各种财务报表及财务预估表、专业术语说明等。它与创业计划书主体部分一起装订成册。

备查资料只需列出清单，待资金供给方有投资意向时查询。

(四) 编制创业计划书的注意事项

1. 检查计划书

在创业计划书编制完成之后，企业还应对计划书进行检查完善，以确保计划书能准确回答投资者的疑问，增强投资者对本企业的信心。通常，可以从以下几个方面对计划书加以检查：

(1) 创业计划书是否显示出创业者具有管理公司的经验。如果创业者缺乏能力去管理公司，那么一定要明确地说明，公司已经雇了一位经营大师来管理公司。

(2) 创业计划书是否显示了企业有能力偿还借款。要保证给预期的投资者提供一份完整的财务比率分析。

(3) 创业计划书是否显示出企业已进行过完整的市场分析。要让投资者坚信计划书中阐明的产品需求量是具有真实性的。

(4) 创业计划书是否容易被投资者所领会。创业计划书应该备有索引和目录,以便投资者可容易地查阅各个章节。此外,还应保证目录中的信息流是有逻辑的和现实的。

(5) 创业计划书中是否有计划摘要并放在了最前面,计划摘要是否写得引人入胜。

(6) 创业计划书是否在文法上全部正确。如果不能保证,那么最好请人帮你检查一下。计划书的拼写错误和排印错误很可能就使企业丧失机会。

(7) 创业计划书能否打消投资者对产品、服务的疑虑。如果需要,企业可以准备一件产品模型。

2. 提炼并修改计划书

(1) 尽量精练,突出重点

编制创业计划书的目的是为了让投资者了解商业计划,其内容必须紧紧围绕这一主题,开门见山,使投资者在最短时间内了解最多的关于商业计划的内容。如要想在第一时间让读者知道公司的业务类型,则要避免在最后一页才提及经营性质;要明确阐明公司的目标及为达到目标所制定的策略与战术;陈述公司需要多少资金以及时间和用途,并给出一个清晰和符合逻辑的让投资者撤资的策略。一般以摘要为 2 页,主体内容为 7—10 页为佳。同时要注重企业内部经营计划和预算的编制,而一些具体的财务数据则可留待下一步会见时面谈。

(2) 换位思考

编制创业计划书的一个重要方法就是换位思考,即融资者要设身处地,假设自己是一位战略合伙人或风险投资人,自己所最关心的问题是什么,自己判断的标准是什么。就是说,要按照阅读创业计划书的读者的思路去写作创业计划书,这样就会弄清哪些是重点,应该具体描述,哪些可以简单描述,哪些是不必要的东西,从而获取投资者青睐。

就此来说,编制创业计划书应忌讳用过于技术化的用词来形容产品或生产营运过程,而尽可能用通俗易懂的条款,使读者容易理解。

(3) 以充分的调查、数据、信息为基础

市场销售是投资获利的基础,对此,融资人要充分考察市场的现实情况,广泛收集有关市场现有产品、现有竞争、潜在市场、潜在消费者等具体信息，使市场预测建立在扎实的调查、数据之上，否则后面的生产、财务、投资回报预测就都成了空中楼阁。为此，创业计划书中忌用含糊不清或无确实根据的陈述或结算表。

同时，在收集资料时，一定要做到客观公正，避免只搜集对自己有利的信息，而不去搜集或者故意忽略对自己不利的信息。一般来说，战略投资者或风险投资家都是一些非常专业的人士，提出的问题会非常尖锐，如果只收集对自己有利的信息，在遇到质疑时就会显得考虑和准备不充分。

(4) 实事求是，适度包装

创业计划书的作用固然重要，但它仍然只是一个敲门砖。过度包装是无益的，企业应该在盈利模式打造、现场管理、企业市场开拓、技术研发等方面下硬功夫，否则，即使有了机会，也把握不住。

(5) 不过分拘泥于格式

创业计划书固然有很多约定俗成的格式，但很多资金供给方在实际运作中正在忽略这种格式，直接关注几个关键点，关注他们想看到的东西。因此，企业在组织编制创业计划书的过程中，不要过分拘泥于固定的格式，“依样画葫芦”，只需把企业的优势、劣势都告诉别人，就可能是最后的赢家。

讨论案例 3-2

什么是好的创业计划书

1. 关注产品

在商业计划书中，应提供所有与企业的产品或服务有关的细节，包括企业所实施的所有调查。这些问题包括：产品正处于什么样的发展阶段？它的独特性怎样？企业分销产品的方法是什么？谁会使用企业的产品，为什么？产品的生产成本是多少，售价是多少？企业发展新的现代化产品的计划是什么？把出资者拉到企业的产品或服务中来，这样出资者就会和风险企业家一样对产品有兴趣。在商业计划书中，企业家应尽量用简单的词语来描述每件事——商品及其属性的定义对企业家来说是非常明确的，但其他人却不一定清楚它们的含义。制订商业计划书的目的不仅是要出资者相信企业的产品会在世界上产生革命性的影响，同时也要使他们相信企业有证明它的论据。商业计划书对产品的阐述，要让出资者感到："噢，这种产品是多么美妙、多么令人鼓舞啊！"

2. 敢于竞争

在商业计划书中，风险企业家应细致分析竞争对手的情况。竞争对手都是谁？他们的产品是如何工作的？竞争对手的产品与本企业的产品相比，有哪些相同点和不同点？竞争对手所采用的营销策略是什么？要明确每个竞争者的销售额、毛利润、收入以及市场份额，然后再讨论本企业相对于每个竞争者所具有的竞争优势。要向投资者展示，顾客偏爱本企业的原因是：本企业的产品质量好，送货迅速，定位适中，价格合适等。要使它的读者相信，本企业不仅是行业中的有力竞争者，而且将来还会是确定行业标准的领先者。在商业计划书中，企业家还应阐明竞争者给本企业带来的风险以及本企业所采取的对策。

3. 了解市场

商业计划书要给投资者提供企业对目标市场的深入分析和理解。要细致分析经济、地理、职业以及心理等因素对消费者选择购买本企业产品这一行为的影响，以及各个因素所起的作用。商业计划书中还应包括一个主要的营销计划，计划中应列出本企业打算开展广告、促销以及公共关系活动的地区，明确每一项活动的预算和收益。商业计划书中还应简述一下企业的销售战略：企业是使用外面的销售代表还是使用内部职员？企业是使用转卖商、分销商还是特许商？企业将提供何种类型的销售培训？此外，商业计划书还应特别关注销售中的细节问题。

4. 表明行动的方针

企业的行动计划应该是无懈可击的。商业计划书中应该明确下列问题：企业如何把产品推向市场？如何设计生产线，如何组装产品？企业生产需要哪些原料？企业拥有哪些生产资源，还需要什么生产资源？生产和设备的成本是多少？企业是买设备还是租设备？解释与产品组装、储存以及发送有关的固定成本和变动成本的情况。

一句话，最符合特定投资者需求的商业计划书就是好的计划书，因此符合"投资者关心什么样的项目"要求就是唯一标准。

形式上，要做到装订美观大方，字体合适，图案清晰，不要错字连篇，那将极大地影响投资者对项目的评价，毕竟，投资者到目前为止，还只能通过这篇商业计划书来了解你的项目和你的为人。

内容上，要阐明：

（1）产品独特之处，特别是该项目的进入壁垒；

（2）市场分析，一定要给投资者清晰的目标顾客概念，潜力分析要有理有据；

（3）盈利模式，即客户为何必须购买你的产品，收入怎么到达你的公司，增长潜力有多大；

（4）近期和中期资金使用计划（现金流）；

（5）公司战略与产品竞争策略，这也是投资者关心的焦点问题；

（6）有效的营销模式。

第三节　创业融资的策略

刚开始的创业企业都有融资需要，因此融资计划是创业准备中比较重要的部分。创业计划最直接的用途是获得风险投资的重要工具，因此，在创业准备阶段必须提出融资计划。

（一）创业企业融资渠道与方式及选择技术

1. 各种融资渠道与方式的比较与选择

融资是指企业从自身生产经营及资金运用情况出发，根据未来经营发展的需要，通过一定的渠道或方式筹集资金，以满足后续经营发展需要的一种经济行为。

我国创业企业融资存在较大困难，突出表现在融资方式单一、渠道狭窄、融资难度大、成本高、融资风险高等方面。

融资难的原因错综复杂，既有国内宏观的金融制度、政策方面的原因，如缺乏多层次的资本市场体系，商业银行未形成专业化分工，信用制度不完善，金融债权维护难，抵押担保制度落实困难，商业银行信贷管理体制不适合创业企业的特点等；也有创业企业自身的原因，如信息不透明、创业企业自身资产信用不足，财务制度不健全，报表不实，竞争力不强，缺乏融资相关经验和知识等。因而寻找创业资金已成为国内创业者的重要任务之一。

(1) 融资渠道与方式

融资渠道是指取得资金的途径,即资金的供给者是谁。确定融资渠道是融资的前提,它直接影响企业的融资成功率和融资成本,并决定企业融资公关的方向。

融资方式则是指如何取得资金,即采用什么融资工具来取得资金。融资渠道展示出取得资金的客观可能性,即谁可以提供资金,融资方式则解决用什么方式将客观存在的可能性转化为现实性,即如何将资金融到企业。

总体来看,我国创业企业的资金来源主要有以下六个:

一是国家财政资金:指国家以财政拨款形式投入企业的资金。为了支持创业活动,国家一些部委和地方政府设立了各种基金,对于符合基金支持条件的创业企业(如技术创新、出口创汇、生态环保等)以无偿拨款、投资、贴现贷款等方式来扶持其发展。

二是企业自留资金:指企业在生产经营过程中形成的资本积累和增值,主要包括资本公积金、盈余公积金和未分配利润等。由于许多创业企业的财务制度不完善、会计科目不健全,造成企业账面自留资金少,而实际上企业的自留资金并不少。

三是国内外金融机构资金:指各种银行和非银行金融机构向企业提供的资金。我国商业银行资金雄厚,是企业经营资金的主要来源。世界银行和外国银行在中国境内的分支机构为我国企业和外商投资企业提供的外汇贷款,也是企业资金的来源。各级政府和其他组织主办的非银行金融机构如科技投资公司、租赁公司、保险公司等,虽然其融资额有限,但其资金供给方式灵活方便,也可以作为企业补充资本的渠道。

四是其他企业和单位的资金:指各类企事业单位、非盈利社团组织等,在经营和业务活动中暂时或长期闲置、可供企业调剂使用的资金。创业企业可以通过接受投资和商业信用等方式吸收这些资金。

五是职工和社会个人资金:指企业职工和社会个人以其合法财产向企业提供的资金。随着我国国民财富的迅速积累,居民手中持有大量资金而缺乏有效的投资渠道,因此,发展资本市场,以直接投资的形式吸引企业和私人资金,既拓宽了创业企业的融资渠道,又实现了社会资金的良性循环。

六是境外资金:指国外的企业、政府和其他投资者以及我国港澳台地区的投资者向企业提供的资金。利用外资的方式主要有吸收外资和借用外资两大类。

与融资渠道多元化的特点相应，融资方式也是多种多样的。同一渠道的资金也可以采用不同的融资方式来筹集。

（2）内部融资和外部融资的比较与选择

从大的方面来说，企业可以从内部和外部两个途径来融通资金。

内部（源）融资是企业依靠其内部积累进行的融资，具体包括三种形式：资本金、折旧基金转化为重置投资和留存收益转化为新增投资。

内部融资对企业资本的形成具有原始性、自主性、低成本性和抗风险性等特点。相对于外部融资，它可以减少信息不对称问题及与此有关的激励问题，节约交易费用，降低融资成本，增强企业剩余控制权。但是，内部融资能力及其增长，要受到企业的盈利能力、净资产规模和未来收益预期等方面的制约。

外部融资是指企业通过一定方式从外部融入资金，具有高效性、灵活性、大量性和集中性等特点。从实际看，外部融资是成长中的企业获取资金的重要渠道，它包括银行借款、发行债券、融资租赁和商业信用等负债融资方式与吸收直接投资、发行股票等权益融资等形式。

企业融资是一个随自身的发展由内部融资到外部融资的交替变换过程。创业之初，主要依靠内部融资来积累；随着企业逐步成长，抗风险能力增强，内部融资难以满足要求，外部融资就成为企业扩张的主要手段。当企业具备相当规模后，自身有了较强的积累能力，则又会逐步减少外部融资总量，转而依靠自身雄厚的积累资金来发展。

考虑到外部融资的成本代价，创业企业在资金筹措过程中，一定要高度重视内部积累。辩证地讲，内部融资是外部融资的保证，外部融资的规模和风险必须以内部融资的能力来衡量。通常是在内部融资不能满足要求的时候，才考虑通过外部融资渠道来解决。

（3）直接融资和间接融资的比较与选择

直接融资，是指资金供求双方之间直接融通资金的方式，是资金盈余部门在金融市场购买资金短缺部门的直接证券，如商业期票、商业汇票、债券和股票等。另外，政府拨款、占用其他企业资金、民间借贷和内部集资也属于直接融资范畴。

直接融资具有直接性、长期性、不可逆性（即股票融资无需还本）和流通性（指股票与债券可在二级证券市场上流通）等特点。

利用直接融资的方式，企业处于主动的地位，对融资的时间、数量、成本等均可主动作出选择，在总量上不受资金来源的限制。但也存在局限性，主要表现为易受融资双方资信的限制，受融资的时间、地点、范围的限制，同时其成本要高于间接融资。

间接融资是指企业通过金融中介机构间接向资金供给者融通资金的方式，它由金融机构充当信用媒介来实现资金在盈余部门和短缺部门之间的流动，具体的交易媒介包括货币和银行券、存款、银行汇票等。另外，像“融资租赁”“票据贴现”也都属于间接融资。

间接融资具有与直接融资截然相反的特性，即间接性、集中性、安全性、周转性。资金的初始供应者和资金的需求者不直接发生借贷关系，由中介机构把众多供应者的资金集中起来贷给需求者。由于银行或非银行金融机构资金实力雄厚，内部管理严格，可有效分散、管理风险，因此融资风险较小，信誉度高，稳定性强。

在直接融资中，由于信息不对称，一方面投资者要求资金使用者的经营活动具有较高的透明度，不管规模大小，企业为达到较高的透明度所需支付的信息披露、社会公证等费用差别不大，因而创业企业筹集单位资金的费用相对就很高；另一方面，信息不透明程度越高，资金提供者所要求的风险补偿就越高，除了高科技企业外，大量劳动密集型的创业企业，也难以达到投资者的收益要求。

在间接融资中，由于金融媒介能够以较低的成本，事先对资金的使用者进行甄别，并通过合同对资金使用者的行为进行约束，事后则继续对资金使用者进行监督，因此这种融资方式对资金使用者信息透明度的要求相对较低。因而，银行信贷方式就成为创业企业外部融资的主要方式。

（4）股权融资与债权融资的比较与选择

股权融资包括创业者自己出资、争取国家财政投资、与其他企业合资、吸引投资基金投资、公开向社会募集发行股票等。自己出资是股权融资的最初阶段，发行股票是最高阶段。

股权融资的特点在于，引入资金而不需偿还，但同时企业引入新股东，使企业的股东构成和股份结构产生变化；不需要支付利息且不必按期还本，但需按企业的经营状况支付红利。

债权融资包括向政府借贷、向银行借贷、向亲朋好友借贷、向民间借贷、向社会公众发行债券等。向亲朋好友借钱是债权融资的最初阶段,发行债券则是最高阶段。

债权融资的特点在于,融资企业必须根据借款协议按期归还本金并支付利息,一般不影响企业的股东及股权结构。

股权与债权融资体现了不同的产权关系。股权融资体现的是所有权与控制权的关系,投资者是企业的股东,享有企业的剩余索取权和最终控制权;债权融资体现的是债权债务关系,银行作为信用中介,拥有对企业的相机控制权,即只有企业不能按合同履约时,其控制权才会转移到银行手中。

股权与债权融资的选择主要涉及企业控制权的分散甚至转移。控制权改变不仅直接影响企业生产经营的自主性、独立性,以及原有股东的利益分配,而且当失去控股权时,还可能会影响企业的效益与长远发展。因此,在可能的情况下,应尽量考虑采取债权融资方式。

当然,在下述几种情形下,企业采取股权融资也是一种明智的选择:

一是企业难以满足债权融资的要求(包括信用、资产、抵押等条件);

二是企业经营风险和预期收益均较高,原有股东希望分散风险、共享收益,而债权人要求的收益率超出企业的承受能力;

三是引入股权投资者有利于提高企业的竞争能力。如与一些拥有强大技术或市场营销力量的大企业合作,可使企业迅速做大做强。

2. 融资渠道与方式(工具)选择技术

(1) 了解、搜集各类潜在资金提供方的基本情况

融资渠道选择首先要了解、搜集各类潜在资金提供方的基本情况,这样才能有的放矢,有针对性地做好各项融资准备工作。一般可通过下述问题进行了解:

① 资金供给方一共有哪些?各类资金供给方之间有哪些区别和联系?包括资本存量和流量的大小,提供资本的使用期长短等。

② 每一类资金供给方的资金来源有什么特点?投资方向是什么?

③ 每一类资金供给方对项目或融资企业有哪些要求?

④ 每一类资金供给方风险控制的手段有哪些?

⑤ 每一类资金供给方的工作程序有哪些?

⑥ 如何与资金供给方打交道?

在此基础上，对各类资金提供者按照融资可能性进行分类排序，即最可能提供资金者，经过努力可能提供资金者，不可能对本企业提供资金者。

（2）分析本企业对不同融资渠道的吸引力

具体可考虑下述因素：

① 企业或项目所在的行业，不同资金供给方的投资重点不同。

② 融资规模大小。

③ 融资的成本要求或对股权的要求。

④ 自身具备的条件与核心优势，如抵押物、无形资产、市场和管理水平等。

⑤ 融资的时间要求，不同机构的工作程序及所需要的时间不同。

（3）综合选择融资渠道

① 成本。融资成本关系到融得资金的实际数额和企业经营成本及利润，最终影响到企业的经济效益。影响融资成本的主要因素有：利率、使用期限、企业盈利水平和稳定性、证券发行的价格等。一般来说，各种融资方式的资金成本从低到高的顺序依次为：政策性融资、商业信用融资、票据贴现、银行贷款、债券、典当、股权等。

② 风险。企业对外融资都面临风险，特别是借款，当出现收益不足以偿还债务时，企业将陷入危机之中。在其他条件相同的情况下，企业融资负债的比例越高，其面临的风险也将越大。各种融资方式还本付息的风险从小到大的顺序依次为：股权出让、商业信用、票据贴现、发行债券、银行贷款等。

③ 机动性。机动性是指创业企业在需要流动资金时能否及时通过融资获得，而不需要资金时能否及时偿还所融资金，并且提前偿还资金是否会给企业带来相应的损失等。显而易见，各种融资方式的机动性从高到低排列顺序依次为：内部融资、票据贴现、商业信用、银行贷款、债券、股权出让。

④ 便利性。融资的方便程度一方面是指企业有无自主权通过某种融资方式取得资金，以及这种自主权的大小；另一方面是指借款人是否愿意提供资金，以及提供资金的条件是否苛刻，手续是否繁琐。各种融资方式的方便程度从易到难的顺序依次为：内部融资、商业信用、票据贴现、股权、银行贷款、债券等。

（4）运用融资优序理论指导融资次序选择

根据国外企业融资的结构理论，企业融资一般遵循这样一个规律，即：先是内部融资，使用企业内部留利，不足时再向银行贷款，或发行债券，最后再发行股票融资。

(5) 注意对金融机构的选择和企业素质的提高

选择金融机构时,应重点考虑:对本企业发展感兴趣并愿意投资的金融机构;能提供经营指导的金融机构;分支机构多、交易方便的金融机构;资金充足、费用较低的金融机构;员工素质好、职业道德良好的金融机构等。

在融资时,创业企业要以实绩和信誉来赢得金融机构的信任和支持,而不应以各种违法或不正当的手段套取资金。包括与金融机构保持良好关系,主动与合作的金融机构沟通企业的经营方针、发展计划、财务状况,说明遇到的困难,减少信息不对称,增强企业吸引力。

(6) 融资渠道与方式工具组合策略

在更多情况下,融资渠道与方式需要组合,常见的组合方式有以下几种:

① 不同期限的资金组合:期限长的资金用于项目投资,期限短的用于临时周转或短期投资。

② 不同性质的资金组合:权益性资金用于项目投资,债权性资金用于临时周转或短期投资。

③ 成本组合:高成本的资金用于弥补临时性资金需求,低成本的资金用于置换高成本的资金或企业铺底流动资金。

④ 内外结合:缺少资金时,首先向管理要资金,其次才是外部资金等。

⑤ 传统和创新结合:随着我国金融体系改革的深化,金融工具创新的速度会不断加快。企业需要不断关注、跟踪和应用这些创新的融资工具。

3. 融资渠道与工具选择策略

(1) 不同类型的创业企业融资策略

制造业创业企业大多处于劳动密集型的传统行业,从业人员多,劳动占用大,产品附加值低,资本密集度小,技术含量不高。一般,投资收益率较低,但资金需求相对也较小,大多要依赖信贷资金,直接融资难度较大。

高科技创业企业具有高投入、高成长、高回报和高风险的特征。其资金来源主要是“天使投资”和各种“风险投资基金”,性质多属于权益资金。

服务业创业企业,其资金需求主要是存货的流动资金占用和促销活动上的经营性开支,资金需求数量小、频率高、周期短、随机性大,但风险相对也较小,其主要融资方向是中小型商业银行贷款。

社区创业企业,包括街道手工工业,具有一定的社会公益性,因此,比较容易获得政府的扶持性资金。另外,社区共同集资也是一个重要的资金来源。

(2) 不同发展阶段创业企业融资策略

① 种子期,创业者可能只有一个创意或一项尚停留在实验室的科研项目,所需资金不多,应主要靠自有资金、亲朋借贷,吸引"天使"投资者,也可向政府寻求一些资助。

② 创建期,企业需要一定数量的"门槛资金",主要用于购买机器、厂房、办公设备、生产资料,以及后续研究开发和初期销售等,所需资金往往较大。由于没有经营和信用记录,从银行申请贷款的可能性甚小。这一阶段的融资重点是吸引股权性的机构风险投资。

③ 生存期,产品刚投入市场,市场推广需要大量的资金,现金的流出经常大于流入。此阶段要充分利用负债融资,同时还需要通过融资组合多方筹集资金。

④ 扩张期,企业拥有较稳定的顾客和供应商及良好的信用记录,利用银行贷款或信用融资已比较容易。但由于发展迅速,需要大量资金以进一步进行开发和市场营销。为此,企业要在债务融资的同时,进行增资扩股,并为上市作好准备。

⑤ 成熟期,企业已有较稳定的现金流,对外部资金需求不再特别迫切。此时的工作重点是完成股票的公开发行上市工作。

(3) 不同资金需求特点的企业融资策略

资金需求的规模较小时,可以利用员工集资、商业信用融资、典当融资;规模较大时,可以吸引权益投资或银行贷款。

资金需求的期限较短时,可以选择短期拆借、商业信用、民间借贷;期限较长时,可以选择银行贷款、融资租赁或股权出让。

资金成本承受能力低时,可以选择股权出让或银行贷款;承受能力高时,可以选择短期拆借、典当、商业信用融资等。

(二) 创业企业融资方案策划技术

1. 创业企业融资的程序

企业融资是一个复杂的过程,要向目标投资者证明其投资是有价值的、投资风险是可以控制的等问题。一个科学清晰的融资战略和周密详尽的融资策划是融资成功的前提,这就需要一套合理的程序或步骤来保障。

(1) 事前评估

事前评估就是在充分调查研究和对企业进行 SWOT 分析(优势、劣势、机会和威胁)的基础上,系统分析企业融资的必要性和可行性。具体包括下述几个方面:

① 企业发展战略判断。首先要基于 SWOT 等分析工具判断企业战略,然后判断融资与战略方向是否一致。

② 融资需求的合理性判断,如企业为什么要融资?不融资是否可行?融资用途是否合理?资金需要量是否合理?还款来源是否合理?有很多融资需求是不合理甚至是有害的,有许多是可以推迟、减少,或者用替代办法来解决的。

③ 融资具备的基础条件判断——融资可能性分析。包括融资主体、企业资产、报表、融资资料、渠道资源、融资机构和团队、融资知识和经验、与融资服务机构的合作、企业团队品质和行为等基础条件。据此判断融资成功的可能性以及企业近期要做的基础性工作。

④ 融资诊断与评估报告。对上述结果进行归纳,作为高层融资决策的依据。

(2) 融资决策与方案策划

这个环节主要是就融资中的一系列关键问题进行决策和策划,包括估算融资规模、确定融资渠道和方式、选择融资期限与时机、估算融资成本、评估融资风险等。

(3) 融资资料准备与谈判

该阶段,企业一方面要着手准备相关融资资料,编制融资计划书(商业计划书),另一方面要开始与潜在资金提供方接触,就资金的使用价格、期限、提供方式、还款方式等细节进行协商,直到达成一致。

(4) 过程管理

该阶段包括融资组织、策划与实施等内容,它是根据双方谈判的结果和要求,对所有资金到位前的工作进行细化、论证、安排。核心是制定融资实施方案与签订融资协议两个环节。

(5) 事后评价

该阶段通过分析总结成败之处,为下次融资积累经验和相关资料,包括融资效果评价及其成败经验教训分析,融资参与人员的表现及其奖惩处理,企业融资档案的建立等。

2. 创业企业融资决策

(1) 融资理念的树立

创业企业在融资时，首先应以科学正确的融资理念来指引。具体包括：

① 资本经营的理念。即要将资本当作一种商品，并以盈利为目的而对其进行买卖(经营)，要求融资的收益大于融资成本。成本包括客观的筹集和使用资本的费用(如股利、利息、融资费用等)，以及主观的机会成本，收益是指经营活动的结果即息税前利润(EBIT)。

② 重视现金流量管理。现金流动是企业资产流动性和变现性的基础和具体体现。企业的所有经营活动，其财务本质都是现金流动的过程。现金流量不足将直接导致企业财务危机甚至破产。现金流量管理常通过编制现金流动计划、现金流量表来进行。

③ 重视资金的时间价值。资金的时间价值指由于时间的因素而使资金的内在价值含量发生改变。基于这一差异，不同时间点上的价值不具有可比性，必须通过现值计算或终值计算将其调整折算至同一时点上才能进行计算比较。

④ 重视风险与收益的权衡。市场经济中收益与风险总是形影不离的。高收益活动必然伴随高风险，因而企业必须在收益和风险间进行权衡，既追求收益又重视风险。

(2) 融资决策的原则

① 融资总收益大于融资总成本。必须经过深入分析，确信利用筹集的资金所产生的预期总收益大于融资的总成本时，才有必要考虑融资问题。

② 融资规模要量力而行。融资过多，会造成资金闲置浪费，并导致负债过多，增加风险；而融资不足又会影响企业投资计划及其他业务的正常开展。因此，应根据资金需求、企业自身条件以及融资的难易程度和成本情况，确定融资数量。

③ 尽可能降低融资成本。融资成本是决定企业融资效率的关键因素，对于企业选择哪种融资方式有着十分重要的意义。

④ 确定恰当的融资期限。融资期限的选择主要取决于融资的用途和融资人的风险偏好。原则上，流动资产宜于选择各种短期融资方式；长期投资或购置固定资产适宜选择各种长期融资方式。

⑤ 选择最佳融资机会。融资决策要有超前预见性，及时掌握各方面信息，科学预测政策、市场、环境等变化趋势，积极寻求并及时把握各种有利时机。

⑥ 尽可能保持企业的控制权。企业控制权和所有权决定企业的战略、方向以及生产经营、利润和股东利益，放弃控制权一定要慎重，但也不能一味固守控制权不放。

⑦ 选择最有利于提高企业竞争力的融资方式。除了均可解决企业资金需求外，不同融资方式对于企业的信誉、产品市场份额乃至获利能力影响大不相同，因此，应选择最有利于提高企业竞争力的融资方式。

⑧ 寻求最佳资本结构。不同融资方式形成的不同资本结构直接影响资本成本，进而影响企业的市场价值。一般来说，只有当预期普通股利润增加的幅度将超过财务风险增加的幅度时，借债才是有利的。

（三）创业企业融资方案策划技术

1. 融资规模的确定

（1）融资规模的测算公式

创业企业资金需求总量可按下述公式计算：

资金需求总量＝流动性资金需求量＋偿债性资金需求量＋投资性资金需求量

投资性资金需求量＝固定投资资金需求量＋资本运营资金需求量＋投机资金需求量

外部资金需求量可按下述公式测算：

外部资金需求量＝资金总需求量－内部资金来源

内部资金来源＝折旧＋自然增长的负债＋新增留存收益

（2）融资规模测算方法

测算融资规模的方法大致包括三种，即定性分析法、实际核算法、财务报表分析法。对于创业企业，大多采用实际核算法。

在核算中，流动性资金需求，主要测算用于维持生产、扩大规模、增加流动资金的投入，以及支付费用开支、弥补收入的季节性差异及承接新合同、需要垫资或增加投入的资金。

偿债类资金需求主要测算为保持信誉，需要归还银行到期贷款、供应商货款和其他外部借款等所需的资金。

固定投资需求主要测算购买生产用设备及其厂房、不动产构建的费用。

资本运营类需求主要测算办理银行承兑汇票的保证金，购买土地、办理土地证费用，为获得某种资质或资格，扩大企业资本金、收购企业等所需资金。

投机类资金需求主要测算用于炒作有价证券和股票、土地和房产及不良资产等所需资金。

（3）创业企业在不同阶段的各类资金需求经验数据

企业资金的使用方向主要表现在四个方面：技术及产品开发、生产设备、拓展市场、人力资源。

2. 融资成本的估算

（1）融资成本及其对企业融资决策的影响

融资成本是指使用资金的代价，包括融资费用和使用费用。前者是企业在筹集资金过程中发生的各种费用，如银行融资时的抵押物评估费用、登记费、公证费、担保费、贴现费、手续费等，发行股票、债券时支付的注册费、代办费、审核费、承销费，企业在融资过程中发生的差旅费、交际费等；后者是指企业因使用资金而向其提供者支付的报酬，如向股东支付的股息、红利，向债权人支付的利息、债息，向出租人支付的租金等。由于融资费用与融资额几乎同时发生，因此可将融资费用视为融资额的抵减项。

即：融资成本率＝资金使用费/（融资总额—融资费用）

融资成本对企业融资决策的影响表现在三个方面：一是融资成本对投资具有决策依据的作用，融资成本是一项投资是否可行的取舍标准。二是融资成本影响着企业对于融资渠道和方式的选择。三是资本结构直接取决于企业的融资成本。企业只有通过改变主权资本和债务资本的比重才能找到最低加权平均的融资成本，从而确定最佳资本结构。

（2）融资成本的表现形式及估算

融资成本可分为：个别融资成本、综合融资成本和边际融资成本。在比较各种融资方式时，使用个别融资成本；在进行企业全部资本结构决策时，使用综合融资成本；在追加融资决策时，使用边际融资成本。

（3）融资成本的比较

首先，企业外部融资中，债务融资的成本一般低于股权融资的成本。这是因为，一方面股权投资者所获股利是一种税后收益，而债权人所获利息可作为营业利润扣除项目；另一方面，股东的收益不确定性高，又是企业破产的最后索偿人，风险大，自然要求更高的报酬率。

其次，债务融资中，短期债务一般低于长期债务的融资成本。原因包括：资金的时间价值不同，长期债务使债权人面临更高的经济周期波动及信用或违约风险。

（4）创业企业如何控制融资成本与费用

对于创业企业来说，如何融到资金比如何控制融资成本和费用更重要，而且当选定了融资渠道和方式以后，融资成本基本上就是刚性的，因而融资成本控制的重点应该集中在下述三方面：一是提高融资的效率，及早融到资金就可以尽早获得收益，从而弥补融资成本；二是减少融资的盲目性，对不同的资金供给方提高分辨能力，以免上当受骗；三是委托一家专业融资顾问机构，融资费用包干或风险代理，以弥补融资团队和关系资源的不足。

3. 资本结构的确定

（1）影响资本结构的因素

资本结构指企业长期债务资本与股权资本的比例关系，由于债务资本具有抵税效应，但过高的债务比例又会增加债权人和股权投资者的代理成本、破产成本和风险，提高融资成本，因此，必须确定一个合理的资本结构，以最大化企业的市场价值。

资本结构理论目前还不能给出最优资本结构的具体描述，因而创业企业在选择融资方式和渠道时，除了融资成本外，还需要综合考虑各方面的因素，包括：

① 行业因素。一般来说，具有较大垄断性的行业，大量使用标准的通用机器设备等有形资产的行业，资产流动性较强的行业，能够承担较高的负债率。

② 企业经营战略、管理者的风险态度。愿冒风险以求得企业价值提高的企业适合股权融资，而希望稳步发展的企业适合债权融资。

③ 企业获利能力。获利能力强的企业可以融通较多的债权资本，使股东获取债务融资的杠杆效益。

④ 企业资产结构。企业的有形资产越多，通过资产的抵押、担保，就可筹集更多的债务资金；而专利技术、商誉等无形资产一般难以被资金提供方接受，相

应可借贷资金就少。

⑤ 企业经营规模和资金需求量。经营规模大的企业倾向于采取多角化或纵向一体化战略,可以更多地使用负债经营。

⑥ 企业面临的风险。企业经营风险越高,偿债能力越低,最优的负债比率也就越小。

(2) 最佳资本结构的确定

资本结构的决策目标就是使加权平均融资成本最低,从而使得企业价值最大化。具体可通过比较不同方案的加权平均融资成本来确定。

4. 融资期限组合及融资时机的确定

(1) 选择融资期限的依据

由于融资期限越长,融资成本就越高,但期限越短,融资的风险越高,因而融资企业应根据资金需求的长短、用途来合理确定期限。

原则上,企业的长期资金需求应与长期融资相结合,短期资金需求应与短期融资相配合。即:弥补流动性资金不足时,宜选择各种短期融资方式,如商业信用、典当、短期贷款、民间集资等;用于长期投资或购置固定资产时,宜选择各种长期融资方式,如长期贷款、内部积累、租赁融资、发行债券以及股权出让等。

除此之外,还要考虑还款来源的可靠性和不可抗力的影响,从保持信用的角度来看,企业在确定融资期限时应保守一些。

(2) 融资期限组合方法

企业融资期限组合的策略大致可分为下述三类:

① 到期配比政策:要求企业负债和资产到期完全相一致。即:临时流动资产以短期负债融资,永久资产以长期负债和权益资本融资。这种政策不存在延期借款的问题,企业的违约风险很小。如预计存货在30天内出售,企业可以以30天的银行借款为存货融资;固定资产的预计使用年限为5年,企业可以取得5年期的借款;厂房的使用年限为20年,企业可以发行20年期的抵押债券,等等。

② 激进政策:企业的全部固定资产用长期资本融资,但部分永久流动资产用短期信贷融资。其好处是,可获取一定的融资成本节约,但存在财务周转困难及违约的风险,也可能因为未来利率提高而增加成本,因而国内创业企业应慎用。

③ 保守政策：全部永久资产和部分或全部临时流动资产都用长期资本融资，企业的短期借款只是满足经营旺季的需要，有时也满足在淡季储存有价证券的需要。该政策风险最小，但成本最高。

(3) 融资时机的确定

融资机会是指有利于企业融资的一系列因素所构成的一种融资环境和时机。首先，融资时机取决于环境变化所提供的投资机会出现的时间，即何时进行融资取决于投资的时机，过早、过迟均不利；其次，融资时机取决于外部环境给企业提供的有利的融资机会。

由于创业企业一般只能适应外部环境的变化而无力左右外部环境，故它必须积极寻找、预测外部环境变化所提供的有利的投资机会和融资机会，并从长期和整体的战略观点出发，正确进行融资的时机规划，努力探求投资需要和融资机会相适应的可能性，尽力抓住有利的融资机会，避开对融资的不利威胁。

5. 资金偿还风险的评估

(1) 未来盈利测算技术

资金偿还或收益分配从根本上看来自企业投资项目未来的盈利，由于未来盈利在数量和时间上的不确定性，企业偿还债务或对投资者分配收益均有风险。

企业未来盈利测算是在企业的投资规划、销售预测、成本费用预测和税负预测的基础上进行的。一般要依次进行下述几步预测：按时间序列测算投资需求，测算产能(包括产能利用率或达产率)，测算销售量和销售价格及产销率，测算单位成本及总成本，用销售百分比法或因素分析法测算管理、销售和财务三项费用，测算销售税金，利用损益表测算净利润。

在测算过程中，要注意坚持稳健原则，尽可能在一定的资料基础上合理假设，考虑行业、地域特点和企业管理水平，遵守相关财务会计制度规定。

(2) 债务偿还保证的测算

抵押、担保措施的落实。资产是企业融资安全保障的基础。面对融资难，创业企业要换位思考。在融资前，提出令资金供给方满意的债务偿还或投资收益保证，特别是债务融资。此外，股东保证、关联企业保证、担保公司保证等也是企业常用的债务安全保证方式。

还款来源评估。在确定还款来源时，要从还款来源的合理性和确定性两方面着手进行。还款来源主要有:融入资金使用在确定时限内产生的现金流;企业未来可以变现的资产;企业未来的销售回款;企业未来可以借入的资金及其他确定的还款来源。

讨论案例 3-3

众筹融资

截至2014年底,国内有股权众筹平台20家左右,其中发展较快的已经为100个创业项目募集了3亿元。众筹源于国外,顾名思义,就是利用众人的力量,集中大家的资金、能力和渠道,为小微企业或个人进行某项活动等提供必要的资金援助。

尽管股权众筹发展迅速,但这种模式却挑战了现行法律法规。目前,我国法律对股权众筹的规定是一片空白。根据《公司法》规定,有限责任公司的股东人数不得超过50人,非上市股份有限公司股东人数不得超过200人,这就使得股权众筹的融资对象有了上限。此外,向"不特定对象发行证券"以及"向特定对象发行证券累计超过200人"的行为又属于公开发行证券,《证券法》规定必须通过证监会核准,由证券公司承销。有限合伙企业是介于合伙与有限责任公司之间的一种企业形式,由一名以上普通合伙人与一名以上有限合伙人所组成,由2个以上50个以下合伙人设立。

2014年7月下旬,证监会新闻发布会上称证监会已完成多轮行业调研,股权众筹融资的相关监管规则正在抓紧研究制定中。

众筹在国内还是初级阶段,各种众筹融资的案例很多,但成功运作的项目却是凤毛麟角。接下来分享国内众筹的三个经典案例:

1. 3W咖啡(会员众筹)

3W咖啡采用的就是众筹模式,向社会公众进行资金募集,每个人10股,每股6000元,相当于一个人6万。那时正是玩微博最火热的时候,很快3W咖啡汇集了一大帮知名投资人、创业者、企业高级管理人员,其中包括沈南鹏、徐小平、曾李青等数百位知名人士,股东阵容堪称华丽,3W咖啡引爆了中国众筹式创业咖啡在2012年的流行。几乎每个城市都出现了众筹式的3W咖啡。3W

很快以创业咖啡为契机,将品牌衍生到了创业孵化器等领域。

3W的游戏规则很简单,不是所有人都可以成为3W的股东,也就是说不是你有6万就可以参与投资的,股东必须符合一定的条件。3W强调的是互联网创业和投资圈的顶级圈子。而没有人会为了6万未来可以带来的分红而投资,3W给股东的价值回报在于圈子和人脉价值。试想如果投资人在3W中找到了一个好项目,那么多少个6万就赚回来了。同样,创业者花6万就可以认识大批同样优秀的创业者和投资人,既有人脉价值,也有学习价值。很多顶级企业家和投资人的智慧不是区区6万可以买到的。

其实,会籍式众筹股权俱乐部在英国的M1NT Club也表现得淋漓尽致。M1NT在英国有很多明星股东会员,并且设立了诸多门槛,曾经拒绝过著名球星贝克汉姆,理由是当初小贝在皇马踢球,常住西班牙,不常住英国,因此不符合条件。后来M1NT在上海开办了俱乐部,也吸引了500个上海地区的富豪股东,主要以老外圈为主。

2. 乐视(项目众筹)

乐视网牵手众筹网发起世界杯互联网体育季活动,并上线首个众筹项目——"我签C罗你做主",只要在规定期限内,集齐1万人支持(每人投资1元),项目就宣告成功,乐视网就会签约C罗作为世界杯代言人。届时,所有支持者也会成为乐视网免费会员,并有机会参与一系列的后续活动。这可能是国内第一次用众筹方式邀请明星。

这次众筹项目的意义在于开创了企业利用众筹模式进行营销的先河。首先,利用了众筹模式潜在的用户调研功能。乐视网此次敢于发布签约C罗的项目,相信乐视网早已准备好了要跟C罗签约世界杯,通过此次与众筹网联合,可以让乐视网在正式签约之前,进行一次用户调研。

其次,乐视网通过与众筹网的联合,给签约C罗代言世界杯活动进行了预热。乐视网充分利用了众筹潜在的社交和媒体属性,在世界杯还没到来的时候就作了充分的预热。

最后,乐视网可以借此次活动拉动世界杯的收视率,并且为正式签约C罗之后的活动积累用户。

乐视网的这一创举一方面让众筹网越来越多地进入大家的视线,另一方面也给整个众筹行业起到了带动作用。但隐藏在活动背后，值得其他有相同想法的企业思考的是，通过众筹网，企业还可以怎么玩。

3. 大家投(天使众筹)

2012年12月10号，李群林把他的众筹网站“大家投”搬上了线。在这之后，他做了几件“大事儿”：给“大家投”众筹了一笔天使投资，推出领头人+跟投人的机制，推出先成立有限合伙企业再入股项目公司的投资人持股制度，推出资金托管产品“投付宝”，“大家投”有了第一个自己之外的成功案例。

李群林之前是做技术和产品的，2012年想创业，可钱不够，想找投资却不认识天使投资人。环顾一圈，中国创业这么热，像他这样没有渠道推广自己的想法，苦于找投资人的创业者比比皆是。同时，除了那些能几十万上百万投资的天使投资人之外，中国还有很多有点存款、闲钱的人。另外，目前中国的天使投资人还太少，远不能满足创业者的需求。李群林想到做一个众筹网站，把创业者的商业想法展示出来，把投资人汇聚起来，让他们更有效率地选择。

第一个实验对象就是他自己的项目“大家投”。李群林把“大家投”的项目说明放在了网站上。那时，他的想法特别简单，创业者把自己的项目展示在网站上，设定目标金额和期限，投资人看了觉得不错就来沟通，然后投资成为项目股东，投的人多了，逐渐把钱凑齐，众筹完成，平台收取服务费。

不久，有人给他建议，这么搞是不行的。投资需要专业能力，投资人需要带动，最好是设立领投人+跟投人的机制，可以通过专业的投资人，把更多没有专业能力但有资金和投资意愿的人拉动起来，这样才能汇聚更多的投资力量。同时，在投资过程中和投资后管理中，有一个总的执行人代表投资人进入项目公司董事会行使项目决策与监督权力。李群林采纳了这条建议，为“大家投”增加了这条规则，投资人可以自行申请成为领投人，平台审核批准之后就可以获得这一资格。

“要想众筹快，最好是创业者熟人+生人的结合”，聊起现在网站上还没筹资成功的项目，李群林反复强调这句话。众筹是个汇聚陌生人的平台，创业者最好能先发动自己的熟人支持自己，然后由这些熟人的行为带动平台上的陌生人。这是李群林的经验之谈，“大家投”到今年3月份共3个月时间成功筹得100万人民币，在项目团队只有自己一个人的情况下获得共计12个投资人的支持就是这样做到的。大家投的12名投资人中，有投资经验的只有5个人。这有点像美国人所说的最早的种子资金应该来自于3F，即Family（家庭），Friends（朋友）和Fool（傻瓜）。

在先被一些天使投资人拒绝之后，李群林把目光转向了微博与各类创投沙龙活动，在上面找认同他的人。最后，他找到深圳创新谷的合伙人余波，余波觉得大家投的股权融资众筹模式是当时能填补初创企业融资渠道空白、构筑微天使投资平台的业务模式，所以决定做这种金融创新背后的推手。于是，创新谷成为“大家投”这个项目本身的第一个投资者，也是唯一一个机构投资者。有了创新谷的信用背书，大家投又成功吸引了后面11个跟投人。这12位投资人分别来自全国8个城市，6人参加了股东大会，5人远程办完了手续，这里面甚至有4个人在完全没有接触项目的情况下决定投资。

大家投网站模式是：当创业项目在平台上发布项目后，吸引足够数量的小额投资人（天使投资人），凑满融资额度后，投资人就按照各自出资比例成立有限合伙企业（领投人任普通合伙人，跟投人任有限合伙人），再以该有限合伙企业法人身份入股被投项目公司，持有项目公司出让的股份。而融资成功后，作为中间平台的大家投则从中抽取2%的融资顾问费。

如同支付宝解决电子商务消费者和商家之间的信任问题，大家投将推出一个中间产品叫“投付宝”。简单而言，就是投资款托管，对项目感兴趣的投资人把投资款先打到由兴业银行托管的第三方账户，在公司正式注册验资的时候再拨款进公司。投付宝的好处是可以分批拨款，比如投资100万，先拨付25万，根据企业的产品或运营进度决定是否持续拨款。

对于创业者来讲，有了投资款托管后，投资人在认投项目时就需要将投资款转入托管账户，认投方可有效，这样就有效避免了以前投资人轻易反悔的情况，会大大提升创业者融资效率；由于投资人存放在托管账户中的资金是分批次转入被投企业，这样就大大降低了投资人的投资风险，投资人参与投资的积极性会大幅度提高，这样也会大幅度提高创业者的融资效率。

社交媒体的出现，使得普通人的个人感召力可以通过社交媒体传递到除朋友外的陌生人，使得获得更多资源资金的支持变为可能。

延伸阅读

创业计划书样本

[公司或项目名称]
[指定联系人]
[职务]
[电话号码]
[传真机号码]
[电子邮件]
[地址]
[国家、城市]
[邮政编码]
[网址]
保密须知

本计划书属商业机密，所有权属于[公司或项目名称]。其所涉及的内容和资料只限于已签署投资意向的投资者使用。收到本计划书后，收件人应即刻确认，并遵守以下规定：(1)若收件人不希望涉足本计划书所述项目，请按上述地址尽快将本计划书完整退回；(2)在没有取得[公司或项目名]的书面同意前，收件人不得将本计划书全部和/或部分地予以复制、传递给他人、影印、泄露或散布给他人；(3)应该像对待贵公司的机密资料一样对待本计划书所提供的所有机密资料。

本计划书不可用作销售报价使用，也不可用作购买时的报价使用。

第一章　摘　　要

一、宗旨及商业模式

本公司的宗旨是[公司宗旨说明]

本公司的法定经营形式是[独资/合伙或有限合伙/专业公司/直属分社/专业分公司/有限责任公司]，法定地址是[标明主要营业地址]。

本公司的商业模式是[介绍公司的商业模式、盈利点等]

二、我们的产品和服务

[你公司名称]目前提供[具体数量]种产品：[列出产品名称和资源名称]

我们的主导产品包括[上述列出产品的编号]。

在[产品生产过程中,或延伸服务范围过程]中,主要的关键因素是[列出主要因素]。

三、市场定位(目标市场)

我们把我们的市场定位在[请界定你的市场导向]。

四、竞争

主要竞争对手分析。

五、管理

我们的管理层有下列人员可保证实现我们的计划。

[姓名],[男/女],[具体职位]。[他/她]具有[具体年数]年的工作经验,有[具体年数]年的市场经验,有[具体年数]年的产品开发经验,有[具体年数]年的[其他训练科目]的经验。

[姓名],[男/女],[具体职位]。[他/她]具有[具体年数]年的工作经验,有[具体年数]年的市场经验,有[具体年数]年的产品开发经验,有[具体年数]年的[其他训练科目]的经验。

六、资金需求

我们正在寻求[资金的具体数量]万元的[分期贷款、权益或其他融资方法]资金支持,这笔资金用于[详述资金用途以及为何本项目能赚钱]。我们采用[利润分红、二次融资、出卖公司或者公开上市]等方法,在[y]年之内偿还这笔贷款或投资。

[资金筹措方法说明]。

七、销售汇总

财务历史数据

	前四年	前三年	前年	去年	今年
销售额					
毛利					
税前利润					

财务预计

	明年	后年	第三年	第四年	第五年
销售额					
毛利					
税前利润					

资产负债汇总表

固定资产	
负债	
净资产	

第二章　公司介绍

一、宗旨(任务)

我们的目标是将公司变成[请阐述你的最终目标,或你的任务说明]。

我们立志于[具体目标]。为达到此目标,我们采取[具体方式]等方式来实现。

为贯彻我们的目标和既定方针,我们决心以[阐述你公司希望达到的声誉]的态度对待资金监护人、顾客及其他社会团体。

二、公司简介

[你公司名称]成立于[x年x月],其业务范围包括[介绍贵公司商业活动]。商业法定名称是[公司全称],法定地址是[公司注册地址]。

本公司是一个[指出公司性质,如分公司、合作公司、合伙人、专有独资公司、股份公司,等等]。我们的主要办事机构位于[列出主要地址以及其他有关场所]。我们的办公楼面积大约为[具体数值]平方米,工厂或仓库面积大约为[具体数值]平方米。我们目前的月生产能力为[具体数值,要包括计量单位]。

三、公司战略

探讨一下你公司所面临的主要机遇等因素。

[你公司或项目名称]的市场战略是[阐述公司战略]。

四、技术

1. 专利技术

我们的产品属于[阐述专利技术]，并对下列范围的权益加以保护[列出有关专利技术，版权，商标等]，同时实行规范的技术转让方针。

2. 相关技术的使用情况(技术间的关系)

五、价值评估

阐述一下向顾客提供的产品为客户带来的利益，要有具体数值。

六、公司管理

1. 管理团队介绍

[说明业务负责人和关键雇员]。

股份分配：[说明重要股东的名称、持股量、股份单价、占总股份的比例等资料]。

2. 外部支持

3. 董事会

七、组织、协作及对外关系

阐述你公司的内部组织结构、管理程序。

[你公司名称]已经同[行业名称]行业中的主要公司发展了重要的利益关系。

八、知识产权策略

本公司对我们的核心专利技术[详述于此]实行严格的保护措施。这项工作需要依靠有关法律的帮助，如版权法、商标法、商业机密保护法规等。同时还需要有对有关商品制定的合同限制条款，以便保护我们的知识产权。本公司目前拥有[或设有]这些技术的专利[但很可能在将来选择申请专利归档]。以下说明任何可能发生的法律上的或者技术上的和竞争上的冲突。

九、场地与设施

十、风险

需要评估一下你的业务的主要风险(包括管理问题、市场状况、技术状态和财政状况)。

对[明确可能产生的风险]的防范。

第三章 市场分析

一、市场介绍

简述市场的基本情况及市场主要组成等。

二、目标市场

针对市场组成阐述我们的目标市场有哪些,原因何在?

三、顾客的购买准则

界定一下顾客的类型和其购买的标准。

目前购买公司产品最典型的顾客是谁?是什么力量激发人们去购买你的产品?

四、销售策略

阐述如何进行销售,包括以下几方面策略:销售体系的建立、销售目标、销售管理。

五、市场渗透和销售量

深入你的市场的各个层面,你是怎样接近你的顾客(购买者)的?对于每一种销售渠道,均应制定五年期的目标销售和假定销售量。

每种销售渠道的假定销售量举例如下:

直接(或间接)销售计划——五年计划;

广告宣传/出版物上宣传的目标数量;

有效销售率(%);

实际完成率(%);

市场份额(%);

潜在的购买者/用户(每年数量);

每个购买者的购买量;

总销售量;

平均购买价格。

第四章 竞争性分析

一、竞争者

阐述在产品、价格、市场份额、地理位置、推广方式、管理、个性化、融资能力等方面的主要竞争对手的特点、优势、劣势。

二、我们的优势和劣势

阐述你的产品或服务的优势和劣势。

三、竞争策略或消除壁垒

讨论一下你会在目标市场中所遇到的壁垒，并形容一下这些壁垒的特性，并阐述如何消除这些壁垒。

第五章 产品与服务

本公司提供下列产品/服务：[请将产品名称列此处，按产品生产线最畅销或最有意义的产品顺序列出]。

这里要提供产品的开发历史，产品介绍，发展到今天这种形势的改革过程等事实。用图表形式说明也许更为适合。

一、产品品种规划

二、研究与开发

三、未来产品和服务规划

为适应市场需求，我们计划扩大[具体产品/服务]生产，内容包括[具体的工作步骤]。

此外还[设想/计划]开发[下一代]产品，包括[具体产品或技术]。

四、生产与储运

介绍可能建立组织机构的地点、建设情况、许可证决策部门、设施，以及后勤保障部门的情况。

我们的产品生产手段是[描述具体手段]。[开发/生产/储运服务]过程中的主要因素在于[具体影响生产和储运的因素]。

生产中所需要的[原料/预制/工艺包软件/硬件][材料/部件]是[列出具体名称表]。

请说明并列出基建设备、材料和劳动力的数量。以上所说的项目，目前有现成的吗？你是否有多种供应源头（渠道）？请列出质量和技术标准规范。列出库存需求。说明安全条例、危险材料或其他重要的安全因素。有没有其他可供选择的资源或材料？若有，请说明。

本公司[建设/安装/承包]过下列[软件/主要部件/零部件/分装件]：

请列出组装件等名称，包括客户的情况、主导生产线和成本等情况。

五、包装

包装工作对最终用户来说尤为重要。包装工作需要使仓储方和最终买方都相信你的产品会安全离开货架。请说明为什么你的商品包装是独特的,怎样保装?

我们的产品出厂包装原则是[请解释你的方针策略]。我们的竞争者也使用[具体包装方式],但是我们的产品有别于他们[请说明显明特点,包括“展览品”章节中的照片]。包装工作是制造过程中的最后一道工序[如何包装/谁来做此工作],也是非常关键的一环,它可在顾客的心目中建立十分理想的形象。

六、实施阶段

请阐明你公司现在是怎么做的?将来要发展到哪一步?为什么?解释一下顺利实现这一过程,当前和未来的计划是什么?

产品的问世是达到顾客满意的一个重要组成部分。[你公司]利用[外部支持者的名称,如某大集团/外部渠道]来监控和管理产品的储运,制定单证,日常养护和保险,这样可令顾客满意,实现销售的持久性。

我们的实施方案可以[满足/未能满足]未来的需求,原因在于[解释原则和证明未来计划]。

七、服务与支持

对顾客的服务:

我们的顾客都认为服务与技术支持是他们最关心的事情。他们常常对我们所提供的服务与技术支持发表意见。我们建立了[维修/支持]程序,向全体顾客提供热线服务[请说明你的服务类型和现状]。

反馈与调节政策:

[你公司或项目]提供全面的售前和售后技术支持与服务。售前活动主要由位于现场的系统工程师来做。售后活动主要是通过设在[具体地点][你公司或项目]的热线来完成的。有了这两种服务体系保证了我们的技术可以成功应用,并使顾客满意。这些机构提供对我们全线产品的技术支持,可以保证技术的成功使用和快速解答顾客问题。[你公司或项目名称]主要采用电子方式进行服务与支持,这样可以有效地节约时间,降低日常开支。这些服务包括:使用电子邮件,传真反馈和电子邮递技术服务,还包括产品更新或改革方面的自动电子邮件确认服务。

你可以进一步描述你即将举办的一个活动,如你正在计划一项技术/开发/

国际厂商联谊活动。它的目的是提供一个自由的环境，我们的[产品/服务]使人们有更深刻的认识。你公司还将提供一个面向开发人员的技术支持奖金，该奖金可让你从研发人员的视角来观察你公司的产品。在商品正式投放市场前，就产品的特性/优点/公众印象度加以评价。研发人员也可以通过你合伙人的邮件影响和参与你公司的研发设计决定。

第六章 市场与销售

一、市场计划

你想构筑的业务类型；你想达到的市场层面；到达市场层面所利用的分销渠道：零售、批发、OEM、电子媒体等；你希望占有的市场份额，等等。

你公司的产品的市场总计划是以下列因素为基础的：

本公司将综合考虑直销、电话销售、建立分销渠道等方式来促进销售。与此同时，我们将致力于建立全球化的销售网络。投资于[具体的销售方式，如全球直销方式]的销售组织将对[什么样的]市场产生积极影响[说明有何影响因素，为什么]。[公司或项目]已开始建设一个[具体销售形式，如电话]组织，以支持[产品/服务]的实施战略。

[具体销售方式，如直接销售方式]已委托出去了，原因是[说明你为什么将权利转移出去，你可以说：销售方面的技术问题，你公司产品的高价位，在某种景气程度下的购买者影响量，某些组织对你公司产品存在长期禁锢，或者，对具有某种特点的产品没有其他的销售渠道]。在[具体国家]，[你公司或项目]没有雇用当地的销售人员。目前，[你公司或项目]在[具体国]开设了销售机构。

二、销售策略

1. 实时销售方法

请介绍用什么样的销售策略销售你的产品。如何促销？（通过打电话直接进行、广告宣传、邮件、广播、电视等渠道）。请在服务支持文件全章节中提供各类样品的说明文字、广告语、声明或其他促销刊物。在销售预测中要详细说明销售过程中要保持的安全库存。

[具体商品名称]应视为一种[长期/短期]销售的商品。

2. 产品定位

相对竞争对手而言，顾客是如何评价你的产品和你的公司的？

你可以设计一套销售步骤来检验是否能实现你的销售目标，这种方法十分有效。

顾客对我们[具体产品]的评论是[请说明]。我们产品的[具体产品的独特性，如技术上/质量上/性能上的]优点吸引了顾客，得到消费者[具体评价，如物美价廉]很高的评价。

就市场定位而言，我们能利用[广大的消费者/生产目标]来满足不同顾客的要求。

多层次的销售策略：

我们的销售步骤分[具体分几步，如二、三、四方面]，首先是市场渗透。

第二步是注意[具体的销售渠道]。传统客户是我们产品的主要目标。[你公司或项目]目前正同[具体公司]商谈以 OEM 方式进行销售的可能性。

第三步是注意发展合作伙伴关系，如[请说明合作特点]。[你公司或项目]目前正同[具体公司]开展传统意义上的合作，以便[请明确合作目的]。[你公司或项目]正与[具体产品生产商]合作，将我们产品的试用包装随他们的商品销售送到用户手中，以宣传我们产品的[具体性能，如硬件质量、软件易于使用]。

三、销售渠道与伙伴

我们的销售渠道包括以下几种：

分销商：确定分销商是我们市场计划中的重要环节。我们将首先选择那些从前就已经建立起来的销售渠道，这些销售渠道相对来说人员专业性强、队伍稳定、热情高。

直接销售：[你是否计划或已经形成了一个有力的直销体系？请说明一下这支队伍的运行机制及将来的计划。如果实际的合同金额低，直接销售就不会赚钱。一定要使你的直接销售利润率达到或超过生产率及销售率]。

零售商：交易商想从制造商那里得到什么？

价格观念：有吸引力，合理。

盈利：强调营销价值。

技术支持：需要准确而迅速的反馈。

设计、制造与包装。

广告宣传与公共关系：需要最大程度地提高顾客的理解度和需求。

有效的销售（宣传）资料可使销售过程加快和简易化。

竞争优势：具有特点且有效益。

储运：当需要产品时可立刻发货。

市场稳定性：保持利润和市场的占有位置。

制造商的代表：由于制造商的代表掌握着与我们的产品相兼容的其他品种的产品，所以我们相信，最好是选择拥有[产品1]和[产品2]互补性和兼容性的人士作为我们制造商的代表[比如，某个垂直市场（即制造工业）销售代表与商业专家制定出年销售固定收入5000万元以上互补产品]。

行政/法人销售：请阐述主要的或效益较好的直接销售额。

贴牌生产（OEM）：有了OEM这样的条件，我们就可以将我们的[具体产品]纳入他们的产品生产线中[请加以说明，你是如何将你的产品融入他们的产品中]。

国际市场：一开始你就应该考虑国际化的问题，这一点十分重要。请按优先权顺序列出目标销售国家：按比例份额划分，按语言划分，按产品用途划分，按兑换率划分，按专业性需要划分，千万别忘记为你设计一个撤退计划，毕竟不是事事顺利的。

电子化市场：请看看互联网，那里有商业邮件目录或电话目录。有些电子化服务也处理咨询问题及其他提供“800”服务项目。还要研究竞争对手的做法。

邮购：我们将在[具体时期]内对邮购的利润增长进行调查。由于我们加强了处理邮购业务的力度，所以预计会增加利润。我们能够科学地达到这一步，是因为我们改善了客户的需求标准。我们建议向[具体计划]，如邮购两组5万件运动服，每组寄出前先用5000件作测试。[具体购买群]确定目标。

销售路径：

你的产品是怎样分销的（或者使用什么方法使你的产品销售出去）？请制作一张图表来显示产品是怎样到达最终用户手中的。

下列单位或组织与[你公司或项目]有销售关系，他们强化了现有的分销关系，是增强分销增殖能力的主要对象。

[A公司]：[A公司]是[具体产品或技术]的主要供货商，与[你公司或项目]签有分销协议，此协议即可向[A公司]提供单独的产品，还可以结合[A公司的其他有关产品]集中统一销售，并将各种品牌产品混合统一处理。这是一种[有限的，不付专利费]的协议，用来支持[你公司或项目]的[培育、研究和开

发]工作。

[B公司]:它是由[组建人名单]组建的,是[具体产品]的重要供应商。在[你公司或项目]与[B公司]共同努力合作开发下,于[19XX]年签署了共同使用[按优先权名义]许可的协议书。这种[非独家的]协议向[你公司或项目]提供了充分的权利,协议规定,在不支持专利费的前提下,在[具体应用方面]可以利用[原码]进行生产。

请说明这些渠道的作用、功能和优点。包括产品/服务在销售渠道方面的广告宣传,促销活动中的参考资料等等。

四、销售周期

将市场进行区块划分,并根据每个区块中买主的教育水平,实施业务的复杂性,或其他在时间上和推广应用上的影响因素,说明一下销售周期的平均长度。为避免销售周期的长度引起乐观的误解,因此你应提出关键证据、参考性实例等。请问你所做的所有准备工作是否能增强你的可信度?

五、定价策略

你如何设定价格标准?有政策依据吗?你的价格有没有竞争性?价格是根据成本还是市场增长额来确定的?价格高于或低于竞争对手的原因是什么?这些产品的市场弹性强度如何(对产品需求的定价效应)?买方如何使效用弹性变得更具优势?

你是否存在一种固有的高价值观念,认为高价格是天经地义的(成本越高,产品越好)?你能否利用定价原则作为一种战略性竞争武器迅速获得市场份额?

我们的定价策略是[请说明你的政策,或至少应该有个原则]。这种定价原则是依据[具体依据,如依成本核算?毛利目的是什么?市场何在?]

我们最终的定价原则是根据[成本,毛利目标,市场价格形势,公认性价格]。

我们按[月,季度,年度]来审查价格,以保证基本利润不受损失。顾客对我们的产品和服务愿意支付的价格高至[具体价格],原因是[请解释]。

我们感到顾客愿意花[具体金额]购买,原因是[请解释他们的购买原则]。我们计划每[具体的时间段,如三个月]审查我们的定价情况和产品库存或短缺的情况。

你是否应该对一项新的价格政策进行调查,以免损失最基本的利润?你有时间来研究这类问题吗？

1. 产品、服务A

我们的[产品/服务名称]定价策略是一种排他策略从而实现市场渗透。我们相信[具体产品/服务][在企业中或桌面上](同其他竞争产品相比较)还不是种特价的商品。[你公司或项目]的产品当前的价格范围大约在[XX—YY元，高于或低于]竞争对手的水平，这其中的原因在于[请解释与该产品的比较，你的产品市场定位]。比如，我们[具体产品系列]价格范围从[XXX到YYY]元，而竞争对手照常将他们的销售价定在[YYY到ZZZ]元。

[你公司或项目]目前要从总产值的[XX%]中拿出[专利费]费用。[你公司或项目计划拿出多少(费用)用于你们的产品开发上]。为了克服小型顾客市场的对抗情绪，或限制社会上的开发商，我们将拨出一定数量的款项作为[优惠定价/竞争费用]来平衡公司间的规模差距，当高于[具体数量]时就应协商解决。

2. 产品/服务B

当需要在短期内建立最大限度的分期付款销售基地时，[你公司或项目]实行一种市场渗透策略。这种策略的定价范围是对[具体产品]从免费培育计划到[具体产品]的[XXX]元控制价开始。

六、市场联络

当你的产品已经上市了，并且表现极佳时，你的目标应该是加强、促进、支持，使这种情况持久。请记住，拥有资源丰富的企业家会发现不同的宣传方式，使用各种各样的方法来获取免费的广告宣传和促销效果。

本公司知道走向胜利的关键是什么，此时需要扩大促销力度。为达到此目的，必须采取[进攻性/主动性][广泛扩大选择性销售]的范围。为了达到我们的销售目标，我们需要一个[特别有能力的/专业化程度高的顾问，广告代理商，或者公共关系公司]。本公司[计划]在主要贸易杂志上，如[具体杂志名称]上发布[广告/现已发布]。资金落实后，就可选择代理商，在代理商的协助下，综合性广告宣传内容和促销计划就可以制订出来。我们以两种方式发广告，一种是由我们自己发布，第二是联合与我们有[市场/销售]关系的分销商、OEM商、零售商及其他公司共同发布。

由于我们在公共关系上的努力，使我们在[具体行业或市场区域]中提供的产品具有领先地位。我们的极高声誉和[名牌产品],及其在[管理人员/买方/顾客]心目中地位的不断提高,对公司的[前景/工业发展/市场繁荣]起到举足轻重的作用。

我们将按正常的方式广泛地联系下列各部门:主要贸易刊物的编辑部门,商务和地方出版机构,现有顾客所在公司的主要管理人员,雇员组织,用户集团,顾客,竞争对手,销售代表,等等。

1. **贸易展销会**

展销会的目标观众是谁?展销会能给目标市场带来某种信息么?

地区展销:目的在于将[具体国家]的各类展销有机地结合在一起,以便进入[何种市场区域]。

时间框架:每[月,年]展销次数/学术讨论会次数最好不多于[具体次数]。

请说明过去的经验(如果有的话)。是否在别人的展销会上设过摊位?

本公司参加过[三]种类型的展销会[具体类型]。

200X年,本公司将致力于开发和生产[产品1],从而取代[产品2]。在确定我们的贸展时,我们考虑以下几个因素:具体列表说明。

根据以上的考虑,这些展销活动被选定在[200X]年进行。

本公司将参加各类活动计划来促进公司和产品的知名度,这些活动包括:具体列表说明。

2. **广告宣传**

[你公司或项目]正在开展印刷品广告宣传活动,主要发表在杂志上,配有突出重点的论述宣传,同时还设计出宣传手册,增加宣传效果。目前涉及的杂志主要有[请列出贸易杂志名称]。[宣传手册的名称]出版日期号[时间期限],其发行量达到[具体发行量],发行对象主要是目标顾客。宣传手册还包括对于[具体产品名称]的整页广告宣传。

3. **新闻发布会**

[你公司或项目]的情况一直由媒体进行采访报道、新闻介绍和举办新闻发布会。(参阅附录G有关采访报卡与新闻发布之介绍)。[你公司或项目]计划聘请一位全日制的公共关系经理来继续从事这一有效的工作。

4. **年度会议/学术讨论会**

[你公司或项目]目前已参加了几个主要工业项目的学术会议,包括在[具

体国家]的[具体项目]。[你公司或项目]还成功地与市场伙伴合作,无需购买展销摊位就增加了我们的知名度。这其中的因素就包含对[年会、展销会、学术会]的参与行为。

5. 国际互联网促销

根据最近的新闻或特别报导,[你公司或项目]的互联网每天上网率为[具体数量]。我们的国内信息已成为行业内可靠的、及时的、对分销及顾客有影响的、对行业景气情况进行预测的重要来源。

6. 其他促销因素

[你公司或项目]正在寻求更多的机遇[举例说明]与[具体公司或其产品]共同拓展市场。

7. 贸易刊物、文章报导

[你公司或项目]的负责人[举出姓名]经常作为[具体行业]的专业人士参与许多有关本行业的讨论,经常就有关产品和市场问题发表意见。[具体的人]还在[具体杂志]就[具体讨论题目]发表过专题报导。

8. 直接邮寄

[你公司或项目]还进行商业信函和邮购活动。该活动在一定范围内[或列出订阅者名单,或以用户为基础对象]发布一定数量的信息,旨在获得迅速的客户反应和寻求销售机遇。

除上述之外,[你公司或项目]还拥有专业性的附加资料,包括产品数据表、白皮书和背景资料等。

七、社会认证

社会上对你的技术、产品的实效性、新闻发布的策略、你的计划等的评论是一种重要的销售工具,可以增进社会对你的认可度,缩短销售周期。要找一些工业领袖、分析家、主要顾客或大学,作为你的产品与服务的评论者。这些人士必须在他们的领域内愿意公开发表他们的支持意见。请阐述你的社会认证计划。

第七章　财务计划

一、财务汇总

五年的损益表包括以下内容:第三年的投资回报率为[XX%]。可以假定早在2014年为[X,000,000]元，而在第一年中它的回报率是负数。公司可望在[202X]年达到现金流平衡。

二、财务年度报表

以下是从[201X]年起五年期的年度产品收入汇总表。此计划系根据目前[你公司或项目]的[自筹资金计划，无其他外部投入][第一/第二轮基金——此处请予以解释]而制订的。此外，产品产值假定是在[201X—201Y]年，这些假定值支持着那段时期的产值计划。

三、资金需求

我们正在寻找[具体金额]元的[商业贷款，分期贷款或长期贷款]主要用于未来[2年，1年，1个月，1天，任何时限的]本公司的发展。到那时，我们还需要增加[具体金额]元的资金使我们超过现金平衡关。

初期投资将用于[完成开发任务，购买设备，引进新的/下一条产品生产线，流动资金的投入，寻找竞争对手]。资金使用明细如下：

完成开发项目：[具体金额]元

购买设备：[具体金额]元

引进新/下一条生产线：[具体金额]元

流动资金投入：[具体金额]元

资金使用计划：请说明如何使用贷款/或投资资金。

回报/偿还计划：需要确定，多长时间你能偿还贷款，或者投资者可将投资收回。

结论：根据我们的预计，我们认为[投资于，贷款给]我们公司，是一件非常理想的投资活动。为使本项目能够贯彻实施，我们需要[具体时间][具体金额]元[投资/贷款]。

四、预计收入报表

假设条件：

告诉投资者，你是怎样制定财务假设条件的？（指的是商业假设，不是记入财务记录单的数字）。

财务报告：

应该简单地讨论一下商业计划中每份财务报告所叙述的汇总分析结果。还应讨论一下销售增长率和各种大宗消费项目。销售经济学问题也应加以解释。总量调整测定法有助于投资者增加对讨论课题的准确把握。这些内容包括作为销售收入百分比量的累计数、库存量、应收账款、当日应付账款平衡量、投资回报率等。

应向你自己提出的基本问题是：当我考虑将我自己的钱拿去投资之前，我应该具备哪些知识去评估一个商业建议书？如果你作为一个投资者所提出的全部问题都得到了解答，你就可以准备对外投资或成为贷款人了。

收入报告：

请对各类大型收入项目或各种较大的变动作出评论，比如研发活动或市场消费等。这些事项往往在运作的头几个月显示出较大的不平衡性，特别是以销售百分比的方法审视时，更是如此。不过这种现象过一段时间就会逐渐消失。

要考虑建立两种收入报表：第一种报表按月反映出第一年的收入；第二种报表应反映出五年中的逐年收入。

五、资产负债预计表

对资产负债表中任何一个较大的或不正常的项目进行评估，比如现有其他资产，其他应付账款或逐渐递增的负债等。

应考虑建立两种资产负债表：第一种是按月反映出第一年的负债情况；第二种是反映五年中逐年年度负债情况。

收支平衡分析：

我们可以在[具体的月份]月份达到收支平衡。届时我们的销售额可望达到[具体金额]元。

六、现金流量表

在财务计划中应考虑建立两种财务状况变化报表——现金流量表：一种是反映第一年状况的逐月报表；第二种是反映五年中资金流动情况的逐年年度报表。

第八章　附　　录

附录的内容可包括：[你公司或项目]的背景与机构设置、市场背景、管理层人员简历、董事会、行业关系、竞争对手的文件资料、公司现状、顾客名单、新闻剪报与发行物、市场营销、专门术语等。

第九章　图　　表

如市场区域分析表、购买者类型分析表、产品或服务客户使用情况等。

第四章

创建新企业

创业的路途长且艰难，实践前期的创业计划是检验创业者前期准备的主要内容。对大学生创业者来说，究竟什么类型的企业形式更合适？创办企业需要做哪些准备工作？创业企业的流程是什么？应注意哪些法律上的技术问题？企业在经营过程中可能需要更换企业形式，但从一种形式转换到另一种形式并不容易，甚至是不允许的。此外，企业的不同性质还会影响税收优惠政策，如果企业出现债务，不同的企业形式会对业主的负债程度产生不同的影响。因此，明确从哪里开始、到哪里结束是很重要的。

【课堂学习】

1. 熟悉创业企业设立的一般流程；
2. 掌握新创业企业的不同组织形式；
3. 了解创业企业名称设计的一般规律；
4. 掌握新创业企业登记注册时的相关手续。

【课后实践】

1. 针对新创企业的实际，提出相应的企业组织形式；
2. 根据企业名称设计要求，设计出适合的企业名称。

导读材料

如何注册一家公司

注册一个公司需要办多少手续？用多长时间？花多少钱？

中央财经大学的创业者杨宝通向记者展示了他成功注册一家公司的所有证件，这位“挑战杯”金奖获得者的创业项目渐渐走上正轨，但回想注册公司的经历，并不是一帆风顺。

杨宝通从高二就开始倒卖MP4，创业经历可谓丰富多彩。他2012年8月创办的一乐电子票系统正式上线短短半年内，销售额就突破百万元，并且成为020行业内的休闲娱乐电子票渠道供应商。

创业是老手，但对于创办正规的公司，杨宝通是纯粹的新手。

2011年11月，杨宝通在网上搜索“注册公司”的信息，本着省钱的原则挑选了一家价格最低的注册代理公司。对方很热情，承诺一定能搞定，他交了1500元押金和身份证等证件。

之所以要找代理，杨宝通解释，主要是因为根据我国《公司法》，成立公司必须要有公司住所，并提供房产证复印件。大学生创业大多没有能力租用办公室，注册代理公司则可以帮忙搞定。两个月后，公司的注册手续办下来了，杨宝通的第一家公司开始运营。可到了2012年6月，公司却因为注册地址是伪造的，没能通过年检。杨宝通只能注销老公司，重新注册新公司。

2013年1月底，杨宝通着手准备注册第二家公司。这次，杨宝通向学校求助，中央财经大学科技园免费为他提供了一个注册场所，老师还给他介绍了一家正规的注册代理公司。此前，杨宝通已经认真研究了注册公司的流程，这次心里有底了。

首先，他为自己的公司选择了一个名称，到工商局确定无重名后领到“企业(字号)名称预先核准通知书”。

然后，准备好所有股东签名的公司章程、房产证复印件等证件，并到会计师事务所领取“银行询证函”。

接着，带着必备资料去银行开立公司验资户，各个股东按自己的出资额向公司账户中存入相应的钱，银行出具股东缴款单和银行盖章后的询证函，再到会计师事务所办理验资报告。

再接着，到工商局填好公司设立登记的各种表格，几个工作日后领取营业执照。还要带着营业执照到到公安局指定的刻章社刻公章、财务章。

然后，凭营业执照到技术监督局办理组织机构代码证，带着它去银行开立基本账号。

最后，在领取执照后的30日内到当地税务局办理税务登记，一般公司都需办理国税和地税两种税务登记证，并根据公司性质申请领购发票。整个过程耗时两个月，花费2200元。其中，包括代理费用800元。

拿着完整、合法、崭新的各类证明公司正式成立的证件，杨宝通仔仔细细看了一遍，“每一张都有用”，他认为这些审核都是必要的，“拿注册住址来说，万一骗子跑了呢也能找得着。”他认为问题在于注册代理公司鱼龙混杂，本身很多行为不能拿到阳光下。

杨宝通告诉中国青年报记者：“想创业的人并不会觉得注册公司多么麻烦，这都是为了合法运营，成立后的业务才是关键。”他想了想又说：“如果能再简化一点，让创业者把更多的心思放到经营上，凭这一点就能创造一个好的创业环境。”

【思考与讨论】

1. 企业登记注册的每一步都有什么意义？
2. 为什么杨宝通说“每一张都有用”？

第一节　新企业的法律形式与特点

大学生在创办企业时，首先应考虑的是开办什么样的企业，这样的企业在法律上具有何种地位，并根据自己的情况选择合适的企业类型。

根据我国法律规定，创业者可以选择五种企业形式创办新企业，当然，也可以选择注册非企业组织进行广义上的创业活动。由于创立的新企业一般为小型企业，股份有限公司的注册条件对于创业者而言相对较高，因此，新企业设立时创业者常选择个体工商、独资企业、合伙企业、有限责任公司进行创业活动。

(一) 个体工商

1. 个体工商户的设立条件

个体工商户的设立条件较为简单,包括:

(1) 有经营能力的城镇待业人员、农村村民以及国家政策允许的其他人员;

(2) 申请人必须具备与经营项目相应的资金、经营场地、经营能力及业务技术。

2. 个体工商户的优缺点

个体工商户的优点包括:

(1) 对注册资金实行申报制,没有最低限额基本要求;

(2) 注册手续简单,费用低;

(3) 税收负担轻。

个体工商户的缺点包括:

(1) 信誉较低,很难获得银行大额贷款;

(2) 经营规模小,发展速度慢;

(3) 管理不规范,有的个体工商户甚至对经营所得和工资所得都不加以区分。

(二) 独资企业

独资即创业者个人独立出资创办自己的企业。独资企业的设立,要按照市场经济的一般要求,具备一般商事主体的最基本条件。我国《个人独资企业法》对个人独资企业的创办作了相关规定。

1. 独资企业的设立条件

(1) 投资人为一个自然人;

(2) 有合法的企业名称;

(3) 有投资人申报的出资;

(4) 有固定的生产经营场所和必要的生产经营条件;

(5) 有必要的从业人员。

此外,个人独资企业的名称应当与其责任形式及从事的营业相符合:根据《个人独资企业登记管理办法》,个人独资企业的名称中不得使用“有限”“有限责任”或者“公司”字样。个人独资企业不得从事法律、行政法规禁止经营的业务；从事法律、行政法规规定须报经有关部门审批的业务，应当在申请设立登记时提交有关部门的批准文件。

2. 独资企业的优点

(1) 产权独享，即独资企业的产权是创业者个人独有的，并且是清楚的，不会与其他个人或团体产生产权上的纠纷。

(2) 个人控股决策方便，决策自主。即企业所有事务由投资人说了算，不用开会研究，也不用向董事会和股东大会作出说明，创业者可以按照自己的思路来经营和发展自己的企业，一方面最大限度地发挥个人的智慧与才能，另一方面也避免了其他持股者对企业经营的干扰。

(3) 利润独享，即企业利润归创业者独有，无需担心别人分享，也就无需迎合其他持股者的利益要求。

(4) 注册手续简单，费用低，注册资金随意。个人独资企业的注册手续最简单，获取相关的注册文件比较容易，费用也比较低。

(5) 税收负担较轻。由于企业为个人所有，企业所得即个人所得，因此只征收企业所得税而免征个人所得税。

3. 独资企业的缺点

(1) 个人理性有限。经营企业是探索性很强的工作，而独资企业主要是由创业者来经营，这对于创业者的创业热情、创业精神、经营管理经验等提出了更高的要求。而个人的智慧与才能终究是有限的，再加上“人是有限理性的”，独资企业的设立、运营和发展过程必然会受到个人智慧、才能、理性的限制。

(2) 个人承担一切费用，财务有限。设立和经营企业的一切费用必须由创业者个人独立承担，企业的全部家当就是个人资产，创业者将面对较大的财务压力。

(3) 无限责任，风险独立承担。这是最大的劣势。创业者必须独立承担创业中的任何风险，一旦经营亏损，除了企业本身的财产要清偿债务外，个人财产也不能幸免，从而加大了投资风险，在激烈竞争的市场环境中，这往往是极其危险的。

(4) 存续性存在先天缺陷。投资人对企业的任何事务具有绝对的决策权，这加大了个人的责任，而个人决策也有武断的一面，带有很强的随意性，如果投资人有所失误，企业本身就不可能存在。因此，这类企业往往很难得到金融机构的信贷支持。

(5) 对外界资源吸引力较低，信贷信誉低，融资困难。由于注册资金少，企业抗风险能力差，加之企业由一个人完全控制，作为外部投资者往往面临较高的经营风险和道德风险，因而通常很难取得银行信贷，同时面向个人的融资也不容易。

(6) 难以形成优秀的管理团队。任何具有较强创新与创业精神的员工都不会心甘情愿地长期服务于这类企业，一旦有其他更好的就业或创业机会，他们就会即刻离去。因此，管理团队是在变动中存续的，而形成优秀的管理团队需要相对稳定的团队人员不断磨合。

(7) 管理不大规范。所有问题的决策由投资人作出，企业员工较难参与企业的经营管理决策，极容易与创业者离心离德。如我们所熟知的著名的珠海巨人集团的垮台，从某种意义上讲，是由于其高层管理者的离心离德所造成的。

(三) 合伙企业

合伙企业是指两个或两个以上的合伙人，按照合伙协议共同出资、共同经营、共享收益、共担风险，合伙人对企业债务承担无限连带责任的企业。合伙企业的设立，也要按照市场经济的一般要求，具备一般商事主体的最基本条件。我国《合伙企业法》对合伙企业的创办作了相关规定。

1. 合伙企业设立的条件

(1) 合伙人应当为两个或两个以上的具有完全民事行为能力的人。合伙企业设立时，无民事行为能力的人与限制民事行为能力的人不得作为合伙人；法律、行政法规禁止从事营利性活动的人，不得成为合伙企业的合伙人，例如国家公务员。合伙人都应当依法承担无限责任，不存在承担有限责任的合伙人。

(2) 合伙企业必须有书面合伙协议。合伙协议是由各合伙人协商一致，明确各合伙人权利义务的法律文件。合伙协议应采取书面方式订立，经全体合伙人签名、盖章后生效。合伙人依照合伙协议享有权利，承担义务。合伙协议生效后，全体合伙人经协商一致，可以修改或者进行补充。

(3) 有各合伙人实际缴付的出资。合伙协议生效后，合伙人应当按照合伙协议约定，履行出资义务。根据《合伙企业法》的规定，合伙人可以用货币、实物、土地使用权、知识产权或者其他财产权利出资。上述出资应当是合伙人的合法财产及财产权利。对货币以外的出资需要评估作价的,可以由全体合伙人协商确定,也可以由全体合伙人委托法定评估机构进行评估。经全体合伙人协商一致,合伙人也可以用劳务出资,其评估办法由全体合伙人协商确定。

(4) 有合伙企业的名称、经营场所和从事合伙经营的其他必要条件。

2. 设立合伙企业的优点

(1) 资本规模扩大。合伙企业是由多人投资共同组建的,其资本来源于全体合伙人的共同出资。因此,相对于个人独资企业而言,其资本规模得到显著扩大,资本来源渠道也多样化,融资难度降低。

(2) 个人出资比例小。创办一定规模的合伙企业,入伙创业的个人出资比例相对降低,这就能够吸引更多的人去实现创业的梦想,也使民间资本在经济发展中发挥最大的作用。生产经营费用由企业团队成员共同投资解决,不需要单个人再去筹集,因而减弱了个人"单枪匹马"融资难的问题。

(3) 容易形成团队优势。不同的创业者为了一个共同的目标而组合在一起,他们的智慧、才能、理性、资源等得到了互补,如果再加上团队结构合理、协调,就可形成一定的团队优势。

(4) 风险共担。由于合伙企业是由多人投资共同组建的,因此,团队集体成员承担创业中的风险,共同克服可能遇到的种种困难,使企业抵御风险的能力大大增强。

(5) 集中决策。合伙企业的任何重大决策都是由合伙人共同作出,决策高度集中在全体合伙人手里,这使得决策的准确性、权威性大大提高。

(6) 注册手续简便,费用低。注册方式与独资企业类似,关键在于合伙人之间的共同协议,合伙企业运行的法律依据就是他们之间的协议。

(7) 税收较低。和独资企业一样,只需要缴纳企业所得税,不用缴纳个人所得税。

3. 设立合伙企业的缺点

(1) 无限责任。合伙企业最大的风险就是无限责任,同时还有连带责任。一旦合伙人中某一人经营失误,则所有合伙人都被连累。因此合伙人的选择和合伙协议的拟定就相对重要。有人认为连带责任可以在合伙协议中用相应的条款规定分担比例,减少个人风险,但我国的法律规定合伙人之间的分担比例对债权人没有约束力，债权人可以根据自己的清偿权益，请求合伙人中的一人或几个人承担全部清偿责任。

(2) 产权关系比较复杂。由于我国关于创业的法律体系还不健全，且产权关系比较复杂，因而在合伙创业中，往往会遇到产权关系难以处理的问题。特别是在合伙创业之初，对一些合伙人以无形资产加入合伙企业的股份难以合理确认，因为无形资产量化本身存在问题。

(3) 内部协调费用增大、易内耗。公司是资本说了算，而合伙企业各合伙人平均享有权利，这是它的优点，但也会带来问题。合伙人一旦有隙，企业决策就难以达成一致意见，互相推诿，导致业务开展困难。如果合伙人品质有问题，则更是后患无穷。

(4) 决策过程的复杂化。由于合伙企业的决策不仅要满足、适应企业发展的需要，而且要符合全体合伙人的个人利益，因而决策过程非常复杂。由于人多嘴杂，在决策过程中，每个人在表达意见时都会向有利于自己利益的方向倾斜，有时很难协商一致，很少考虑企业发展的需要，这就使得决策过程复杂化。

(5) 容易引起利益纠纷。合伙就意味着数个人的利益互相交织在一起，而在企业设立、运营和发展的过程中，团队成员彼此之间不可避免地会产生一些利益纠纷，因而各成员之间的利益需要反复磨合。如果这些利益关系协调不好，就可能导致企业存续和运营的危机。

(6) 合伙人财产转让困难。由于合伙人的财产转让影响合伙企业和合伙人的切身利益，因此法律对此要求严格。向外转让必须经全体合伙人同意，而不是采取少数服从多数的原则。退伙也存在这个问题，除非在拟定合伙协议时有明确规定，否则很难抽身而退。

(四) 有限责任公司

有限责任公司，是指根据我国《公司登记管理条例》的规定登记注册，由50个以下的股东出资设立，每个股东以其所认缴的出资额对公司承担有限责任，公司以其全部资产对其债务承担责任的经济组织。

1. 有限责任公司设立的条件

(1) 股东符合法定人数。一般情况下，有限责任公司由50个以下股东出资设立。

(2) 股东出资达到法定资本最低限额。有限责任公司的注册资本为在公司登记机关登记的全体股东认缴的出资额。公司全体股东的首次出资额不得低于注册资本的20%,也不得低于法定的注册资本最低限额,其余部分由股东自公司成立之日起两年内缴足。其中,投资公司可以在5年内缴足。有限责任公司注册资本的最低限额为人民币3万元。法律、行政法规对有限责任公司注册资本的最低限额有较高规定的,从其规定。

(3) 股东共同制定公司章程。公司章程是公司最重要的法律文件,是公司内部组织与行为的基本准则。有限责任公司的公司章程必须由股东共同制定,所有股东应该在章程上签名盖章。我国《公司法》对公司章程必须载明的法定事项作出了明确规定。

(4) 有公司名称,并建立符合有限责任公司要求的组织机构。有限责任公司名称是公司的标志。公司依法享有名称权,经注册的公司名称受法律保护。有限责任公司应依法设立股东会、董事会或执行董事、监事会或监事等组织机构。

(5) 有公司住所。

2. 有限责任公司的优点

(1) 有限责任公司的设立程序比较简单。公司的设立方式有发起设立和募集设立两种,其中募集设立因需向社会公众募集股份,故出于保护社会公众的目的,其设立程序比较复杂。有限公司设立只有发起设立的方式,对于创业者而言节省了很多时间与精力。

(2) 有限公司的组织结构比较简单。由于有限公司的股东人数比较少,有时仅有两个或者更少,所以,并不强制要求有限公司必须设立股东会。

(3) 有限公司股东人数有最高数量的限制。因股东人数较少,所以,股东之间容易协调。同时由于其人合因素较重,协商解决公司事务的难度往往较小。

(4) 有限公司公示义务较轻。公司承担向一定范围内人或社会公众公布公司状况,特别是公司财务状况的义务。股份公司承担比较严格的公示义务,主要由公司法和证券法加以规定。但在有限公司中,公示义务虽然存在,但程度比较轻,通常只需对公司股东公布,而无须对社会公众公布。

3. 有限责任公司的缺点

(1) 有限公司因采用有限责任制度,使得公司股东可以利用此种方式从事个人的业务。由于缺乏社会公众的监督,难免会导致个别股东滥用公司形式,不当地逃避责任和风险。

（2）有限公司不注重公示，使得股东之间得以在众多公司事务上保守秘密。股东或公司更容易因此忽视公司债权人的利益，甚至会通过公司从事如高额负债、损害社会公众利益及相对人利益的事情。

（3）有限公司的出资转让不像股份转让那样自由，通常须获得其余股东的同意，且出资转让必须变更或者修改有限公司的章程。对股东而言，这不利于其实现投资的流动性和增强投资的变现能力，故投资风险相对较高。

此外，创业者如果有一定的资金或者专利，也可以通过技术或资金收购甚至控制现成的某个企业。客观地讲，创业不外乎是培育某种财富生产能力，为自己创造利润，为社会提供福利。因此，投入资金，通过产权交易或购买其他企业的股票，直接变他人的财富制造能力为自己所有，也不失之为一种创业形式，是拥有自己企业的一个可行途径。

通常，大学生创业者可以按表4-1来分析和选择创业企业形式。

表4-1　大学生自主创业常见企业类型一览表

	个体工商户	独资企业	合伙企业	有限责任公司	民办非企业
定义	从事工商业经营的个体劳动者	个人出资经营，并承担全部经营风险和享有全部经营收益的企业	自然人、法人和其他组织在中国境内设立，由两个或两个以上的自然人通过订立合伙协议，共同出资经营、共负盈亏、共担风险	50个以下股东出资设立，每个股东以其认缴出资额对公司承担有限责任，公司以其全部资产对其债务承担责任的经济组织	企业事业单位、社会团体和其他社会力量以及公民个人，利用非国有资产举办的从事非营利性社会服务活动的社会组织
法律责任	无限责任（当企业的全部财产不足以清偿到期债务时，投资人应以个人的全部财产用于清偿，实际上就是将企业的责任与投资人的责任连为一体）		普通合伙人对合伙企业债务承担无限连带责任，有限合伙人以其认缴的出资额为限对合伙企业债务承担责任	有限责任（股东以其出资为限，对公司的债务承担责任）	

（续表）

	个体工商户	独资企业	合伙企业	有限责任公司	民办非企业
申报单位	街道工商行政管理所	区、县工商行政管理局分局企业注册科(处)			区民政部门
命名	自定名	由行政区划名称、字号、行业或者经营特点、组织形式四项法定基本要素构成			应当符合国务院民政部门的规定
经营范围	工业、手工业、建筑业、交通运输业、商业、饮食业、服务业、修理业及其他行业		合伙人不得自营或者同他人合作经营与本合伙企业相竞争的业务		不得从事营利性经营活动
注册资金及验资	注册资金自行申报，不需要验资		出资权属证明、评估证明、验资证明	2014 年 3 月起已取消注册资金要求	一般开办资金为 10 万元，如有相关部门前置许可，则按照其规定执行

第二节　新企业注册登记操作

(一)设立新企业的一般流程

1. 设立企业的条件

设立企业应当具备以下条件：

(1) 有自己的名称。名称是企业的标记，是企业具有法律主体资格的必要条件。企业的名称必须符合法律的规定，才能依法获得登记。

(2) 制定章程。章程是企业组织及其活动的基本规章，分别依照《公司法》《中外合资经营企业法》等法律、法规制定。特殊企业章程的主要内容由决定设立该企业的机关根据该企业的任务、职能、组织和级别等加以规定，并经国务院、有关地方政府或其他有权机关批准。设立非法人企业，可以不制定章程。

(3) 有国家授予的企业经营管理的财产或者企业所有的财产，并能以其财产独立承担民事责任。

(4) 有与生产经营规模相适应的经营管理机构、财务核算机构、劳动组织以及法律或章程规定必须建立的其他机构，有符合规定的数额与企业经营相适应的资金。法人企业必须能够以企业的财产独立地承担民事责任，非法人企业则由其投资者对企业的活动承担民事责任。

(5) 有必要的与经营范围相应的经营场所和设施。

(6)有与生产经营规模和业务相适应的从业人员，其中专职人员不得少于8人；有符合法律规定的组织机构和从业人员。如有限公司必须设董事会或一名执行董事，《私营企业暂行条例》规定私营企业的从业人员不得少于8人等。

(7) 有健全的财会制度，能够实行独立核算，自负盈亏，独立编制资金平衡表或者资产负债表。

(8) 有符合规定的数额并与经营范围相适应的注册资金。

(9) 有符合国家法律、行政法规和政策规定的经营范围；有与企业的生产经营规模相适应的经营场所和设施。生产经营场所包括企业的住所和与生产经营相适应的住所。住所是企业的主要办事机构所在地，是企业的法定地址。

(10) 法律、行政法规规定的其他条件。

2. 设立企业的程序

依法进行登记，是企业设立的必要程序。企业法人办理开业登记，应当在主管部门或者审批机关批准后30日完成。向登记主管机关申请开业登记，应当提交下列文件、证件：组建负责人签署的登记申请书，主管部门或者审批机关的批准文件，组织章程，资金信用证明、验资证明或者资金担保，企业主要负责人的身份证明，住所和经营场所使用证明，其他有关文件和证件。

经主管机关核准登记注册、领取《企业法人营业执照》后，新创企业即告成立。企业法人凭借《企业法人营业执照》可以刻制公章、开立银行账户、签订合同，进行经营活动。登记主管机关可以根据企业法人开展业务的需要，核发《企业法人营业执照》副本。

根据企业的性质不同，可以分为个人独资企业、合伙企业、公司三种。公司是目前最流行、最常见的企业组织形式，也是最复杂的。

3. 注册登记

企业登记注册，是国家建立现代企业制度，建立企业的正常市场准入制度，确认企业的法人资格或营业资格，行使国家管理经济职能的一项行政监督管理制度。它在企业进行登记申请，由工商行政机构进行审核批准后进行。它是对企业法人资格依法确认的具体反映，是企业合法经营的依据，它具有法律效力，企业在核定的登记注册事项的范围内，从事生产经营，依法享有民事权利，承担民事义务，受到法律保护。它分为企业法人登记注册事项和企业营业登记注册事项。

企业法人登记注册事项主要有：名称、住所、经营场所、法定代表人、经济性质、经营范围、经营方式、注册资金、从业人数、经营期限、分支机构等。企业营业登记注册的事项主要有：名称、地址、负责人、经营范围、经营方式、经济性质、隶属关系、资金数额等。

4. 名称管理

企业名称在企业申请登记时，由企业名称的登记主管机关核定。企业名称应当使用符合国家规范的汉字，不得使用汉语拼音字母、阿拉伯数字。企业名称经核准登记注册后方可使用，并在规定的范围内享有专用权。企业名称登记主管机关是国家工商行政管理局和地方各级工商行政管理局。登记主管机关核准或驳回企业名称登记申请，按照我国《企业法人登记管理条例》，对企业名称实行分级登记管理。外商投资企业名称由国家工商行政管理局核定。

5. 法定代表人管理

按《企业法人法定代表人登记管理规定》，企业法人法定代表人经企业登记机关核准登记，取得企业法定代表人资格。

有下列情形之一的，不得担任企业法定代表人，企业登记机关不予核准登记：

(1) 无民事行为能力或者限制民事行为能力的。

(2) 正在被执行刑罚或者正在被执行刑事强制措施的。

(3) 正在被公安机关或者国家安全机关通缉的。

(4) 因犯有贪污贿赂罪、侵犯财产罪或者破坏社会主义市场经济秩序罪被判处刑罚，执行期满未逾 5 年的；因犯有其他罪，被判处刑罚，执行期满未逾 3 年的；或者因犯罪被判处剥夺政治权利，执行期满未逾 5 年的。

(5) 担任因经营不善破产清算的企业的法定代表人或者董事、经理，并对该企业的破产负有个人责任，自该企业破产清算完结之日起未逾 3 年的。

(6) 担任因违法被吊销营业执照的企业的法定代表人，并对该企业违法行为负有个人责任，自该企业被吊销营业执照之日起未逾3年的。

(7) 个人负债数额较大，到期未清偿的。

(8) 法律和国务院规定的其他不能担任法定代表人的。

企业法定代表人的产生、免职程序，应当符合法律、行政法规和企业法人的组织章程的规定。

企业法定代表人任职期间出现前述所列情形之一的，该企业申请办理企业法定代表人变更登记，应当向原企业登记机关提交下列文件：

(1) 对企业原法定代表人的免职文件；

(2) 新任企业法定代表人的任职文件；

(3) 由企业原法定代表人签署的变更登记申请书。

有限责任公司或者股份有限公司的法定代表人任职期间出现上述情形之一的，不能或不签署变更登记申请的，由拟任公司法定代表人根据股东大会或者董事会关于变更公司法定代表人的决议签署变更登记申请书。

公司法人以外的企业法人的法定代表人任职期间出现前述情形之一，不能或者不签署变更登记申请书的，由拟任企业法定代表人根据企业出资人关于变更企业法定代表人的决定签署。

企业法定代表人应当在法律、行政法规和企业法人的组织章程规定的职权范围内行使职权。

企业法定代表人的签字应当向企业登记机关备案。违反国家有关规定，采用欺骗手段取得企业法定代表人资格的，由企业登记机关责令改正，并处1万元以上、10万元以下的罚款；情节严重的，撤销企业登记，吊销企业法人营业执照。

违反国家有关规定，应当申请办理企业法定代表人变更登记而未办理的，由企业登记机关责令限期办理；逾期未办理的，处1万元以上、10万元以下的罚款；情节严重的，撤销企业登记，吊销企业法人营业执照。

(二) 设立新企业的具体操作

1. 名称预先登记

企业名称应当由行政区划、字号、行业、组织形式依次组成，法律法规另有规定的除外。例如，上海新兴网络技术有限责任公司，“上海”为行政区域；“新兴”为字号；“网络技术”为行业；“有限责任公司”为组织形式。

我国在公司登记工作中实行公司名称预先核准制。申请公司名称预先核准时，应由创业企业的代表或其委托的代表人向登记主管部门提出名称预先核准的申请，并提交如下文件：

(1) 有限责任公司的全体股东或者股份有限公司的全体发起人签署的公司名称预先核准申请书；

(2) 股东或发起人的法人资格证明或者自然人的身份证明；

(3) 公司登记机关要求提交的其他文件。

设立股份有限公司，由全体发起人指定的代表或者共同委托的代理人向工商行政管理局申请名称预先核准；设立有限责任公司由全体股东指定的代表或者共同委托的代理人向工商行政管理局申请名称预先核准。

非股份有限公司或者有限责任公司，企业名称不得称公司。非公司的企业称谓很多，如厂、店、楼、厦、行、社、中心、局、处、所、城、汇，等等。对非公司法人企业名称的核准，程序上没有专门规定，一般随投资人向工商行政管理局提交的设立法人企业的申请一并进行。

企业名称核准后，企业名称要遵照《企业名称登记管理规定》和《企业名称登记管理实施办法》，到工商行政管理部门申请注册，非经工商行政管理机关核准的企业名称不受法律保护。国家工商行政管理局和地方各级工商行政管理局是企业名称的登记管理机关，登记主管机关依照《企业法人登记管理条例》，对企业名称实行分级登记管理。凡使用“中国”“中华”“国家”“全国”“国际”，或者不冠以企业所在地行政区划名称的企业名称，须经国家工商行政管理局核准。外商投资企业名称，由国家工商行政管理局核定。

2. 工商注册

(1) 领取并填写工商注册登记表，提交相关文件、资料、办理入资、验资手续，经登记主管机关受理、审查、核准、发照等环节之后，领取工商营业执照。营业执照分为正副两种文本，正本为悬挂式，用于企业亮证经营；副本为折叠式，用于携带外出进行经营活动。创业者如果需要进行基本建设，还需向工商局申请筹建登记并领取筹建许可证。

(2) 进行企业代码登记，刻公章，开设银行账户。企业应在取得工商部门核发的营业执照后前往公安局指定地点刻制公章。刻章需携带单位出具的规范介绍信、上级主管部门单位介绍信和工商营业执照，无上级主管部门的，须有营业执照副本，法定代表人身份证复印件备案，并由法人亲自办理。

企业应自领取营业执照或许可证照之日起 30 日内前往技术监督局办理企业代码证书。办理时需携带：营业执照副本及复印件、单位公章、法人名章及法人身份证复印件、上级主管部门代码证书复印件（有限公司、股份制及私营企业除外）、企业正式职工人数、单位编码、电话等证明材料。

（3）创业者要分别到国税局和地税局领取并填写《申请税务登记报告书》，领取税务登记证和各种发票。此项工作必须在领取营业执照之日起 30 日内完成。

（4）办理各种社会保险统筹及就业证。

3．税务登记

新创企业注册后应当向主管国家税务机关申报办理税务登记。税务登记程序如下：

（1）持工商行政管理部门核发的营业执照到国家技术监督部门办理企业统一代码证书（个体工商户免办代码证书）。

（2）自领取营业执照 30 日内主动向税务机关提出办理税务登记书面报告，即填写《申请税务登记报告书》。

（3）根据《税收征管法实施细则》的规定，提供下列有关证件和资料：

① 营业执照（复印件）；

② 有关合同、章程、协议书；

③ 企业代码证书；

④ 银行账号证明；

⑤ 居民身份证（复印件）、护照或者其他合法证件；

⑥ 税务机关要求提供的其他有关证件、资料。

（4）如实填写《税务登记表》。

（5）税务机关审核后发给税务登记证，纳税人凭税务登记证办理以下税务事项：

① 申请办理减税、免税、退税；

② 申请办理外出经营税收管理证明；

③ 领购发票；

④ 申请办理税务机关规定的其他有关税务事项。

如果税务登记内容发生变化，企业还要办理变更登记手续。

4. 其他登记备案事项

（1）银行开户

企业可以在银行申请基本存款、一般存款、临时存款、专用存款账户。基本存款账户是企业办理日常结算和现金收付的账户，企业的工资和资金等现金的支取，只能通过基本存款账户办理。企业的基本存款账户只能选择一家银行的一个营业机构开立，不得在多家银行机构开立。

企业在银行开立基本存款账户时，必须填制开户申请书，提供当地工商行政管理机关核发的企业法人执照或营业执照正本等有关文件，送交盖有企业印章的印鉴卡片，经银行审核同意，并凭中国人民银行当地分支机构核发的开户许可证开立账户。

一般存款账户是企业在基本存款户以外的银行存款转存、与基本存款户的企业不在同一地点的附属非独立核算单位的账户，企业可以通过本账户办理转账结算和现金缴存，但不能办理现金支取。

临时存款账户是企业因临时经营活动需要开立的账户，企业可以通过本账户输转。企业申请开立一般存款、临时存款、专用存款账户，应填制开户申请书，提供基本存款账户的企业同意其附属的非独立核算单位开户的证明等证件，送交盖有企业印章的卡片，银行审核同意后开立账户。

（2）企业代码

新创企业在办理工商注册登记之后，再到技术监督部门办理组织机构代码证书。申请企业组织机构代码证书应提交的文本有：企业营业执照原件（正本、副本均可）（核对），企业营业执照复印本（正本、副本均可）（备案），法定代表人（负责人）和经办人身份证复印件，申报表等。

（3）保险

根据《社会保障费征缴暂行条例》，创业企业注册后还必须办理社会保险。我国社会保险包括基本养老保险费、基本医疗保险费、失业保险费。根据《社会保险登记管理暂行办法》，对从事生产经营的单位自领取工商营业执照之日起30日内、非生产经营性单位自批准成立之日起30日内，到所在地社会保险经办机构申请办理社会保险登记；跨地区的单位，其社会保险登记地由相关地区协商确定。意见不一致时，由上一级社会保险经办机构确定登记地；缴费单位具有异地分支机构的，分支机构一般应当作为独立的缴费单位，向其所在地的社会保险经办机构单独申请办理社会保险登记。

5. 各类企业登记注册需提供的材料

表 4-2 新创企业登记注册需提供的材料

企业类型	需要准备的材料
个体工商户	1.《个体工商户开业登记申请书》(含《个体工商户开业登记申请表》《经营者基本情况表》《经营场所证明》等表格)； 2.《企业名称预先核准通知书》及《预核准名称投资人名录表》(未取字号名称的个体摊商不提交)； 3. 经营范围涉及前置许可项目的，应当提交有关审批部门的批准文件。
独资企业	1. 投资人签署的个人独资企业设立申请书； 2. 投资人身份证明； 3. 企业住所证明； 4. 国家工商行政管理总局规定提交的其他文件。 从事法律、行政法规规定须报经有关部门审批的业务的，应当提交有关部门的批准文件。委托代理人申请设立登记的，应当提交投资人的委托书和代理人的身份证明或者资格证明。
合伙企业	1. 全体合伙人签署的设立登记申请书； 2. 全体合伙人的身份证明； 3. 全体合伙人指定的代表或者共同委托的代理人的委托书； 4. 合伙协议：合伙协议应当载明下列事项：出资权属证明、经营场所证明； 5. 国务院工商行政管理部门规定提交的其他文件； 6. 法律、行政法规定设立合伙企业须报经审批的，还应当提交有关批准文件。
有限责任公司	1. 公司法定代表人签署的设立登记申请书； 2. 全体股东指定代表或者共同委托代理人的证明； 3. 公司章程； 4. 股东首次出资是非货币财产的，应当在公司设立登记时提交已办理其财产权转移手续的证明文件； 5. 股东的主体资格证明或者自然人身份证明； 6. 载明公司董事、监事、经理的姓名、住所的文件以及有关委派、选举或者聘用的证明； 7. 公司法定代表人任职文件和身份证明； 8. 企业名称预先核准通知书； 9. 公司住所证明； 10. 国家工商行政管理总局规定要求提交的其他文件。 法律、行政法规或者国务院决定规定设立有限责任公司必须报经批准的，还应当提交有关批准文件。 公司申请登记的经营范围中属于法律、行政法规或者国务院决定规定在登记前须经批准的项目的，应当在申请登记前报经国家有关部门批准，并向公司登记机关提交有关批准文件。

（三）新企业的命名

1. 企业名称的基本规范

企业名称应当由行政区划、字号、行业、组织形式依次组成。企业名称应当冠以所在地省（包括自治区、直辖市，下同）或者市（包括州，下同）或者县（包括市辖区）行政区域名称。确有特殊需要的，经省级以上登记主管机关核准，企业可以在规定的范围内使用一个从属名称。企业法人名称中不得含有其他法人的名称，企业名称中也不得含有另一个企业名称。

（1）使用外国（地区）出资企业字号的外商独资企业、外方控股的外商投资企业，可以在名称中间使用“（中国）”字样。

（2）企业设立分支机构的，企业及其分支机构的企业名称应当符合下列规定：在企业名称中使用“总”字的，必须下设三个以上分支机构。其中不能独立承担民事责任的分支机构，其企业名称应当冠以其从属企业的名称，缀以“分公司”“分厂”“分店”等字词，并标明该分支机构的行业及所在地行政区划名称或者地名，但因其行业与其所从属的企业是一致的，可以从略；能够独立承担民事责任的分支机构，应当使用独立的企业名称，并可以使用其所从属企业名称中的字号；能够独立承担民事责任的分支机构在设立分支机构时，所设立的分支机构不得在其企业名称中使用总机构的名称。

（3）联营企业的企业名称可以使用联营成员的字号，但不得使用联营成员的企业名称。联营企业应当在其企业名称中标明“联营”或“联合”字词。

（4）企业被撤销或营业执照被吊销未满三年的，申请登记注册的企业名称与其名称相同或者相近似的，登记主管机关将不予核准。登记主管机关有权纠正已登记注册的不适宜的企业名称，上级登记主管机关有权纠正下级登记主管机关已登记注册的不适宜的企业名称。

（5）对已登记注册的不适宜的企业名称，任何单位和个人可以要求主管机关予以纠正。两个以上企业向同一登记主管机关申请相同的符合规定的企业名称，登记主管机关依照申请在先的原则核定。属于同一天申请的，应当由企业协商解决；协商不成的，由登记主管机关作出裁决。两个以上企业因已登记注册的企业名称相同或者相近而发生争议时，登记主管机关依照注册在先的原则处理。中国企业名称与外国（地区）企业名称在中国境内发生争议，并向登记主管机关申请裁决时，由国家工商行政管理局依照我国缔结或者参加的国际条约规定的原则或《企业名称登记管理规定》处理。

(6) 企业名称经核准登记注册后，如无特殊原因，在一年内不得申请变更。名称转让可以随企业或者企业的一部分一并转让。但只能转让给一户企业。企业名称的转让方和受让方应当签订书面合同或协议，并报原登记主管机关核准。企业名称转让后，转让方不得继续使用已转让的企业名称。

2. 企业名称的要素

企业名称一般由以下四部分依次组成：企业所在地行政区划名称、字号（商号）、行业（或经营）特点、组织形式。

(1) 行政区划

企业名称中的行政区划是本企业所在地县级以上行政区划的名称或地名。具备下列条件的企业法人，可以将名称中的行政区划放在字号之后，组织形式之前：

① 使用控股企业名称中的字号。

② 该控股企业的名称不含行政区划。

使用外国（地区）出资企业字号的外商独资企业，可以在名称中间使用“中国”字样。

(2) 字号

企业名称中的字号应当由两个及以上汉字组成，行政区划不得用作字号，但县以上行政区划地名具有其他含义的除外。企业名称可以使用自然人投资人的姓名做字号。

(3) 行业

企业名称中的行业表述应当是反映企业经济活动性质所属国民经济行业或者企业经营特点的用语。企业名称中行业用语表述的内容应当与企业经营范围一致。企业经济活动性质分别属于国民经济行业不同大类的，应当选择主要经济活动性质所属国民经济行业类别用语表述企业名称中的行业。

企业名称中不使用国民经济行业类别用语表述企业所从事行业的，应当符合以下条件：

① 企业经济活动性质分别属于国民经济行业 5 个以上大类。

② 公司注册资本（或注册资金）1 亿元人民币以上或者是企业集团的母

公司。

③ 与同一工商行政管理机关核准或者登记注册的企业名称中的字号不相同。

企业名称不应当或者暗示有超越其经营范围的业务。

(4) 组织形式

依据我国《公司法》《中外合资经营企业法》《中外合作经营企业法》《外资企业法》申请登记的企业名称，其组织形式为有限公司(有限责任公司)或者股份有限公司；依据其他法律、法规申请登记的企业名称，组织形式不得申请为“有限公司(有限责任公司)”或“股份有限公司”，非公司制企业可以申请用“厂”“店”“部”“中心”等作为企业名称的组织形式。

企业只准使用一个名字，在某一个工商行政管理局辖区内，冠以同一行政区划名称的企业不得与登记注册的同行业企业名称相同或近似。

3. 命名要求及注意事项

企业及企业产品的名称对消费者的选择是有直接影响的，所以每一位企业家，无一例外都会精心设计企业的名称，并深深认识到它在竞争中所起的作用。索尼公司创始人盛田昭夫曾经说过：“取一个响亮的名字，以便引起顾客美好的联想，提高产品的知名度与竞争力。”

具有高度概括力和强烈吸引力的企业名称，对大众的视觉刺激和心理等各方面都会产生影响。一个设计独特，易读易记，并富有艺术和形象性的企业名称，能迅速抓住大众的视线，诱发其浓厚的兴趣和丰富的想象，能使之留下深刻的印象。因此，新创业企业在设计企业名称时，应该要注意以下几个方面：

(1) 注重人和，起名时致力挖掘企业名称的文化底蕴；

(2) 注重地利，起名时致力拓展企业名称的历史潜能；

(3) 注重天时，起名时致力开发企业名称的时代内涵；

(4) 应强化标志性和识别功能，避免雷同；

(5) 应加强企业命名与品牌、商标的统一性；

(6) 应避免无特征的企业名称，要突显名称的“个性”。

给企业或公司命名的几点注意事项如下：

(1) 字音念起来是否顺口、容易记？

(2) 和别的公司名称是否类似，会不会混淆？

(3) 字义的意境是否优美,符合公司形象?

(4) 外国人是否容易发音、容易以英文字表达?

(5) 名称和所从事行业的形象是否会让人感觉矛盾?

(6) 是否能快速让人知道在经营什么商品?

讨论案例 4-1

公司宝:免费帮人注册公司的公司

随着国家出台各种政策鼓励创业,国内创业浪潮一浪高过一浪,创业者近年也是前赴后继,数量激增。不过,在充满激情与梦想的创业旅程开始前,创业者总是会遇到一个令人头疼的问题,那就是公司注册手续和各种财税、社保、知识产权、法务等手续,恰恰这些绕不过去的"坎",又是多数创业者所不熟悉的领域,这导致创业者在公司成立的前期会损耗大量时间、金钱成本。

成立于 2014 年 10 月份的公司宝,初衷便是让创业者们注册公司和各种运营手续的办理过程透明化、流程化。目前,创业者不仅可以在公司宝网站上看到其提供的各项服务的明码标价,还可以在其网站上查询到自己公司注册和财税等手续的办理进度,并获得邮件、短信的实时推送汇报。

公司宝创始人李丽告诉记者,截至 2013 年年末,全国中小企业注册的数量为 4200 万,在不考虑国家创业政策引导的情况下,仅工商登记注册、变更、注销等经纪市场,当年预计能达到 120 亿左右,加上社保、财税、商标、专利等,整个企业服务是一个千亿级的市场。而成立公司宝,不只是因为看好发展迅猛的小微企业服务市场,还因为想解决小微企业注册公司、财税代理等手续办理难的痛点。

公司宝成立之初便获得了 300 万人民币的种子投资,目前主打为创业者免费注册公司,创业者只需要提供个人相关证件及资料,公司宝团队便会为创业者免费"跑腿"办理公司登记注册手续,同时还免费上门为客户梳理注册流程及整理客户资料。

公司宝不仅仅提供免费注册公司的服务。创业邦记者在进入公司宝官网时发现,目前公司宝已经上线了免费公司注册、财税代理、公司变更、软件著作权登记、作品著作权登记和专利申请等业务,李丽表示,未来公司宝还将增加投融资等板块,而这些服务都可以直接在公司宝网站上下单交易。

“希望(公司宝)能够成为中国最优秀的小微企业一站式企业服务 O2O 平台，简化小微企业在杂项上的精力投入，让创业团队集中全力在产品研发和市场发展的核心竞争力上”，李丽说道。

李丽向创业邦记者透露，公司宝今年 1 月份正式开始运营，当月有 100 多家企业通过公司宝网站办理公司注册，目前每月服务企业数已经有 200 多家，随着这个月公司宝 APP 的上线和推广的展开，预计 3 个月内可以达到 600—1000 家的月企业服务目标数。公司宝目前已在北上广深、成都、杭州等城市开通自营团队服务，今年还准备选择 10 个中小企业创业氛围浓厚的省会城市设置自营服务分公司。

第三节　新企业的治理结构

一个组织的治理结构就如同一座楼宇的地基，对于小到一个公司大到一个国家都是非常重要的，而考虑地基问题的最有效的时期就是在楼宇建设之初。在国内，不少创业者存在着认识上的误区：他们想当然地认为，只有大公司、大型企业才需要去考虑公司治理结构的问题。这种认识是错误甚至危险的。其实对中小企业、新企业和成长型企业来讲，这个问题同样重要。创业公司尤其要注意整个公司的治理结构，应该从一开始，就要把公司治理结构问题解决好。

(一) 公司治理结构概述

1. 什么是公司治理结构

治理结构是正确处理企业内部各种利益相关者(主要是投资人与经理人)矛盾关系的一种制度安排，即通过科学有效的运行机制与管理规则，保证决策的有效性，保障相关者的利益，使企业始终处于激活状态。其核心是产权安排、决策机制与权力分配、动力机制与经理层的激励约束。

2. 完善公司治理结构的意义

(1) 保证投资者(股东)的投资回报，即协调股东与企业的利益关系。在所有权与经营权分离的情况下，由于股权分散，股东有可能失去控制权，企业被内部人(即管理者)所控制。这时控制了企业的内部人有可能作出违背股东利益的决策，侵犯股东的利益。这种情况引起投资者不愿投资或股东“用脚表决”的后果，会有损于企业的长期发展。公司治理结构正是要从制度上保证所有者(股东)的控制与利益。

(2) 企业内各利益集团的关系协调。这包括对经理层与其他员工的激励，以及对高层管理者的制约。这个问题的解决有助于处理企业各集团的利益关系，又可以避免因高管决策失误给企业造成的不利影响。这就是公司的基本层。

(3) 提高企业自身抗风险能力。随着企业发展不断加速，企业规模不断扩大，企业中股东与企业的利益关系、企业内各利益集团的关系、企业与其他企业的关系以及企业与政府的关系将越来越复杂，发展风险增加，尤其是法律风险。合理的公司治理结构，能有效缓解各利益关系的冲突，增强企业自身的抗风险能力。

3. 治理结构混乱对创业企业的影响

(1) 利益冲突。在中国，人们通常看重的是面子、人情，很多时候没有“亲兄弟明算账”的习惯。创业的时候，不愿意谈钱，“枪口一致对外”，把事情做起来再说，“其他事情”好谈。但是，成功之后，恰恰是这些“其他事情”构成反目、内乱的导火索。公司治理结构在创业初期没有得到重视所造成的恶果此时呈现出来。

(2) 管理混乱。中国现代社会市场经济的历史比较短，初次创业者比较多，无论早期的创业者、企业员工甚至合作伙伴等，他们往往都缺乏足够的、成熟的管理经验。而不合理的公司治理结构会放大管理能力上的不足，导致企业的混乱。譬如企业员工的利益和积极性被忽略，智力价值被严重低估，授权障碍，潜规则普遍，灰色收入成为员工的主要收入等，这一切都和公司治理结构的不合理有直接关系。

(3) 决策拖沓。目前，我国尚未形成一整套详尽完善的公司治理法规体系。这就导致在遇到矛盾时，所有人都莫衷一是，公说公有理，婆说婆有理，有限的精力被掷在无限的内耗中。对于创业者而言，人生最痛苦的事，莫过于此。

4. 公司治理机构良性运转的重点

(1) 企业创始人的认同感非常重要。从文化上讲，公司治理结构绝不该被看作是一种约束。很多人认为公司治理结构是针对大股东、创业者的一种约束，这是不正确的。公司治理结构是会给整个企业的发展带来好处的先进机制。无论对上市公司还是对创业公司，这一点都是不容忽视的。创业公司的生存和发展的关键因素是融资。如果没有一个好的公司治理结构，就不容易形成好的机制，也就不大可能充分顾及并保障小股东的权益。这种情况很容易致使一般的投资人退避三舍。

(2) 公司治理结构和确定公司战略的关系问题需协调权衡，即CEO不要有CEO情结。管理层决不能凌驾于公司的治理结构之上，来尝试获取没有限制的权力。换言之，任何人都不能超越公司的治理结构来强行推行自己认为正确的公司战略。管理层尽管很多时候要比小股东了解得多、展望得远，尽管决策本身毫无问题，但管理人员面对股东的反对意见时，没有别的办法，只能想办法说服持反对意见的股东、说服董事会，必须依靠良好的公司治理结构，以公平表决的方式来获取大多数人的支持，而决不能独断专行、强行推进。从公司经营管理的角度来讲，不要贪图走捷径。在重大问题上怕麻烦，走不可靠的所谓"捷径"，便会违反公司治理结构的准则，这不仅有可能造成重大战略失误，甚至最终失去股东们的信任，毫无必要地把原本是经营战略分歧的问题变成法律问题，这将使企业的经营管理更加麻烦。

(3) 公司治理结构的良性运转既需要摒弃"股东情结"，也亟待完善相关法律法规。以良好的公司治理结构来衡量，作为公司的最高管理层成员，特别是既是大股东，同时又是CEO的时候，如果不能摆正自己的位置，天天想着自己是大股东，为自己谋利益，这种人坐在CEO的位置上，不仅企业不会成功，而且自己也早晚会毁于一旦。

(二) 公司治理结构的模式选择

当前，公司治理模式主要有三种：英美模式、德日模式、家族模式。

1. 英美模式

这种模式的公司内部权力分配是通过公司的基本章程来限定公司不同机构的权利，并规范它们之间的关系的，但在具体设置和权利分配上却存在着差别。

(1) 股东大会。英美公司的股东非常分散，而且相当一部分股东是只有少量股份的股东，其实施治理的成本很高，因此，不可能将股东大会作为公司的常设机构，或经常就公司发展的重大事宜召开股东代表大会，以便作出有关决策。在这种情况下，股东大会就将其决策权委托给一部分大股东或有权威的人来行使，这些人组成了董事会。股东大会与董事会之间实际上是一种委托代理的关系。股东们将公司日常决策的权利委托给了由董事组成的董事会，而董事会则向股东承诺使公司健康经营并获得满意的利润。

(2) 董事会。董事会是股东大会的常设机构。董事会的职权是由股东大会授予的。关于董事会的人数、职权和作用，各国公司法均有较为明确的规定，英美也不例外。除公司法的有关规定以外，各个公司也都在公司章程中对有关董事会的事宜进行说明。公司性质不同，董事会的构成也不同。在谈到公司治理问题时，常常要根据不同性质的公司进行逐一分析。

(3) 首席执行官(CEO)。董事会有权将部分经营管理权力转交给代理人执行。这个代理人就是公司政策执行机构的最高负责人。这个人一般被称为首席执行官，即 CEO。在多数情况下，首席执行官是由董事长兼任的。即使不是由董事长兼任，担任此职的人也几乎必然是公司的执行董事并且是公司董事长的继承人。但是，由于公司的经营管理日益复杂化，经理职能也日益专业化，大多数公司又在首席执行官之下为其设一助手，负责公司的日常业务，这就是首席营业官。在大多数公司，这一职务一般由公司总裁兼任，而总裁是仅次于首席执行官的公司第二号行政负责人。

(4) 外部审计制度的导入。英美公司中没有监事会，而是由公司聘请专门的审计事务所负责有关公司财务状况的年度审计报告。公司董事会内部虽然也设立审计委员会，但它只是起协助董事会或总公司监督子公司财务状况和投资状况等的作用。由于英美等国是股票市场非常发达的国家，股票交易又在很大程度上依赖于公司财务状况的真实披露，而公司自设的审计机构难免在信息发布的及时性和真实性方面有所偏差，所以，英美等国很早便出现了由独立会计师承办的审计事务所。英美等国公司每年的财务报告书都附有审计事务所主管审计师签发的审计报告。政府的审计机构也在每年定期或不定期地对公司经营状况进行审计，并对审计事务所的任职资格进行审查。

2. 德日模式

德日治理模式被称为是银行控制主导型，其本质特征表现在以下几方面：

(1) 商业银行是公司的主要股东。德日两国的银行处于公司治理的核心地位。在经济发展过程中,银行涉足其关联公司的经营事务期间,形成了颇具特色的主银行体系。

日本的主银行制包括三个基本层面:一是银企关系层面,即企业与主银行之间在融资、持股、信息交流和管理等方面结成的关系;二是银银关系层面,即指银行之间基于企业的联系而形成的关系;三是政银关系,即指政府管理当局与银行业之间的关系。这三层关系相互交错、相互制约,共同构成一个有机的整体,或称为以银行为中心的、通过企业的相互持股而结成的网络。

在德国,银行一开始仅仅是公司的债权人,只从事向企业提供贷款的业务,但当从银行贷款的公司拖欠银行贷款时,银行就变成了该公司的大股东。在德国,银行可以自己持有一家公司的多少股份没有法律的限制,但其金额不得超过银行资本的15%。

(2) 法人持股或法人相互持股。法人持股,特别是法人相互持股是德日公司股权结构的基本特征,这一特征在日本公司中尤为突出。二战后,股权所有主体多元化和股东数量迅速增长是日本企业股权结构分散化的重要表现。但在多元化的股权结构中,股权并没有向个人集中而是向法人集中,由此形成了日本企业股权法人化现象,构成了法人持股的一大特征。

(3) 严密的股东监控机制。德日公司的股东监控机制是一种"主动性"或"积极性"的模式,即公司股东主要通过一个能信赖的中介组织或股东当中有行使股东权力的人或组织,通常是一家银行来代替他们控制与监督公司经理的行为,从而达到参与公司控制与监督的目的。如果股东们对公司经理不满意,不像英美两国公司那样只是"用脚投票",而是直接"用手发言"。但是德日公司的监控机制的特征有所不同。

3. 家族模式

在韩国和东南亚家族治理模式的特征中,有些特征无论是在形式上还是在内容上都是相同的,但也有些特征只是在形式上相同,在内容上却是不相同的。尽管许多家族企业管理平庸、技术低下,但仍有很强的生存能力和竞争能力,这就是家族式管理模式特有的优点,集中表现在:

(1) 员工多实行终身雇佣制,员工稳定且很少流动。

(2) 职工对企业的依赖性强,企业有较强的凝聚力。

(3) 内部人际关系和谐。家族式管理讲究以情动人、以行感人、以德服人，管理者用职位权力较少，用个人权威较多。

(4) 对新技术、新工艺有较强的吸收消化能力，能有效地防止企业机密和技术专利的泄露，其内部技术创新也有较强的针对性和实用性。

(5) 家族式企业中管理者和员工在感情上存在着“知恩图报”的观念。

讨论案例 4-2

企业治理规范性评价办法

1. 企业组织构架

1.1 企业机构设置

部门(分厂)名称	岗位数	主要职能

1.2 企业组织结构图

请填入公司组织结构

1.3 企业组织结构评价

2. 公司治理

2.1 企业股东会、董事会(独立董事)、监事会三会制度是否健全,董事、监事和高级管理人员的任免程序、重大事项的决策程序(□是□否)符合《公司法》的要求,如否,请具体说明 。

2.2 企业高级管理团队的评价。

职位	姓名	年龄	性别	教育程度	专业	职称或从业资格	来企业前曾在何单位任何职务
董事长							
总经理							
技术负责人							
财务负责人							
营销负责人							

(1) 企业管理团队属于(□市场开拓型□技术研发型□生产管理型□多功能型□其他)团队。

(2) 企业(□是□否)对管理层实行了长期激励制度,如有则是(□股权激励□期权激励□虚拟股票分红□其他方式)。

3. 企业独立性

3.1 企业高级管理人员、财务人员(□是□否)在控股股东、实际控制人及其控制的其他企业担任除董事以外的其他职务,如是请说明。

3.2 企业的组织机构(□是□否)与股东或实际控制人控制下的企业有混同的部分,如是请说明。

3.3 企业(□是□否)向关联企业、关联人出资,如有则出资情况为:出资金额________万元,出资时间为________。

3.4 企业(□是□否)与关联企业开展以下关联交易:

□相互资产转移□相互商品销售□相互提供劳务

□相互担保、托管和签订知识产权使用协议

若有,请说明。

3.5 企业与控股股东、实际控制人及其控制的其他企业间(□是□否)有显失公平的关联交易？如有，请填写：

关联交易方名称	交易对象	定价机制	交易金额	交易额占净利润比重

注：A 协议定价　B 市场定价　C 按成本定价　D 其他

3.6 企业的控股股东、股东和股东控制下的企业(□是□否)挪用、占用企业的资金，或以企业的资产、股权为其对外融资提供抵押、担保、代偿债务、代垫款项等情况，如有上述情况请具体说明。

3.7 企业实际控制人、股东及管理层控制下的企业(□是□否)与本企业存在同业竞争关系，如存在同业竞争关系，则存在竞争关系的企业是：________________。

3.8 企业是否在独立性方面存在其他严重缺陷？□是□否

如有，请说明。

4. 企业财务管理制度

4.1 企业的财务核算体系

□完全独立□与控股股东企业共用

□与控股股东控制下的其他企业共用

若独立性不强，请说明。

4.2 企业的财务管理制度，主要包括：

□ 资金管理制度□经济责任审计□内部控制与风险管理审计

□ 固定资产管理制度□会计核算制度□会计档案管理制度

□ 其他。

企业财务管理制度是否完备？□是□否。需要加强的制度有________。

4.3 企业财务管理的规范性

企业的财务机构职能(□清晰□不清晰),其职能主要包括:

□会计核算□资金调拨□资金管理□税务筹划□财务计划与监控□决策支持□其他。需要加强的职能有________。

4.4 企业的业务流程与核算流程(□一致□不一致),企业财务负责人的职责主要包括:□账目审核□报表制作□会计核算□预算决算□成本管理□财务战略制定□其他。

应加强的环节有________。

4.5 企业财务流程(□是□否)规范,以上环节需要加强的是________。

4.6 企业的内部控制制度是否健全且被有效执行?□是□否

5. 管理流程诊断

5.1 生产(服务)流程诊断

企业(□是□否)通过了ISO认证,企业(□是□否)制定了生产流程文件和服务流程文件,企业生产经营现场(□是□否)张贴了明显的流程说明文件或标识,企业生产现场的设备设施布置(□是□否)符合流程要求,企业(□是□否)(□定期□不定期)对流程进行优化,企业(□是□否)安装了ERP系统对生产计划进行管理。

企业生产(服务)流程的总体评价是:________。

5.2 原材料采购流程

企业(□是□否)制定了原材料采购流程文件,企业仓储现场(□是□否)张贴了明显的流程说明文件或标识,企业仓储现场的设备设施布置(□是□否)符合流程要求,企业(□是□否)制定了采购招标流程,(□是□否)制定了采购成本控制标准。

企业原材料采购流程的总体评价是:________。

5.3 存货控制流程的办法

企业(□是□否)定期对库存品进行核查并对流程进行优化,企业(□是□否)安装了库存信息管理系统,并与客户关系管理系统对接。企业主要采取以下哪种方法对库存进行管理:

□安全库存□精益生产□零库存管理

□其他方法

企业存货控制流程的总体评价是：________。

5.4 销售组织结构和管理

请填入公司销售组织结构

(1) 企业目前对客户或分销渠道的管理方式为：□按销售区域进行管理 □ 按渠道类型进行管理□按客户类型进行管理□按产品类别进行管理 □ 其他管理方式

(2) 企业(□是□否)建有客户关系信息管理系统，说明企业向客户提供产品或服务的平均周期。企业(□是□否)制作了销售人员培训手册，并对销售人员或分销商提供培训服务。

企业营销的总体评价是________。

6. **企业风险控制**

6.1 风险控制指标

指标名称	2013	2014	2015
流动资产			
流动负债			
流动比			
速动比			
资产负债率			

企业风险控制水平整体处于行业□居前□居中□居后，是否存在需要特别说明的情况。

6.2 企业(□是□否)已经形成管理控制标准体系,如有则包括:

□ 质量管理控制标准□成本管理控制标准□风险管理控制标准

□ 绩效考核管理标准□其他管理控制标准

6.3 企业目前存在下列哪种风险?

□重大偿债风险□政策风险□法律诉讼风险□市场需求变化风险

□流动性短缺风险□信用风险□行业变化风险□汇率风险

□其他风险

如有上述风险,请说明。

6.4 企业债务偿付能力

(1) 企业上一会计年度到期债务本金偿付率(到期债务本金偿付率=经营活动产生现金净流量/(本期到期债务本金+现金利息支出))为________%,该指标为:

□较好水平□合理水平□高风险水平

(2) 企业的流动现金偿付债务能力比率(流动现金偿付债务能力比率=经营现金净流量/流动负债平均余额或总负债平均余额)为________%,该指标为:

□较好水平□合理水平□高风险水平

(3) 企业的现金偿付利息保障倍数(现金偿付利息保障倍数=(经营现金净流量+付现利息支出+付现所得税)/付现利息支出)为________,该指标为:

□较好水平□合理水平□高风险水平

6.5 财政、金融、税收、土地使用、产业政策、行业管理环境保护等方面法律、法规、政策变化导致的风险是否给企业带来不利影响?□是□否。若是,请说明。

总体评价与主要问题: 1. 总体评价   2. 主要问题

延伸阅读

创办新企业的部分法律问题

依法创业是成功创业的根本。创业者要自觉地学习与企业经营有关的法律、法现，牢固树立起遵纪守法意识，以防范和避免在经营过程中出现与法律、法规相悖的做法。同时，要树立起自我保护意识，学会用法律武器保护企业的合法权益不受损害。

编者在这里简单介绍一些在创业中常用的法律、法规和规章制度名称，供创业者参考。在实际创业中，肯定会遇到更多的法律、法规及规章制度问题。当遇到相关法律法规问题，而创业者自己一时解决不了时，建议借助专业服务机构来解决。

1. 创业企业运营和管理的相关法律、法规

涉及企业运营和管理的相关法律、法规和规章制度，规定了创业者在参与经济生活的各种不同主体身份，以及各自的权利和义务。了解这些法律法规是创业的基础。

(1) 注册新创企业时涉及的有关法律、法规

我国实行法定注册资本制，对不同性质的出资人有明确的确定。不同的组合方式，适用的法律不同。同时，如果不是以货币资金出资，而是以实物、知识产权等无形资产或股权、债权等出资，还需要了解有关出资、资产评估等法律规定。这方面法律法规最为常用，在设立企业时需要先用。主要有：

①《公司法》：常用法规，需要先学习；

②《合伙企业法》：设立企业时需要先用；

③《个人独资企业法》：设立企业时需要先用；

④《外资企业法》：设立企业时需要先用；

⑤《中外合作经营企业法》：设立企业时需要先用；

⑥《中外合资经营企业法》：设立企业时需要先用。

2. 企业经营管理中常涉及的法律、法规

(1) 涉及企业纳税及其相关的财经制度

创业者在经营中，应该首先了解企业需要缴纳哪些税，包括营业税、增值税、所得税等。作为创业的经营管理者，还要熟悉掌握国家对“发票”的管理要

求。这方面的主要法规有：

①《税法》：需要了解；

②《票据法》；

③《会计法》；

④《证券法》。

(2) 涉及企业用工及合同的相关法律、法规

企业要聘用员工，就需要了解涉及劳动法和社会保险的有关政策，包括劳动合同、试用期、服务期、商业秘密、竞业禁止、工伤、养老金、住房公积金、医疗保险、失业保险等诸多规定。重点有：

①《劳动法》：常用法规，设立企业时需要掌握相关规定；

②《劳动合同法》：常用法规，订立劳动合同时需要掌握相关要求；

③《合同法》：常用法规，订立各类合同时需要掌握相关要求；

④《安全生产法》：特殊企业需要重点学习。

(3) 涉及有关企业运营管理的相关法律法规

①《产品质量法》：生产类企业常用法规；

②《反不正当竞争法》：常用法规，开展市场营销时用；

③《广告法》：开展市场营销时用。

(4) 涉及企业知识产权的相关法律、法规

创业企业既不能侵犯别人的知识产权，又要建立自己的知识产权保护体系。相关的法律有：

①《著作权法》；

②《商标法》；

③《专利法》；

④《民法通则》。

3. 涉及创办企业及特定行业管理的相关条例和许可证制度

(1) 涉及创办企业的相关条例

①《公司登记管理条例》；

②《企业法人登记管理条例》；

③《企业名称登记管理规定》；

④《税务登记管理办法》。

(2) 特定行业管理的相关条例和许可证制度

政府对特许经营的管理规定包括：

① 创办生产型企业的规定，如《工业产品生产许可证管理条例》；

② 创办网络经营服务的规定，如《互联网上网服务营业场所管理条例》《互联网上网服务营业场所管理办法》；

③ 其他，如文化、音像演出美容、旅馆、文物、化妆品、医疗器械、药品、饮食、食品生产、典当、拍卖、成品油、烟酒、农药等特许经营的管理规定。

以上的政策法规中关于创业企业的三种法律组织形式即个人独资企业、合伙企业、公司企业在前面已经介绍。下面就知识产权法和税法以及政府对创业企业的扶持和优惠政策进行简要介绍。

4. 知识产权保护

知识产权是指智力成果的创造人对所创造的智力成果和工商活动的行为人对所拥有的标记依法所享有的权利的总称。知识产权是创业者的重要资产，创业者往往缺乏对知识产权的了解而忽视了对其资产进行有效的保护，或者有意无意地侵犯了别人的知识产权，这对于创业企业都会造成严重影响。

知识产权保护的法律形式有专利、商标、版权和商业秘密。

(1) 专利

专利权是指专利权人在法定期限内对其发明创造的成果享有的专有权利。它是国家专利行政部门授予发明人或申请人生产经营其发明创造并禁止他人生产经营其发明创造的某种特权，是对发明创造的独占的排他权。我国《专利法》规定的发明创造是指发明、实用新型和外观设计。

发明是指对产品、方法或者其改进所提出的新的技术方案。发明一般分为产品发明和方法发明两类。产品发明是指人们通过研究开发出来的关于各种新产品、新材料、新物质等的技术方案，如电子计算机、超导材料等。方法发明是指人们为制造产品或者解决某个技术课题而研究开发出来的操作方法、制造方法以及工艺流程等技术方案，如汉字输入方法、无铅汽油的提炼方法等。

实用新型是指对产品的形状、构造或者其结合所提出的适于实用的新的技术方案。

外观设计是指对产品的形状、图案或者其结合以及色彩与形状、图案的结合所作出的富有美感并适于工业应用的新设计。

(2) 商标

商标是指由文字、图形、字母、数字、三维标志和颜色组合,以及上述要素的组合,使用于一定的商品或者服务项目,用以区别商标使用者与同类商品的生产经营者或者同类服务业经营者的显著标记。

根据《商标法》的规定,下列标志不得作为商标使用:

① 同中华人民共和国的国家名称、国旗、国徽、军旗、勋章相同或者近似的,以及同中央国家机关所在地特定地点的名称或者标志性建筑物的名称、图形相同的;

② 同外国的国家名称、国旗、国徽、军旗相同或者近似的,但该国政府同意的除外;

③ 同政府间国际组织的名称、旗帜、徽记相同或者近似的,但经该组织同意或者不易误导公众的除外;

④ 与表明实施控制、予以保证的官方标志、检验印记相同或者近似的,但经授权的除外;

⑤ 同"红十字""红新月"的名称、标志相同或者近似的;

⑥ 带有民族歧视性的;

⑦ 夸大宣传并带有欺骗性的;

⑧ 有害于社会主义道德风尚或者有其他不良影响的;

⑨ 县级以上行政区划的地名或者公众知晓的外国地名,但是,地名具有其他含义或者作为集体商标、证明商标组成部分的除外,已经注册的使用地名的商标继续有效。

另外,下列标志也不得作为商标注册:

① 仅有本商品的通用名称、图形、型号的;

② 仅仅直接表示商品的质量、主要原料、功能、用途、重量、数量及其他特点的;

③ 缺乏显著特征的。

上述所列标志经过使用取得显著特征,并便于识别的,可以作为商标注册。

(3) 著作权

著作权,亦称版权,是指作者及其他著作权人对其创作的文学、艺术和科学作品依法享有的权利。著作权包括人身权和财产权两个方面的内容。

我国实行作品自动保护原则和自愿登记原则,即作品一旦产生,作者便享有版权,登记与否都受到法律保护;自愿登记后可以起证据作用。

根据作品的表现形式不同,我国著作权法保护的作品主要有:

① 文字作品,指小说、诗词、散文、论文等以文字形式表现的作品;

② 口述作品,是指即兴的演说、授课、法庭辩论等以口头语言创作、未以任何物质载体固定的作品;

③ 音乐、戏剧、曲艺、舞蹈、杂技艺术作品;

④ 美术、建筑作品;

⑤ 摄影作品;

⑥ 电影作品和以类似摄制电影的方法创作的作品;

⑦ 工程设计图、产品设计图、地图、示意图等图形作品和模型作品;

⑧ 计算机软件,这是指计算机程序及其有关的文档;

⑨ 法律、行政法规规定的其他作品。

根据《著作权法》的规定,不受著作权法保护的对象分为两类:一是不受著作权法保护的作品,主要是指依法禁止出版、传播的作品。如违背法律,宣传反科学、反人类,危害公共安全,破坏社会善良风俗的反动、淫秽言论等作品;二是不适用著作权法的对象,主要包括:法律、法规,国家机关的决议、决定、命令和其他具有立法、行政、司法性质的文件,及其官方正式译文;时事新闻;历法、通用数表、通用表格和公式。

(4) 税法

税率直接影响到新创企业的出现。如果税率很高,创业者就只能保留所赚利润的一小部分,因而获得的潜在的收益就很少,以致不足以抵销创建新企业所带来的风险。

在个人独资企业、合伙企业和公司企业三种形式中,公司企业以有限责任和股份有限的形式出现,只承担有限责任,风险相对较小;个人独资企业和合伙企业由于要承担无限责任,风险较大。特别是个人独资企业还存在增值税一般纳税人认定等相关法规不易操作的现象,加大了企业风险。

在我国,对创业者而言,比较重要的税法有流转税法(增值税法和营业税法)和所得税法(个人所得税法和企业所得税法)。另外,还有一些创业企业当地的税种(见表 4-3)。个人独资企业、合伙企业不适用企业所得税,而适用个人所得税。创业者在选择创业所在地和企业形式时都应该考虑这些税收政策,充分运用合理的税收策略,实现税后利润最大化。

表 4-3　与创业者有关的主要税种与税率

税种	纳税义务人	税率	主管税务机关
增值税	在中华人民共和国境内销售货物或者提供加工、修理修配劳务以及进口货物的单位和个人	一般纳税人： 1. 纳税人销售或者进口货物，除本条第 2 项、第 3 项规定外，税率为 17%。 2. 纳税人销售或者进口下列货物，税率为 13%： (1) 粮食、食用植物油； (2) 自来水、暖气、冷气、热水、煤气、石油液化气、天然气、沼气、居民用煤炭制品； (3) 图书、报纸、杂志； (4) 饲料、化肥、农药、农机、农膜； (5) 国务院规定的其他货物。 3. 纳税人出口货物，税率为零。 4. 纳税人提供加工、修理修配劳务（以下简称应税劳务），税率为 17%。 小规模纳税人： 1. 小规模纳税人生产销售货物，提供加工、修理修配劳务，征收率为 6%； 2. 商业企业小规模纳税人销售货物的征收率为 4%。	国家税务总局
营业税	在中华人民共和国境内提供本条例规定的劳务、转让无形资产或者销售不动产的单位和个人	1. 交通运输业 3%； 2. 建筑业 3%； 3. 金融保险业 5%； 4. 邮电通信业 3%； 5. 文化体育业 3%； 6. 娱乐业 20%； 7. 服务业 5%； 8. 转让无形资产 5%； 9. 销售不动产 5%。	各省、市、自治区税务局
企业所得税	在中华人民共和国境内，企业和其他取得收入的组织	企业所得税的税率为 25%。	国家税务总局

（续表）

税种	纳税义务人	税率	主管税务机关
个人所得税	1. 在中国境内有住所，或者无住所而在境内居住满一年，从中国境内和境外取得的所得的个人 2. 在中国境内无住所又不居住，或者无住所而在境内居住不满一年，从中国境内取得的所得的个人	工资、薪金所得税率： 1. 应纳税所得额不超过 500 元的 5%； 2. 应纳税所得额超过 500 元至 2000 元的部分 10%； 3. 应纳税所得额超过 2000 元至 5000 元的部分 15%； 4. 应纳税所得额超过 5000 元至 20000 元的部分 20%； 5. 应纳税所得额超过 20000 元至 40000 元的部分 25%； 6. 应纳税所得额超过 40000 元至 60000 元的部分 30%； 7. 应纳税所得额超过 60000 元至 80000 元的部分 35%； 8. 应纳税所得额超过 80000 元至 100000 元的部分 40%； 9. 应纳税所得额超过 100000 元的部分 45%。 （注：应纳税所得额是以每月收入额减除费用 1600 元后的余额或者减除附加减除费用后的余额。） 个体工商户的生产、经营所得和对企事业单位的承包经营、承租经营所得税率： 1. 应纳税所得额不超过 5000 元的 5%； 2. 应纳税所得额超过 5000 元至 10000 元的部分 10%； 3. 应纳税所得额超过 10000 元至 30000 元的部分 20%； 4. 应纳税所得额超过 30000 元至 50000 元的部分 30%； 5. 应纳税所得额超过 50000 元的部分 35%。 （注：全年应纳税所得额是以每一纳税年度的收入总额，减除成本、费用以及损失后的余额。）	各省、市、自治区税务局

第五章

初创企业的经营与管理

小企业成长靠经营,大企业成长靠管理。当企业成长到一定规模的时候,企业不得不完成从创业到守业,从经营到管理,从做正确的事到正确地做事的转换。此时的企业仍然需要创业、经营,但如果企业不能及时使创业时期即兴、随机、无序的内部管理转变成机制化的管理,企业必然遭遇成长的上限。中小企业初创期,由于员工人数少,业务单一,机构简单,经营管理问题容易被忽视,由此导致了一系列问题。因此,创业者要学会从企业自身实际出发,着重管理好企业的组织人员,做好市场开拓和财务管理。

【课堂学习】

1. 掌握创业企业的组织结构设计方法;
2. 掌握目标市场细分与定位的基本方法;
3. 了解创业企业的财务分析指标与财务、资产管理知识。

【课后实践】

1. 通过市场调研与分析,设计创业企业的市场营销计划方案;
2. 能根据创业企业的不同阶段,制定不同的市场营销组合策略;
3. 能对拟创建的企业进行简单财务预测。

导读材料

宝岛眼镜:从创业企业到成长型企业

当宝岛眼镜开始在大陆扩张的时候,总想着把企业做大的王智民突然感到自己对企业失控了:对分布在全国各地的30家连锁店的经营状况,他陷入失聪失明的尴尬境地,决策时只能乱拍脑袋,各连锁店则跟着乱买乱卖。按计划,宝岛眼睛到2010年将在大陆开3000家连锁店,即使一切条件都具备,但管理的瓶颈也会使3000家连锁店乱成一锅粥。没有一个与企业的规模、组织格局相匹配的管理平台,成为这个在其他方面都有相当实力的企业难以迅速成长的障碍。

1. 大陆太大了!

1999年,台湾宝岛眼镜的大陆连锁店扩张至10家,大陆太大了!这句很多台湾商人挂在口头上的话,此刻也从宝岛掌舵人王智民心中涌起。

"在大陆,连锁店分散在各个城市,乘飞机来往也要几个小时,我很难了解它们的运营情况。尽管我们在台湾有300多家店,但开车赶到现场解决问题,最远也只需要5个小时的车程,而这在大陆显然是不可想象的。"

王智民对企业的失控感觉在2001年达到了顶峰。连锁店增至28家,他常常觉得自己的经络、血液被堵塞,人好像变成瞎子、聋子,失去了感觉,决策时只能乱拍脑袋,各连锁店则跟着乱买乱卖。此时的宝岛似乎已经寸步难行了,成长的难题在拷问着这位30岁刚出头的总经理。

2. 创业企业的新问题

宝岛眼镜集团1981年成立于中国台湾,目前在台湾有320多家连锁店,是台湾地区最大的眼镜零售企业。在原本狭窄的台湾市场上,这320多家眼镜店星罗棋布,几乎再无市场拓展的空间,于是,进军大陆市场成为宝岛顺理成章的选择。

在连锁店数量很少的时候,王智民可以利用时间差到每家店主持每月甚至每周的工作会议,大事小事都可以亲自决断。但连锁店数目越来越多,个人的精力毕竟是有限的,亲力亲为的管理模式已不现实,于是,王智民开始对各店经理逐步授权,以提高经营的灵活性。

然而,更大的问题出现了。由于几个城市相距遥远,市场环境差异很大,于是,各连锁店在管理上各自为政,管理制度五花八门,每个店对采购、销售、库存等数据都有自己的统计标准,同样的费用,有的计入差旅费,有的计入交通费,会计科目设置五花八门,把各店的数据汇总在一起,决策参考价值大打折扣。即使是这样错位的数据,也还要 45 天后才能得到。各连锁店对于总部就像一个个信息孤岛,或者说是独霸一方的小诸侯。

对于各连锁店来说,问题同样很多,几乎没有一个店的经理能用数据准确、实时地告诉王智民真实的经营状况,清一色的回答是——还可以、不错。至于具体什么商品赚钱、库存数量如何,更是没有一个经理能够回答出来,完全处在乱买乱卖的经营状态。此外,每个店都独立进货,同一家供货商把同样的产品卖给天津连锁店和厦门连锁店的价格可能相差一大截,宝岛不知不觉中当了几年的冤大头。有些产品在厦门脱销又无法及时补货,而同样的产品却在武汉库存积压严重,坐失市场销售良机,根本不能发挥连锁经营的优势。

怀着对失控的恐惧,宝岛眼镜来到了成长的第一道门槛前,这是它在台湾所没有过的体验。

3. 更新管理平台

按照宝岛的规划,2010 年前要在大陆市场开 3000 家连锁店,但依靠现有的管理模式,才开了不足 30 家连锁店就已经晕头转向了,真要开到 3000 家,企业管理岂不是要乱成一锅粥?盈利能力更是无人敢设想。

宝岛在台湾从小到大发展到 320 多家连锁店,父亲用了 20 年时间。但王智民知道,中国加入 WTO 后,国际著名品牌对中国市场虎视眈眈、蠢蠢欲动,对手不会给他太多的时间慢慢长大,而超越父亲事业的优势不是融资通道,也不是人才培训之道,而是直接影响持久竞争力的管理平台。

公司要进一步成长,必须有全新的管理平台做支撑。王智民把计划在大陆连锁店建设 ERP 系统的报告交给了集团董事会,他认为只有这样,才能解决决策信息滞后、不准确以及商品周转太慢的瓶颈问题。

一些股东很快就发表反对意见:上一套 ERP 系统花的钱足够开 10 家新店,能不能等到大陆的连锁店达到 200 家时再考虑这个问题。

对此,王智民坚持自己的观点——店数越少,上线的速度就越快,成本也就越低；相反，店数越多，上线的速度就越慢，成本也就越高。等真的开了200家连锁店，即使想上ERP系统，估计也没有哪个公司敢接招。

2001年10月，王智民自任公司信息化总监，在大陆的连锁店实施SAP零售业解决方案，并于3个月后成功上线，这在业内被认为是一个不大不小的奇迹。

有了这套系统，王智民得到了他预期的管理平台，原来企业上下经络不通的弊端顿时消失。他开始潇洒起来，再也不用在各地连锁店之间疲于奔命，而是常常背着一台笔记本电脑，只要上网就能和公司管理层一样，可在任何地方查询各连锁店的实时销售业绩，分析不同地区、不同品种甚至单品的周转率和获利性，哪个产品赚钱、哪个产品亏损一目了然，而不再是每周或每月进行按大类的笼统分析。

各连锁店也结束了单兵作战，进货由总部统一进行，进货清单根据各连锁店的实际库存自动生成，再也不用担心被供应商各个击破。另外，由于采购量大增，还能享受到更低的进货价格。

4. 教下属"养孩子"

2001年之前的4年，是王智民在大陆市场上最有激情的岁月，由于连锁店数目相对较少，他亲自带领着兄弟们冲锋陷阵，如何选址、如何装修、如何促销等技巧总是手把手地教，看着自己的决定融入各连锁店的每一个细节，一种成就感油然而生，那种感觉就像抚养小孩，自己养大了，就把他交给别人，自己再去抚养下一个。

但这种成就感很快遇到了挑战。2002年，宝岛1年之内在东北市场上新开了20家连锁店，开店是快乐的，却也是痛苦的开始，这些店不仅没能提升公司的规模效应，反而至今都还是公司的市场重灾区。症结是管理人才的不到位。要经营好20家连锁店需要40名得力的经理，而宝岛当时在东北区域却只有10名称职的经理。痛定思痛，王智民意识到，尽管公司有了宽敞的管理平台，但这并不意味着每个人都可以在上面挥洒自如，人才恰是公司成长中永远的瓶颈。

而企业管理人才的缺乏，往往又是总经理在企业由小到大的过程中角色转型不成功的表现。企业的成长要求创业者必须从一个所向披靡的将军变成帐下猛将云集的元帅。

人才匮乏被王智民认为是公司发展中的另一大瓶颈，他决定改变自己"抚养小孩"的管理模式，转而教下面的经理如何亲自"抚养小孩"。如今，培养中层管理者成了他日常最主要的工作，每年的6月和11月，还要集中开两次培训班，传授宝岛多年积累的管理经验和自己在美国读MBA的心得。这种努力开始有了效果，如今公司80%的重点城市连锁店经理都是最近几年成长起来的新秀。

【思考与讨论】

1. 为什么宝岛眼镜在台湾的经营方式到大陆就不行？
2. 企业在不同阶段的人才需求是如何变化的？

第一节　新创企业的组织设计与人力资源管理

当你终于作出了艰难的决定，"我要去创业"，而且你已经有了切入市场的产品或服务后，你最重要的任务就是建立起一个共同创业的团队。在硅谷流传这样一个"规则"，有两个哈佛MBA和MIT的博士组成的创业团队几乎就是获得风险投资人青睐的保证。当然，这只是一个故事而已，但我们可以看到一个优势互补的创业团队对于高科技创业企业的重要性，技术、市场、融资等各个方面都需要有一流的合作伙伴才能够成功。对于创业企业，最重要的是什么？第一是人，第二是人，第三还是人。

建立优势互补的创业团队是人力资源管理的关键。团队是人力资源的核心，"主内"与"主外"的不同人才，耐心的"总管"和具有战略眼光的"领袖"，技术与市场两方面的人才都不可偏废。创业团队的组织还要注意个人的性格与看问题的角度，如果一个团队里能够有总能提出建设性的可行性建议的成员和一个能不断发现问题的批判性的成员，对于创业过程将大有裨益。

作为创业企业核心成员的首席执行官还有一点需要特别注意，那就是一定要选择对项目有热情的人加入团队，并且要使所有人在企业初创就要有每天长时间工作的准备。任何人才，不管他（她）的专业水平多么高，如果对创业事业的信心不足，将无法适应创业的需求，而这样一种消极的因素，对创业团队所有成员产生的负面影响可能是致命的。创业初期，整个团队可能需要每天工作16个小时，甚至在做梦的时候也会梦见工作。

高科技企业创业中的人力资源是企业最重要的资产，对于项目的核心技术人员,要舍得投资以引入最优秀的专业人才。此类创业企业开始的时候可以在各方面节俭,但是对于技术人员要舍得投入。一个卓越的技术人才胜过一百个普通的技术人员,一个天才的程序员抵得过一百个努力的程序员。对于数量极少的专门人才,应当在薪酬、员工期权等方面尽可能予以优厚待遇。

企业在创业之初,就要建立一套有效的员工考核方案,对员工的工作业绩定期进行有效考核,可采取量化或者面对面交流的方式,各企业可以参考其实际情况采取不同方式。只有考核方案还不够,还要有一个员工能力发展计划,帮助员工在工作中、企业内部培训中以及自学中不断提高自己的能力。这样一个发展计划有时候比丰厚的薪酬更能吸引高素质的员工,对于高科技企业尤甚。

创业初期,创业团队的成员大都是朋友,但是经过一段时间的磨合之后,创业团队都要经过一个痛苦的"洗牌"过程,或许有的人不能认同理念,或许有的人有其他的打算,或许有的人不称职。事实上,即使对最富经验的职业经理人,他们最怕的事也是解雇员工。对于创业企业,在创业初期这个人员变更是很大的问题,即使很难也要换,要有果断换人和"洗牌"的勇气。公司不是私人的,是大家的,不能顾及私情,要出于公心换人,这个道理不一定行得通,但是能否坚持这种理念,决定了能否正确贯彻换人的决策。

(一) 完善新创企业的基本组织结构

企业组织结构设计的基本内容包括两个方面:一是企业结构设计或对现有组织结构进行再设计;二是保证企业组织结构正常运行所需管理制度和方法的设计,诸如组织结构运行中的横向协调、管理规范、部门和个人的绩效评价、控制制度和激励制度、人员配置和培训等。创业企业组织设计有两项基本要求,即分工和协作。分工主要取决于企业的工作性质和技术体系,它使企业的总体任务按照一定的要求进行分解。协作则涉及控制和信息沟通,使分解的任务能有效地完成总体的目标。

1. 组织结构的设计原则

(1) 任务目标原则。组织设计与企业任务、目标是手段和目的的关系。企业的任务、目标既是企业组织设计的出发点,也是企业组织设计的归宿点,即衡量企业组织设计是否合理的最终标准。

（2）人事与组织相互协调的原则。要求人事为组织服务，组织应考虑人事基础。职务设计要兼顾组织需要及个人需要和人员来源；坚持因事设职，但创业企业在特殊情况下亦可因人设职。

（3）适度分工、强化协作原则。凡事关企业全面的决定权，必须集中在高层，统一筹划；一般管理权应尽可能下放，但某一层次如不能承担相应责任时，则应将责任和权利上移，实行一级管一级。

（4）统一指挥和权利制衡原则。贯彻这一原则要做到：正确处理直线经理与职能经理的关系；在同一管理层次中，必须明确主辅关系，不能因分工而形成几个权利的统一，同时在市场组织中必须形成权利制衡机制。

（5）精简及有效跨度原则。

（6）稳定性与适应性相结合原则。

（7）执行与监督分设原则。

2. 组织结构设计的基本内容

（1）职能结构

对企业的管理业务进行总体设计，确定企业的各项管理职能及其结构，并层层分解为各个管理层次、管理部门、管理职务和岗位的业务工作。职能设计是否正确，将对整个管理组织能否顺利运转产生决定性的影响。

（2）部门结构

部门指的是承担一定管理职能的组织单位，是由某些具有紧密联系的管理业务和人构成的集合。部门设计包括两项基本内容：一是确定企业应该设置哪些部门；二是规定这些部门之间的相互关系，将它们联结为一个整体。

部门结构有集权的职能制结构、分权的事业部制结构、模拟分权制结构和矩阵结构四种类型。不同的部门结构类型从总体上说明了企业是如何组织部门分工的，也就是依据什么原则将各项管理业务活动组合起来而设置部门的。在做部门结构设计时，第一要既考虑业务活动技能的类似性，又考虑其关系紧密性，把两者结合起来；第二要考虑组织内部应存在高层领导能够有效控制的一定程度的竞争性；第三要考虑人的因素；第四要正确处理部门的个别效率与企业的综合效率之间的关系，应在保证实现企业目标的前提下，力求精简机构，压缩人员。

(3) 职权结构

职权结构的设计就是正确地处理企业上下级之间和同级之间的职权关系，将不同类型的职权合理地分配到各个层次和部门，明确规定各部门、各种职务的具体职权，建立起集中统一、上下左右协调配合的职权结构。它是保证各部门能够真正履行职责的一项重要的组织设计工作。

企业内部有多种职权。按照职权在管理循环过程中所履行的职能分类，企业职权有经营决策权、生产经营指挥权、监督权和咨询权。按职权关系分类，企业职权有直线职权，也就是指挥权（或命令权）；参谋职权，即提出建议或提供服务，协助其他部门或人员做好工作的权力；职能职权，即由直线组织的上级向参谋机构和下级人员授权，允许其按规定的程序和制度，在一定的职能工作范围内作出规定，向下一级直线部门和人员发布指示，提出要求的权力。

3. 设立具体的岗位与相应的职务

(1) 岗位的内涵

岗位，亦称职位，是指在企业生产经营活动（及其他工作）中，在特定的生产组织和工作组织条件下，在一定时间内，承担若干项工作，具有特定的劳动（工作）对象和手段及一定的职务、权限和责任的一名或一组职工的工作位置。岗位具有三个特征：第一，岗位是客观存在的，而不是人们的主观产物；第二，岗位是以事为中心来设置的，而不是“因人设岗”；第三，任何一个岗位，都需要合适的人去担任，才能实现岗位本身所拥有的功能。

(2) 岗位的管理

岗位管理是根据企业劳动组织的要求，对从事生产经营活动所需岗位进行设置、描述、测评及人岗适配等一系列管理活动的总称。岗位管理的主要任务有：合理进行岗位设置，岗位变更，规范地制定岗位描述，科学地核定岗位定员，及时地组织岗位测评，有效地配置岗位人员，客观地进行岗位考核，积极地组织岗位培训，合理地兑现岗位待遇。

(3) 职务设计

职务设计与分析是组织设计的最基础工作。职务设计是在目标活动逐步分解的基础上，设计和确定组织内从事具体管理工作所需的职务类别和数量，分析每个任职人员应负的责任和应具备的素质。

职务设置科学与否，将直接影响一个企业的人力资源管理的效率和科学性。在一个组织中设置什么岗位,多少岗位,每个岗位上安排多少人,安排什么素质的人员,都将直接依赖工作分析的结果。

(二) 制定新创企业的人力资源规划

1. 人力资源概述

(1) 人力资源管理的内容和职能

人力资源管理就是人力资源的获取、整合、保持、激励、控制、调整及开发的一个过程。其本质是了解人性、尊重人性、以人为本。简单地说,人力资源管理就是选人、育人、用人和留人。具体来说,它包括制订人力资源计划、人力资源成本分析、岗位分析和工作设计、人力资源的招聘与选拔、雇用管理与劳资关系管理、培训、工作绩效考核等内容。

人力资源管理职能可概括为:人力资源配置(包括规划、招聘、选拔、录用、调配、晋升、降职、转换等),培训与开发(包括机能培训、潜能培训、职业生涯管理、组织学习等),工资福利(报酬、激励等),制度建设(组织设计、工作分析、员工关系、员工参与、人事行政等)四个方面。

(2) 人力资源的规划

典型的人力资源规划的制订应包括:明确计划的时间段、计划要达到的目标、目前情景分析、未来情景分析、计划的具体内容、计划制订者、计划制订时间等。人力资源规划的执行主要包括实施、检查、反映和修正四个步骤。

2. 工作分析

(1) 工作分析的定义

工作分析又称职称分析、岗位分析,是指对某特定的工作作出明确规定,并确定完成这一工作需要有什么样的行为的过程。工作分析包括两个方面:

第一,工作描述,具体说明某一工作的物质特点和环境特点,主要包括职务名称、工作活动和工作程序、工作条件和物理环境、社会环境、聘用条件等几个方面。

第二,工作说明书,又称职务要求,主要说明从事某项工作的人员必须具备的生理要求和心理要求。主要包括年龄、性别、学历、工作经验、健康状况、力量和体力、运动的灵活性、感觉器官的灵敏度、观察能力、集中能力、记性能力、理解能力、解决问题能力、语言表达能力、决策能力、特殊能力、性格、气质、兴趣爱好、态度、事业心、合作性、领导能力等。

(2) 工作分析的意义

工作分析是现代人力资源管理所有职能,即人力资源获取、整合、保持与激励、控制与调整、开发等职能工作的基础和前提。其意义表现在以下几个方面:为企业从事决策奠定了坚实的基础,提供了科学依据;避免人力资源的浪费;科学评价员工实绩;人尽其才;有效地激励员工。

(3) 工作分析的程序

工作分析是一个全面的评价过程,此过程可以分为几个阶段:

一是准备阶段:主要任务是了解情况、确定样本、建立关系、组成工作小组。

二是调查阶段:主要任务是对整个工作过程、工作环境、工作内容和工作人员等方面作一个全面的调查。

三是分析阶段:主要任务是对有关工作特征和工作人员特征的调查结果进行深入全面的分析。

四是完成阶段:根据规范和信息编制“工作描述”和“工作说明书”。

3. 员工培训

(1) 培训需求分析

培训需求分析的方法有:自我申报、工作分析法、专项调查法、绩效评估法、人才评价法等。

培训需求分析的三个层次为:

一是组织分析:分析组织目标、组织状况,使培训内容与企业的战略、发展目标相关联;

二是工作分析:分析工作标准、任职条件,使培训内容与工作要求相关联;

三是个人分析:分析员工的绩效、素质,反映培训的个性差异,使培训个性化、动态化。

(2) 培训计划的内容

培训计划的内容包括:培训目的、培训原则、培训需求、具体培训内容、培训对象、培训老师、培训组织人、考评方式、计划变更或者调整方式、培训费预算、签发人等。

(3) 培训课程设计

岗前培训课程设计从岗前培训的目的出发,确定培训的内容范围;设计周期性培训或一般性培训课程;设计专业培训课程,该课程设计的主要依据是普遍存在的员工素质与岗位任职资格之间的差距。

在岗培训课程设计的内容包括划分管理岗位的层次,可分为高层、中层、直接主管和一般管理四个层次;进行工作分析;确定培训内容,并对每一层次岗位的任职要求(如知识、能力)的共性进行归纳,然后通过对比确定培训内容;确定培训课程。

(4) 培训效果评价

培训效果评价包括课堂效果评价和年度培训效果综合评价。其中,课堂效果评价要求每班次评价一次。综合评价应包括年度进行的各种培训形式的效果评价以及员工实践后的效果评价。

4. 职业计划与职业管理

(1) 运用职业计划和职业管理的重要性

人是企业最本质、最重要的资源。企业一方面想要保持员工的稳定性和积极性,不断提高员工的业务技能以创造更好的经济效益;另一方面,企业又希望能维持不同程度的人员知识观念的更新替代,以适应外界环境的变化,保持活力和竞争力。而员工则希望自己的职业得到发展,实现自我人生价值,并获取利益方面的期望。因此,运用职业计划,进行或参与职业管理,不论对员工个人还是对组织都显得十分重要。

(2) 职业计划

职业计划是指确定员工职业目标并采取行动实现职业目标的过程。具体包括:

一是自我定位。自我定位是指客观、全面、深入地了解自己。一是明确为人处世所信奉的价值观念,明确为人的基本原则和追求的价值目标;二是要熟悉自己所掌握的技能;三是应剖析、了解自己的优势和弱点。在按照上述层次完成自我观察之后,就对自己形成了一个客观、全面的定位。

二是目标设定。在正确自我定位的基础上,设立更加明确的职业目标。

三是目标实现。通过各种积极的具体行动去争取目标的达成。具体行动包括求职、应聘、制定和完成工作目标、参加培训、构建人际关系网、谋求晋升及调换工作等。

四是回顾与修正。在达成职业目标的过程中自觉地总结经验和教训,修正对自我的认识和最终的职业目标。

（3）职业生涯设计

职业生涯设计由审视自我、确立目标、生涯策略、生涯评估四个环节组成。首先，有效的职业生涯设计，必须在充分且正确地认识自身的条件与相关环境的基础上进行。对自我及环境的了解越透彻，越能做好职业生涯设计。其次，有效的职业生涯设计需要切实可行的目标，以便排除不必要的犹豫和干扰，全心致力于目标的实现，如果没有切实可行的目标做驱动力的话，人们是很容易对现状妥协的。第三，有效的职业生涯设计需要有确实能够执行的生涯策略，这些具体且可行性较强的行动方案会帮助你一步一步走向成功，实现目标。最后，有效的职业生涯设计还需要不断地修正生涯目标，反省策略是否恰当，以适应环境的改变，同时可以作为下轮生涯设计的参考依据。

（4）职业定位

一是技术型。持有这类职业定位的人出于自身个性与爱好考虑，往往并不愿意从事管理工作，而是愿意在自己所处的专业技术领域发展。在我国过去不培养专业经理的时候，经常将技术拔尖的科技人员提拔到领导岗位，但他们本人往往并不喜欢这个工作，更希望能继续研究自己的专业。

二是管理型。这类人有强烈的愿望去做管理人员。同时，经验也告诉他们自己有能力达到高层领导职位。因此，他们将职业目标定为有相当大职责的管理岗位。

三是创造型。这类人需要建立完全属于自己的东西，或是以自己名字命名的产品或工艺，或是自己的公司，或是能反映个人成就的私人财产，他们认为只有这些实实在在的事物才能体现自己的才干。

四是自由独立型。这些人更喜欢独来独往，不愿像在大公司里那样彼此依赖，很多有这种职业定位的人同时也有相当高的技术型职业定位，但是他们不同于那些简单技术型定位的人，他们并不愿意在组织中发展，而是宁愿做一名咨询人员，或是独立从业，或是与他人合伙开业。也有一些自由独立型的人成为自由撰稿人，或是开一家小的零售店。

五是安全型。这些人最关心的是职业的长期稳定性与安全性，他们为了安定的工作、可观的收入、优越的福利与养老制度等付出努力。目前，绝大多数人都倾向于选择这种职业定位，很多情况下，这是由社会发展水平决定的，而并不完全是本人的意愿。

5. 绩效评估

(1) 绩效评估及其目的

绩效评估又称绩效考核。它是指组织或者主管对员工的工作所作的系统的评价,是一个衡量、影响员工工作表现的正式系统,以此来提高员工工作的有效性及其未来工作的潜能,从而使员工本身、组织乃至社会都受益。

绩效考核是对员工的工作绩效进行考核,以便形成客观公正的人事决策的过程。人事决策包括确定员工的报酬、对员工进行绩效反馈、制订与实施员工培训计划、员工提升、进行人事规划、决定留住或解雇员工、进行人事研究等。

绩效评估本身首先是一种绩效控制的手段。一方面它具有激励功能,另一方面也是执行惩戒的依据之一,具有促进员工提高工作效率、改善绩效的作用。绩效评估的目的主要体现在以下几个方面:

① 它是员工薪酬管理的重要工具;

② 绩效评估结果也是员工调迁、升降、淘汰的重要依据;

③ 它对于员工的培训与发展有重要意义;

④ 它具有促进上下级间的沟通、了解彼此对对方期望的作用;

⑤ 绩效评估结果可提供给有关职能部门作为制定有关决策时的参考依据。

总之,绩效评估对员工个人来说有激励、惩戒、了解组织期望、促进改善等作用。对组织来讲,则有进行人事决策、更好地对员工管理的作用。

(2) 绩效评估标准体系

绩效是依据某一岗位绩效评估指标体系来进行的。一般是首先对工作岗位进行分析,初步确定指标,然后依据绩效评估的原理与原则对其进行论证,再进行指标分析,确定指标体系。为了减少管理成本,在进行岗位分析时,并不是所有的岗位职责、要求都作为评估的指标,而是应用个案研究、访谈、问卷调查等方法及多元分析法,选取组织看来至关重要的岗位职责、要求作为评估指标。

(3) 绩效评估标准

绩效评估标准就是对员工进行评估的标准和尺度。对员工进行绩效评估,仅有指标体系是不够的,指标体系仅仅确定了员工绩效的质,而具体评估时,还要依据一定的标准对每一指标进行衡量,因此还需要有绩效评估标准。

(4) 绩效评估的主要方法

① 分级法:具体有简单分级、交替分级、范例对比法、对偶比较法、强制分

配法；

② 量表绩效评估法，即运用工作考核表进行评估；

③ 关键事件法，就是由作考察并知情的人对被评员工做“绩效考核日记”或“绩效记录”；

④ 评语法；

⑤ 立体考核法；

⑥ 目标管理法；

⑦ 面谈法。

讨论案例 5-1

美国银行业的组织结构变革

在美国银行业，由于从80年代初开始放松对产品和地理区域的管制，各家银行的经营环境都发生了很大的变化。银行金融服务业不断增强的竞争，以及迅猛发展的技术进步，都迫使各家银行改变经营战略，以实现利润和增长的双重目标。

所以，自80年代以来，许多商业银行便开始重组，从职能型结构转变成按顾客类型和需要进行组织的事业部型体制。这些银行中很大一部分都由一般经理（与职能经理相对应）来领导各个事业部，事业部经理直接管理着为某一特定顾客群提供服务的销售和营业人员。这些经理现在要为事业部的盈利和资产回报负责，而这也将反映在他们的收入上。

确定了向事业部型和顾客驱动型结构转变的目标以后，银行账号领导们就必须考虑如何变革组织结构，以便将可能的混乱降到最低限度，同时又能获得各种群体员工的大力支持。

正如约翰·科特和伦纳德·施莱辛格在《选择变革的策略》（载《哈佛商业评论》1979年3—4月号）一文中指出的那样，银行的领导在推进结构重组时，可以采取一些对策和办法。科特和施莱辛格分析说，如果人们觉得他们自己的公司在变革过程中将会遭受某些损失，那么这种变革将更可能受到抵制；如果人们认为他们为变革新付出的代价，比他们将从变革中得到的价值更高，或者他们并不想念管理当局会考虑他们的利益，或者是如果他们对变革的适应能力还比较低，那么这种变革的推行将面临更大的困难。

在哈佛商学院的组织行为案例分析中，学生们不断被提醒并意识到，制订推进组织变革的计划需要考虑两个基本的因素，即需要有一个明确的目标；必须了解环境条件的动态性，是什么导致产生目前的问题，有什么资源可用于推行变革，变革过程中是否存在障碍。

科特和施莱辛格概述了几种策略，可供管理人员用来策划变革的行动计划：

(1) 员工教育：在变革发生前就教育员工，他们可能面临哪些问题以及解决的办法；

(2) 参与和介入：吸收哪些影响计划动作的人进入计划过程，并邀请他们帮助你决策主要采取哪些行动；

(3) 促进：通过各种方式减少人们对变革的焦虑，如认真倾听他们的意见；给予他们情感上的安慰；给他们宽裕的时间考虑自己的前途；提供再培训的机会及其他可能的帮助；

(4) 协商：给变革的抵制方一些刺激，以争取他们的协作；

(5) 操纵：通过有意识地设置某些手段，使反对者除了配合之外再无其他选择；

(6) 强制：通过明示或隐含的威胁，如解聘、减薪、不予晋升及其他可能微妙，也可能不那么微妙的威胁来使人们按照所期望的方式去做。

文化和经营环境是形成管理人员对组织情景认识的两大主要因素，它们同时也可以作为组织变革的两大适合采用的手段：

(1) 文化是组织的无形黏合剂，指人们共享的关于如何开展业务、如何对待员工、应该奖赏哪些行为以及如何解决冲突等问题的规范和价值观；

(2) 经营环境包括如下这些因素：行业、竞争对手、经济条件、行业技术状况、本公司及竞争对手可利用的资源量、本公司及竞争对手的经营目标，以及行为所面临的主要变化等。

哈佛商学院的学生在学习本课程中懂得：在建议采取某种行动计划以促成组织的变革之前，必须对五个关键问题进行调查：

(1) Who(谁)

在冲突或问题中涉及的利益团体包括哪些人？是什么因素激励着他们？他们的诱因是什么？他们对问题的认识和可能的解决方案是什么？如果让情况继续发展，谁将受到损害，谁又将受益？对于问题中的人来说，解决该问题对各自的重要性如何?这些人对于作出决策的管理者而言有多重要?他们的权力有多大?他们对未来的决策者能施加什么影响?

(2) What(什么)

产生冲突的主要问题是什么?该问题是否值得解决?如果问题没有得到解决将会带来什么样的损失?如果成功地解决了,其收益又是什么?解决该问题对于解决其他问题而言有多重要?它对于管理者所管辖领域正常业务的影响有多大?

(3) When(何时)

这一问题需要何时予以解决?是今天,明天,还是后天?该问题是否会因为某些任务得以完成而在若干天后自行消失?从长远看,该问题是否如此重要?如果不解决它,是否会对某些利益团体或负责该问题的管理者产生不利的影响?

(4) Why(为什么)

为什么没有达到预想的成果?是什么因素阻碍了理想结果的取得?是否有某些环境因素被忽略了,现在需要重新加以考虑?目前有哪些因素不相适宜?

(5) How(怎么样)

成功的可能性有多大?是否值得投入时间和金钱?

通过回答上述问题,银行业的许多变革得到认定,所涉及的问题需要他们投入尽可能多的时间。问题如此重要,使得银行业必须采取一种教育的策略,来使高层管理人员和一般员工充分认识干扰他们问题的紧迫性,只有这样才会有成功的机会。这样认识自然会引导企业采取参与策略,将员工吸收到如何推行所需要的变革计划中来。

有些银行专门聘请了外部顾问担任他们的变革推动人。顾问人员可以从高层领导者的合法权力和他们自身在该领域中的专家权力,取得权威来推动变革的过程。

在许多银行中,高级管理人员通常要花费两年时间与顾问人员在内部委员会仔细商讨诸如银行要在哪一领域开展经营,如何按照要求设立组织结构,以及如何在组织中尽快、尽可能有效地推进所需的变革等问题。

文化是许多银行变革的一个最大阻碍力量。因为员工们已习惯性地认为,他们工作的目的是为了更好地生活,他们工作的时间只能严格地从早上9点到下午5点。辞退对他们来说是新鲜而又不受欢迎的事。员工们习惯于以资历和工作时间计付报酬，或者实行直接薪金制。而现在，许多人都要根据其营业和银行盈利的贡献来计付报酬。

总而言之，在组织结构的变革中，管理人员要做的大部分工作是设法让他自己这个部门中的员工，了解他们应该为变革做些什么？并置身于这一变革中，以变革小组的成员身份开展工作。

第二节　新创企业的市场营销

(一) 在市场细分过程中发现市场机会

1. 市场细分：创业企业营销成败的关键

市场细分是现代市场营销观念的产物。它是指按照消费需求的差异性把某一产品（或服务）的整体市场划分为不同的子市场的过程。

市场细分和目标营销是第二次世界大战后市场营销思想和战略的新发展，是50年代由美国市场营销学家首先提出的一个新概念，此后受到广泛重视和普遍应用，现在已成为企业市场营销战略的一个核心内容，是决定企业营销成败的一个关键性问题。

创业企业开展市场细分的原因在于：

(1) 市场行为的差异性及由此决定的购买者动机和行为的差异性。市场需求的差异性取决于社会生产力的发展水平、市场商品供应的丰富程度以及消费者的收入水平。除了对某些同质商品，消费者有相同的需求外，消费者的需求总是各不相同的，这是由人性、年龄、地理位置、文化背景、职业等方面的差异所决定的。

(2) 市场需求的相似性。从整体上看，人们的消费需要千差万别，然而在这种差别之中包含着某种共性。这种交叉中的相似性和差异性就使市场具有可聚可分的特点，为企业按一定标准细分市场并从中选择自己的目标市场提供了客观可能性。

(3) 买方市场的形成。由于现代市场经济的高速发展，买方市场的全面形成和卖方之间市场竞争的日益激化，有厚利可图的市场越来越少，企业只有依靠市场细分来发掘未满足的市场需要，寻求有吸引力的、符合自己目标和资源的营销机会，才能在市场竞争中取胜。

2. 开展市场细分是创业企业营销必须的第一步

(1) 有利于企业发现新的市场机会，选择新的目标市场。通过市场细分，企业可了解市场各部分的购买能力、潜在需求、顾客满足程度和竞争状况等，从而及时发现新的市场机会和问题，及时采取对策，夺取竞争优势。

(2) 有利于巩固现有的市场阵地。通过市场细分充分把握各类顾客的不同需要，并投其所好开展营销活动，就可稳定企业的现有市场，这对于发展余地不大的成熟行业和不愿或不能转向新市场的企业来说意义尤其重大。

(3) 有利于企业的产品适销对路。企业选择一个或几个细分市场作为目标市场，就可更加深入地研究这些市场需求的具体特点，集中人力、物力和财力，生产出满足目标市场需要的产品，从而取得更大的经济效益。

(4) 有利于企业制定适当的营销战略和策略，把有限的资源集中用在目标市场上，以取得最好的经济效益。

这样，一方面，企业在市场细分的基础上针对目标市场的特点制定战略和策略，做到“知己知彼”；另一方面，企业只是面对一个或几个细分市场，可及时捕捉信息，按需求变化调整发展策略。

3. 创业企业如何开展消费者市场细分

消费者市场上的需求千差万别，影响因素也是错综复杂。对消费者市场的细分没有一个固定的模式，各行业、各企业都可根据自己的特点和需求，采用适宜的标志进行细分，以求得最佳的市场机会。常用的几个具有代表性的市场细分的标准主要有地理环境、经济文化、商品用途、购买行为等，每一细分标准中又包含不同的具体细分变数。

(1) 地理环境因素。消费者所处的地理环境和地理位置，包括地理区域、地形、气候、人口密度、生产力布局、交通运输和通讯条件等。按照地理环境，细分市场称为地理细分。由于地理条件的不同，会形成不同的消费习惯和偏好，同时，市场潜量和营销费用也会因地理位置的不同而有所不同。

(2) 人口和社会经济状况因素。包括消费者的年龄、性别、家庭规模、收入、职业、受教育程度、宗教信仰、民族、家庭生命周期、社会阶层等。按年龄细分是各种市场细分中最一般的方法，其适用范围比较广泛。

(3) 商品的用途。一是要分析商品用在消费者吃、喝、穿、用、住、行的哪一方面;二要分析不同的商品是为了满足消费者的哪一类(生理、安全、社会、自尊、自我实现)需要,从而决定采用不同的营销策略。

(4) 购买行为。主要是从消费者购买行为方面的特性进行分析,如购买动机、购买频率、偏爱程度及敏感因素(质量、价格、服务、广告、促销方式、包装)等方面判定不同的消费者群体。

(二) 创业企业目标市场选择

1. 什么是目标市场和目标市场营销

目标市场是指在需求异质性市场上,企业根据自身能力所确定的欲满足的现有和潜在的消费者群体的需求。

目标市场营销是指企业通过市场细分选择了自己的目标市场,专门研究其需求特点并针对其特点提供适当的产品或服务,制定一系列的营销措施和策略,实施有效的市场营销组合。

为有效地实现目标市场的营销,创业企业必须相应地采取三个重要的步骤:

(1) 市场细分。这是在市场调研和预测的基础上,将整个市场区分为几个不同的购买者群体,对不同的群体销售不同的产品或提供不同的服务。

(2) 选择目标市场。这是选择对本企业具有吸引力的一个或几个细分的小市场(子市场)作为自己的目标市场,实行目标营销;

(3) 市场定位。这是为本企业的产品确定一个在市场上竞争的有利地位,即在目标顾客心目中树立起适当的产品形象,做好市场定位工作。

2. 创业企业可以开展的三种目标市场营销战略及优缺点

三种目标市场营销战略是:无选择性市场营销、选择性市场营销和集中性市场营销。

(1) 无选择(差异)性市场营销。企业面对整个市场,只提供一种产品,采用一套市场营销方案吸引所有的顾客。它只注意需求的共性。

优点:生产经营品种少、批量大,节省成本,提高利润率。

缺点:忽视了需求的差异性,较小市场的部分需求得不到满足。

（2）选择（差异）性市场营销。企业针对每个细分市场的需求特点，分别为之设计不同的产品，采取不同的市场营销方案，满足各个细分市场上不同的需要。

优点：适应了各种不同的需求，能扩大销售，提高市场占有率。

缺点：增加设计、制造、管理、仓储和促销等方面的成本，会造成市场营销成本的上升。

（3）集中性市场营销。企业选择一个或少数几个子市场作为目标市场，制定一套营销方案，集中力量为之服务，争取在这些目标市场上占有大量份额。

优点：由于目标集中能更深入地了解市场需要，使产品更加适销对路，有利于树立和强化企业形象及产品形象，在目标市场上建立巩固的地位；同时，由于实行专业化经营，可节省生产成本和营销费用，增加盈利。

缺点：目标过于集中，把企业的命运押在一个小范围的市场上，有较大风险。

3. 创业企业目标市场营销战略选择的因素

上述三种市场营销战略各有利弊，它们各自适用于不同的情况，企业在选择营销战略时，必须全面考虑各种因素，权衡得失，慎重决策。这些因素主要有：

（1）企业的实力。

（2）产品差异性的大小。

（3）市场差异性的大小。

（4）产品生命周期的阶段。

（5）竞争者的战略。

（三）创业企业市场定位

市场定位，就是针对竞争者现有产品在市场上所处的位置，根据消费者或用户对该种产品某一属性或特征的重视程度，为产品设计和塑造一定的个性或形象，并通过一系列营销活动把这种个性或形象强有力地传达给顾客，从而适当确定该产品在市场上的位置。

创业企业的市场定位工作一般应包括三个步骤：

1. 调查研究影响定位的因素

适当的市场定位必须建立在市场营销调研的基础上，必须先了解有关影响市场定位的各种因素。这主要包括：

（1）竞争者的定位状况。

（2）目标顾客对产品的评价标准。

（3）目标市场潜在的竞争优势。

2. 选择竞争优势和定位战略

企业通过与竞争者在产品、促销、成本、服务等方面的对比分析，了解自己的长处和短处，从而认定自己的竞争优势，进行恰当的市场定位。市场定位的方法很多，且还在不断开发中，一般包括七种：

（1）特色定位，即从企业和产品的特色上加以定位。

（2）功效定位，即从产品的功效上加以定位。

（3）质量定位，即从产品的质量上加以定位。

（4）利益定位，即从顾客获得的主要利益上加以定位。

（5）使用者定位，即根据使用者的不同加以定位。

（6）竞争定位，即根据企业所处的竞争位置和竞争态势加以定位。

（7）价格定位，即从产品的价格上加以定位。

3. 准确地传播企业的定位观念

企业在作出市场定位决策后，还必须大力开展广告宣传，把企业的定位观念准确地传播给潜在购买者。

（1）"针锋相对式"定位。把产品定在与竞争者相似的位置上，同竞争者争夺同一细分市场。实行这种定位战略的企业，必须具备以下条件：能比竞争者生产出更好的产品；该市场容量足够吸纳这两个竞争者的产品；比竞争者有更多的资源和实力。

（2）"填空补缺式"定位。寻找新的尚未被占领、但为许多消费者所重视的位置，即填补市场上的空位。这种定位战略有两种情况：一是这部分潜在市场即营销机会没有被发现，在这种情况下，企业容易取得成功；二是许多企业发现了这部分潜在市场，但无力去占领，这就需要有足够的实力才能取得成功。

（3）"另辟蹊径式"定位。当企业意识到自己无力与同行业强大的竞争者相抗衡从而获得绝对优势地位时，可根据自己的条件取得相对优势，即突出宣传自己与众不同的特色，在某些有价值的产品属性上取得领先地位。

(四) 创业企业市场销售渠道与方式选择

销售渠道是企业最重要的资产之一,同时也是变数最大的资产。它是企业把产品向消费者转移的过程中所经过的路径。这个路径包括企业自己设立的销售机构、代理商、经销商、零售店等。对产品来说,它不对产品本身进行增值,而是通过服务,增加产品的附加价值;对企业来说,销售渠道起到物流、资金流、信息流、商流的作用,完成厂家很难完成的任务。不同的行业、不同的产品、不同的规模和发展阶段,销售渠道的形态都不相同,在市场经济中,销售渠道既是生产者的排水渠,又是消费者的引水渠,通过它连接生产者、经营者和消费者之间的经济关系,真正承担着社会再生产的蓄水池作用。合理选择分销渠道的实质,是合理选择中间商,它对企业生产经营活动和发展市场经济具有十分重要的意义。

(1) 合理的销售渠道可以最有效地把各种产品提供给消费者,以满足其需要。专门从事商品流通的中间商最了解供需双方的需求,并根据消费者需求的变化,随时采购各种商品,从而较好地解决商品供求中的总量矛盾、结构矛盾、地区矛盾、时间矛盾,以满足不同地区、不同层次消费者的各种不同的需要。

(2) 合理的销售渠道有利于生产企业降低营销费用,扩大销量,提高供给能力和经济效益。生产企业合理选择中间商,既可以压缩自己常设的销售机构,节约相应的销售费用,减少流动资金的占用,又可以定期定量地将产品出售给中间商,减轻企业储存的负担,加速资金周转,集中有限的人力、物力和财力从事产品的生产。

(3) 合理选择销售渠道可以帮助企业掌握市场供求信息,扩大服务项目,提高市场占用率。中间商凭借丰富的销售经验、设备优势以及对生产者和消费者的深入了解,既为生产企业制订计划、改进设计、增加花色品种、提高产品质量,提供可靠的信息,又通过为消费者提供各种服务,挖掘市场潜在购买力,提高产品的市场占用率,丰富和繁荣市场。

(4) 合理选择销售渠道可以有效地平衡供求关系,简化流通渠道,方便顾客购买。中间商作为销售渠道的主体一头连接生产者,一头连接消费者,其基本功能是在一定的时空范围内,调节供需之间在商品数量、品种、花色、等级、质量等方面的差异,即集中、平衡、扩散三大功能,为加速商品流通,缩短流通渠道,方便顾客购买,实现商品销售的及时性、地区性、扩散性,起着生产企业自销所无法起到的作用。当生产企业不通过中间商，直接向用户销售商品时，假定4个生产企业向10个用户销售，则需要40条销售渠道。而经过中间商，则由中间商集中4家生产企业的产品，经过平衡，再向不同需要或不同层次的消费者扩散，同样的分销作用只用14条销售渠道就可完成，既大大简化了分销路线，又较好地发挥了集中、平衡、扩散三大功能。

对于新创企业，当前网络销售等模式的成熟，必然给渠道变革带来新的启示。同时，消费者的行为习惯也在发生改变，创业企业应抓住新的机遇，及时调整营销渠道、战略方向，与时俱进、不断创新，这也是创业企业努力的方向。

(五) 创业企业如何制定定价策略

定价策略是指企业根据市场中不同的变化因素对商品价格的影响程度采用不同的定价方法，制定出适合市场变化的商品价格，进而实现定价目标的企业营销战术。

1. 新产品定价策略

新产品的定价是营销策略中一个十分重要的问题。它关系到新产品能否顺利地进入市场，能否站稳脚跟，能否获得较大的经济效益。目前，国内外关于新产品的定价策略，主要有三种，即取脂定价策略、渗透定价策略和满意定价策略。

(1) 取脂定价策略

取脂定价策略，又称撇油定价策略，是指企业在产品寿命周期的投入期或成长期，利用消费者的求新、求奇心理，抓住激烈竞争尚未出现的有利时机，有目的地将价格定得很高，以便在短期内获取尽可能多的利润，尽快地收回投资的一种定价策略。其名称来自从鲜奶中撇取乳脂，含有提取精华之意。

(2) 渗透定价策略

渗透定价策略，又称薄利多销策略，是指企业在产品上市初期，利用消费者求廉的消费心理，有意将价格定得很低，使新产品以物美价廉的形象，吸引顾客，占领市场，以谋取远期的稳定利润。

(3) 满意价格策略

满意价格策略，又称平价销售策略，是介于取脂定价和渗透定价之间的一种定价策略。由于取脂定价法定价过高，对消费者不利，既容易引起竞争，又可能遭到消费者拒绝，具有一定风险；渗透定价法定价过低，对消费者有利，对企业最初收入不利，资金的回收期也较长，若企业实力不强，将很难承受。而满意价格策略采取适中价格，基本上能够做到供求双方都比较满意。

2. 差别定价策略

所谓差别定价，也叫价格歧视，就是企业按照两种或两种以上不反映成本费用的比例差异的价格销售某种产品或劳务。差别定价有四种形式：

（1）顾客差别定价

即企业按照不同的价格把同一种产品或劳务卖给不同的顾客。例如，某汽车经销商按照价目标价格把某种型号汽车卖给顾客 A，同时按照较低价格把同一种型号汽车卖给顾客 B。这种价格歧视表明，顾客的需求强度和商品知识有所不同。

（2）产品形式差别定价

即企业对不同型号或形式的产品分别制定不同的价格，但是，不同型号或形式产品的价格之间的差额和成本费用之间的差额并不成比例。

（3）产品部位差别定价

即企业对于处在不同位置的产品或服务分别制定不同的价格，即使这些产品或服务的成本费用没有任何差异。例如剧院，虽然不同座位的成本费用都一样，但是不同座位的票价有所不同，这是因为人们对剧院的不同座位的偏好有所不同。

（4）销售时间差别定价

即企业对于不同季节、不同时期甚至不同钟点的产品或服务也分别制定不同的价格。

3. 心理定价策略

心理营销定价策略是针对消费者的不同消费心理，制定相应的商品价格，以满足不同类型消费者的需求的策略。心理营销定价策略一般包括尾数定价、整数定价、习惯定价、声望定价、招徕定价和最小单位定价等具体形式。

（1）尾数定价策略

尾数定价又称零头定价，是指企业针对的是消费者的求廉心理，在商品定价时有意定一个与整数有一定差额的价格。这是一种具有强烈刺激作用的心理定价策略。心理学家的研究表明，价格尾数的微小差别，能够明显影响消费者的购买行为。一般认为，五元以下的商品，末位数为 9 最受欢迎；五元以上的商品，末位数为 95 效果最佳；百元以上的商品，末位数为 98、99 最为畅销。尾数定价法会给消费者一种经过精确计算的、最低价格的心里感觉；有时也可以给消费者一种是原价打了折扣，商品便宜的感觉；同时，顾客在等候找零期间，也可能会发现和选购其他商品。

（2）整数定价策略

整数定价与尾数定价相反，针对的是消费者的求名、求方便心理，将商品价格有意定为整数，由于同类型产品，生产者众多，花色品种各异，在许多交易中，消费者往往只能将价格作为判别产品质量、性能的指示器。同时，在众多尾数定价的商品中，整数能给人一种方便、简洁的印象。

（3）习惯性定价策略

某些商品需要经常、重复地购买，因此这类商品的价格在消费者心理上已经定格，成为一种习惯性的价格。许多商品尤其是家庭生活日常用品，在市场上已经形成了一个习惯价格。消费者已经习惯于消费这种商品时，只愿付出这么大的代价，如买一块肥皂、一瓶洗涤灵等。对这些商品的定价，一般应依照习惯确定，不要随便改变价格，以免引起顾客的反感。善于遵循这一习惯确定产品价格者往往得益匪浅。

（六）创业企业不同阶段的营销组合策略

营销组合策略包含产品策略、价格策略、促销策略、营销渠道策略四个策略，如何巧妙地将这四个策略密切地组合，以树立企业品牌、达成销售是制定营销组合策略的目的。

营销是一个动态的科学，由于它有太多的变数影响着营销的成效，因此营销组合策略没有既定的最佳方案，最佳的组合方案要视市场现状自己去制定，企业在其不同成长阶段有各自的成长特点，采取不同的营销组合策略，以适应企业成长各阶段的不同要求，达到企业营销战略的目标。

1. 创业期的营销组合策略

创业期如果企业选择建立自己的品牌，那就要在创业一开始就树立极强的品牌意识，对品牌进行全面的规划，在企业的经营、管理、销售、服务、维护等多方面都以创立品牌为目标，不仅仅是依赖传统的战术性的方法，如标志设计和传播、媒体广告、促销等，而是侧重于品牌的长远发展。因此，企业在创业期除了要尽快打响品牌的知名度以外，关键的问题是要确立品牌的核心价值，给顾客提供一个独特的购买理由，并力争通过有效的传播与沟通让顾客知晓。

尽管品牌化是商品市场发展的大趋向，但对于单个企业而言，是否要使用品牌还必须考虑产品的情况和顾客的实际需要，尤其对实力较弱的创业型企业来说，受企业规模、人员、资金、时间的制约，对于在生产过程中无法形成一定特色的产品，或由于产品同质性很高，顾客在购买时不会过多地注意品牌的产品，无品牌化策略不失为一个可选的方法，这样可以节省费用，扩大销售。

2. 成长期的营销组合策略

当创业企业步入成长期时，提高品牌的认知度、强化顾客对品牌核心价值和品牌个性的理解是企业营销努力的重点。其中最重要的途径是加强与顾客的沟通。顾客是通过各种接触方式获得信息的，既有通过各种媒体的广告、产品的包装、商店内的推销活动，也有产品接触、售后服务和邻居朋友的口碑，因此，企业要综合协调地运用各种形式的传播手段，来建立品牌认知，为今后步入成熟期打下良好基础。建立、提高和维护品牌认知是企业争取潜在顾客、提高市场占有率的重要步骤。

成长期的企业由于资源相对于消费需求的多样性和可变性总是有限的，不可能满足市场上的所有需求，因此企业必须针对某些自己拥有竞争优势的目标市场进行营销。品牌定位是企业为满足特定目标顾客群的，并与产品有关联的独特心理需求为目的，并在同类品牌中建立具有比较优势的品牌策略。通过锁定目标顾客，并在目标顾客心目中确立一个与众不同的差异化竞争优势和位置，连接品牌自身的优势特征与目标顾客的心理需求。在当今这个信息过度膨胀的社会里，只有有效地运用定位这种传播方式和营销策略，才能使品牌在激烈的竞争中脱颖而出。这样，一旦顾客有了相关需求，就会开启大脑的记忆和联想之门，自然而然地想到该品牌，并实施相应的购买行为。

3. 成熟期的营销组合策略

企业进入成熟期，在市场已经站稳了脚跟，但由于竞争者的大量加入和产品的普及，竞争变得尤为激烈。因此，企业应该根据成熟期的市场、产品、竞争特点，提高企业品牌的忠诚度，进行适当的品牌延伸。

企业在成熟期由于竞争者的大量涌入，因此，通过建立品牌组合，实施多品牌战略，能尽可能多地抢占市场，避免风险。实行多品牌，可以使每个品牌在顾客心里占据独特的、适当的位置，迎合不同顾客的口味，吸引更多的顾客，能使企业有机会最大限度地覆盖市场，使得竞争者感到在每一个细分市场的现有品牌都是进入的障碍，从而限制竞争者的扩展机会，有效地保证企业维持较高的市场占有。但是企业实施多品牌，有可能会面临跟自己竞争的危险，抢自己原有品牌所占的市场份额。因此最有成效的多品牌策略是使新品牌打入市场细分后的各个细分市场中。这种策略的前提是市场是可以细分的，一个成功的企业往往会利用市场细分，去为重要的新品牌创造机会。

4. 衰退期的营销组合策略

在这个阶段，企业应着眼未来，退出衰退期产品的竞争，把精力投入到二次创业上。企业可实施品牌重新定位、品牌创新等策略重新进入市场。

讨论案例 5-2

跨界营销的雕爷牛腩

也许雕爷牛腩不是最赚钱的，但是在 2013 年的互联网上，它的人气绝对超过任何一家餐厅。不是它有多好吃，而是它的热闹让人们都很好奇想去看看。事实上，雕爷牛腩的成功不是在钱上，而是在人气上，就如网站一开始不在乎赚钱，而是为了流量拼死拼活。

用互联网思维玩餐厅的雕爷牛腩，其将人引入餐厅的做法还是值得实体零售借鉴与思考的，通过案例我们可以学习雕爷牛腩如何把互联网思维与传统经营理念相结合，把各种互联网工具为己所用。

1. 定位：少而精的单品数

“一家好餐厅的精髓不在于菜品数的多少，而在于产品的精良和用户体验的不断优化。我绝不认为，在互联网上发个团购券，就叫 O2O。”雕爷认为，真正的 O2O，应该是从产品定位开始就是互联网式的。

在他看来，苹果公司产品线很少，微软的核心产品也只有两三个，但他们却成就了世界上最赚钱的公司。“不追求多的 SKU（零售行业用语，意指最小库存单位，电商行业通常将一个单品定义为一个 SKU），但追求极致的用户体验是互联网精神之一。”雕爷表示，围绕着这样的产品精神，雕爷牛腩也只有 12

个 SKU。

一家餐厅只有 12 个菜,比麦当劳的菜品还要少。创立之初,一些美食界人士认为,这样做是找死,而雕爷却一意孤行。之所以做这么少的 SKU,是基于雕爷自己的消费体验和理论支撑:一个消费者第一次吃到某家餐厅自己比较满意,如果下次再来,通常点菜与第一次的重合率高达 80%,这是人们潜意识路径依赖的结果。雕爷很喜欢北京的两家餐厅,一家鼎泰丰,一家是大董烤鸭,但自己一年也就去三四次而已。于是,雕爷为牛腩定位的目标客户群是中产阶层,他们的消费面比较宽,很少会频繁地光顾一家餐厅。因此,即使 SKU 很少,但只要保持每个季度更换菜单,就足以满足老客户再来所需要的新鲜感。

雕爷认为,一家好餐厅的精髓不在于菜品数的多少,而在于产品的精良和用户体验的不断优化。在互联网上,产品的不断升级和优化早已经深入互联网人的意识,大到操作系统,小到手机上的 APP。然而,互联网产品的优化过程往往是不断修正 BUG,不断升级版本。而用这样的产品理念玩餐厅,玩掉的就是成本,尤其比较适合雕爷这种味蕾无比挑剔,而做餐饮却又没有实际经验的创业者。

于是,雕爷花 500 万元从香港食神戴龙手里买断了食神牛腩的配方,他坚持认为,在美食上,北京离香港还有“八条街的距离”。主菜有了,但开胃小菜、沙拉、甜品一样也不能含糊。为了精选食材,开始时就在一斤芝麻菜中扔掉八两;而在 10 枚鸽子蛋中,也只会挑出一个合格的。据雕爷透露:他曾经收到某供应商送来的黑松露,由于供应商储藏温度没掌握好,收货后发现味道变了,只好全部扔掉,仅一笔就损失了 5 万元。虽然“成本像坐上了火箭”,但雕爷认为,这个交学费的过程也精选出了更好的食材供应商。

一般网游即将上线之前都会搞个“封测”,邀请玩家来玩,找出 BUG 并修正。这一招被雕爷借鉴到餐厅中来,除了测试服务,就是优化产品。雕爷认为,一餐饭从前菜到主菜再到甜品是个系统,每道菜不是单独存在的,封测的过程就是找出其中的 BUG。他举了个例子,最初在开胃小菜里,配了韩国重发酵泡菜,但经过各种美食达人的品评最后被换成了四川泡菜,因为韩国泡菜酸辣太过猛烈,影响了后面沙拉相对清淡的节奏。而四川泡菜刚好,开胃且不抢夺后面菜品的光彩。

雕爷牛腩在开业前足足搞了半年封测,邀请各路明星、微博大号、美食达人免费试吃,从前菜到甜品,无一不是在众多口味中不断优化。

在半年的封测期，雕爷烧掉了1000多万元，在讲究成本控制的餐饮行业同行看来，这简直是在“胡搞”。不过，雕爷有自己的小算盘，在封测期，关于菜品的一个个BUG被解决掉，与此同时，也沉淀和挑选出比较优质的供应商。

另外，互联网好的产品往往特别重视用户体验，比如微信之所以让用户感觉用得“舒服”，背后是有工程师们夜以继日地在诸如菜单、页面、按钮等各种小细节上“较劲儿”。比如，雕爷牛腩吃面的碗就是雕爷在细节上较劲儿的结果：接触嘴的部分很薄，很光滑，但是其他部分厚且相对粗糙，这样人喝汤时，嘴唇接触的部分会有好的触感，但端碗时粗糙厚重会给人以安全感，面碗在8点半的位置开一个拇指槽，端的时候更稳固，而在1点20的位置也开了一个槽可以把筷子和勺卡在那里，喝汤时筷子和勺不会打在脸上。但是这样的碗需要订做，雕爷认为，诸如此类的细节决定了用户体验，因此这个成本不能省。

2. 推广：用微博引爆流量

一方面是微博高关注度，另一方面封测期不让普通用户进入。这种神秘感引发的消费欲望在开业后爆发。

互联网经济的核心是流量经济，有了流量便有了一切。在电商行业，有了流量还要有重复购买率。雕爷认为，开餐厅的逻辑也是一样的。

目前，雕爷牛腩的两家餐厅开在朝阳大悦城和颐堤港。前者是成熟的商圈，后者还在培育期。但两家店都是商场餐饮层较偏的位置。对于怎么引来流量，雕爷的办法是微博引爆。此时，封测的另一个价值就体现出来了：传播价值。

在雕爷牛腩的封测期，只有受邀请的人才能来吃。受了邀请的，往往会发微博或者微信说说自己的消费体验，既然受邀请，吃别人的嘴短，吃了又不说好的是少之又少的。于是，各路明星、达人、微博大号们纷纷在微博上帮着吆喝，最初的传播效果就有了。

但在微博炒作过程中，雕爷牛腩也没少挨骂，比如店里规定不让12岁以下儿童进入，就引来了极大的争议。对于餐饮行业的批评也会引来骂声，但雕爷依然乐呵呵帮着转发这些骂他的微博。他坚信自己的方向，即有流量才是王道，而有争议才能有流量。

“互联网最有意思的是粉丝文化，往往某个产品做得不错时就会形成‘死忠’，一个产品越有人骂，‘死忠’就越坚强。”雕爷指出，小米手机从诞生第一天开始就不停有人骂，而米粉们总是奋起反击。一旦有了一定量的粉丝，那些提出批评的人就容易与粉丝形成骂战，骂战的结果就是流量的大涨，产品大卖。苹果、小米手机已经证明了这一点。雕爷牛腩在微博传播过程中也培养了一些忠实的粉丝。

3. **口碑：用微信维护老客户**

雕爷每天花大量的时间盯着大众点评、微博、微信。用户只要有对菜品和服务不满的声音，都会立刻得到回馈。

虽然开业后的火爆在预期之中，但在电商行业浸淫数年的雕爷却清醒地意识到，光有流量是没意义的，一招鲜，对于任何行业都不管用，餐饮是"无限改进型"行业，互联网上的优秀产品无不是积极与用户互动并迅速改进。只有根据用户需求不断升级和优化产品和服务才能有口碑和重复购买率。

"最初的 MIUI 存在的问题，用户只要不满，改进就迅速跟进。"雕爷认为，与粉丝互动并迅速接受粉丝建议而改进是小米成功的关键。因此，用户互动并将互动中用户声音反向传导至餐厅的经营中是流量背后更加重要的工作。雕爷认为，这才是 O2O 的精髓所在。

在传统餐饮中，菜单一旦订下来就很少会改动，而雕爷认为这与互联网精神并不符。"如果粉丝认为某道菜不好吃，可能这道菜就会在菜单上很快消失。"雕爷表示，雕爷牛腩每个月都会更换菜单，其中变化或者不变的依据一定程度上就是粉丝的声音。

在阿芙精油的创业中，雕爷就在重视用户反馈中尝到了甜头。作为公司一把手，雕爷每天都会亲自做"客服"处理差评，对用户评价的重视使得用户反馈成为整个公司员工的"天条"，结果，阿芙在天猫的动态评分比同行高出 50%。雕爷认为，在移动互联网时代，管理根本不需要上传下达，亲自示范就够了。"我天天自己做客服，天天看好评、差评，差评我就骂人，好评我就奖励，最基层的员工都知道我要什么。"

在二次创业中，雕爷每天花大量的时间盯着大众点评、微博、微信。用户只要有对菜品和服务不满的声音，都会立刻得到回馈。比如，粉丝认为哪道菜不好吃，这道菜就可能会被新菜取代，粉丝在就餐过程中哪里不满，则可以凭官微回复获得赠菜或者免单等。

在雕爷看来，微博是用来引爆和传播的平台，也就是做流量的工具，而微信是用来维护用户做重复购买率的。比如,雕爷牛腩上新菜,会通过微信发给老用户,有图片、有文字、有口味描述。而这个不能在微博上发,以体现老用户的专属性。

雕爷牛腩的VIP卡也是建立在微信上的,用户需要在关注雕爷牛腩的公众账号并且回答问题,通过后就能获得VIP身份。在雕爷牛腩有一个专门的VIP菜单,是不给普通用户看的。在互联网上,这种玩法已经很普遍了,比如QQ的一些身份特权等。

虽然申请VIP身份是免费的,但也有很多用户申请不到,某用户在微博吐槽说自己申请了好几次都没成功。据了解,申请微信VIP的问题单中可能会有这样的问题:"你喜欢吃奶酪吗?"如果回答是不喜欢,可能会被扣分,最后导致申请不过。

雕爷认为,每家餐厅都有自己的目标客户群,所谓众口难调,一家餐厅不可能伺候好所有的用户。因此,VIP客户应该是自己能服务好的目标客户,需要产生重复购买率。所以,申请问题都是围绕着自己的菜品特点设计的,而奶酪在雕爷牛腩的菜品中经常会用到,不喜欢奶酪的用户可能不会喜欢雕爷牛腩的口味。如果用户不喜欢的是口味,就很难产生重复消费,而微信维护的效果也会大打折扣。

雕爷这种玩法当中有很多不是谁都做得到的,比如在封测期烧掉1000多万。同时也有很多值得借鉴之处,对经营者来说,重要的是学习如何把互联网思维与传统经营理念相结合,把各种互联网工具为己所用。

第三节　新创企业的财务管理

(一)创业企业财务基本概念

资金紧张是创业企业的共同问题,为了生存和发展,创业企业必须高效率地使用资金资源,为此,财务计划和管理就成为创业者的必备知识和技能。

1. 财务中的常用术语

(1) 资产,是指过去的交易、事项形成并由企业拥有或者控制的资源,该资源预期会给企业带来经济利益。

(2) 负债,是指由于过去的交易或事项所引起的公司、企业的现时义务,这种义务需要公司、企业在将来以转移资产或提供劳务加以清偿,从而引起未来经济利益的流出。

(3) 所有者权益,是公司、企业投资人对公司、企业净资产的所有权,是公司、企业全部资产减去全部负债后的余额。

(4) 收入,是指企业在销售商品、提供劳务及让渡资产使用权等日常活动中所形成的经济利益的总流入,这种总流入表现为资产的增加或债务的清偿。

(5) 费用,是公司、企业在生产和销售商品、提供劳务等日常活动中所产生的各种耗费,是经济利益的流出。

(6) 利润,是公司、企业在一定期间内生产经营活动的最终财务成果,也就是收入与费用相抵后的差额。它是反映经营成果的最终要素。

(7) 流动资产,是指可以在一年或者超过一年的一个营业周期内变现或者耗用的资产,主要包括现金、银行存款、短期投资、应收及预付款项、存货、待摊费用等。

(8) 固定资产,指使用年限在一年以上、单位价值在规定标准以上,并在使用过程中保持原有物质形态的资产,包括房屋建筑物、机器设备、运输设备、工具器具等。

(9) 折旧,根据固定资产在整个使用寿命中的磨损状态而确定的成本分析结构。

(10) 流动负债,是指将在1年(含1年)或者超过1年的一个营业周期内偿还的负债,包括短期借款、应付票据、应付账款、预收账款、应付工资、应付福利费、应付股利、应交税金、其他暂收应付款项、预提费用和一年内到期的长期借款等。

2. 会计处理中的常用术语

(1) 权责发生制,是指以实质取得收到现金的权利或支付现金的责任权责的发生为标志来确认本期收入和费用及债权和债务。

(2) 财务会计报告,是企业和其他单位向有关各方面及国家有关部门提供财务状况和经营成果的书面文件。根据《企业会计制度》的规定,企业的财务会计报告由会计报表、会计报表附注和财务情况说明书组成。

(3) 会计报表，是财务会计报告的主要组成部分。它是根据会计账簿记录和有关资料，按照规定的报表格式，总括反映一定期间的经济活动和财务收支情况及其结果的一种报告文件。会计报表主要包括资产负债表、利润表、现金流量表及各种附表。

(4) 会计恒等式，是指各个会计要素在总额上必须相等的一种关系式。

会计等式一：资产＝负债＋所有者权益。这是会计记账和核算的基础，更是编资产负债表的基础。它表明了股东与债权人二者在企业的资产中到底占了多大份额。

会计等式二：收入－费用＝利润(或亏损)

会计等式三：资产＝负债＋所有者权益＋收入－费用

(二) 创业企业财务计划的编制

企业为达到一定目的而进行的筹措和运用资金的活动就是财务。企业是营利性的组织，企业的全部经营活动都是以资金为支柱进行的，其出发点和归宿是获利。

1. 企业的预算体系

财务预算是关于资金筹措和使用的计划，包括现金收支和短期信贷、长期资本支出和长期资金筹措等。它是企业全面预算的一个重要部分，综合反映企业预算期内现金收支、经营成果和财务状况。企业的预算体系以销售预算和长期销售预算为基础。其中，长期销售预算是指预算期在一年以上的销售预算，而预算期在一年以内(包括一年)的预算称短期预算，即销售预算。

企业根据长期市场预测和生产能力，编制长期销售预算；以其为基础，编制本年度的销售预算，并根据企业的财力确定资本支出预算。在销售预算的基础上，企业就可根据“以销定产”的原则，确定生产预算，同时确定所需要的销售费和管理费。其中，编制生产预算时，除了考虑计划销售量外，还要考虑现有存货和年末存货等因素。根据生产预算，企业就可确定直接材料、直接人工和制造费用预算。

在上述预算基础上，就可汇总编制产品成本预算和现金预算。

2. 现金预算的编制

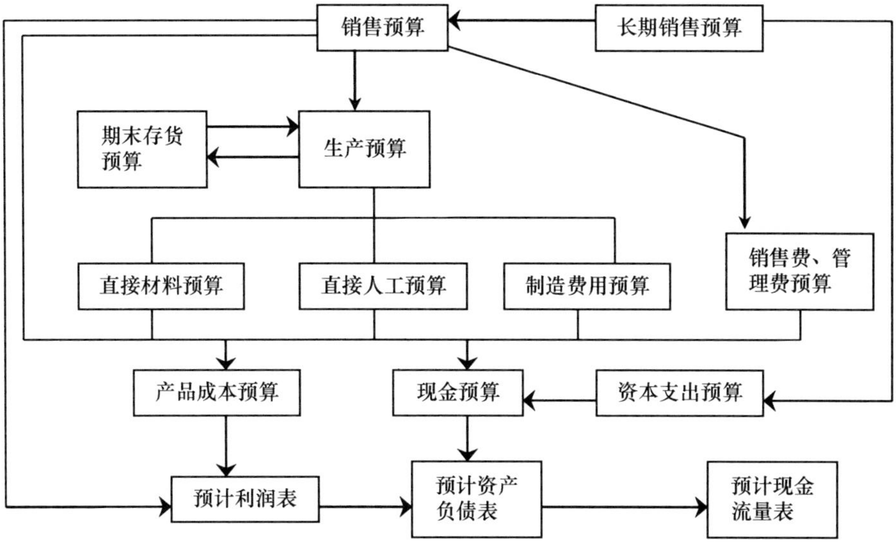

现金预算的编制，以各项营业预算和资本预算为基础，它反映各预算期的收入款项和支出款项，并作对比说明。其目的在于资金不足时筹措资金，资金多余时及时处理现金余额，并且提供现金收支的控制限额，发挥现金管理的作用。

根据表 5-2，现金预算实际上是直接材料、直接人工、制造费用、销售、管理费用等预算中有关现金部分的汇总，以及收支差额平衡措施的具体计划。其编制，要以上述各项预算为基础，或者说其他预算在编制时要为现金预算做好数据准备。

下面通过一个具体案例来简要说明现金预算的编制。

(1) 销售预算

表 5-1 实达公司销售预算

季度	一	二	三	四	全年
预计销售量(件)	100	150	200	180	630
预计单位售价	200	200	200	200	200
销售收入	20000	30000	40000	36000	126000

销售预算中通常还包括预计现金收入的计算，每期的现金收入等于以前各期应收账款收回数加本期销售中可能收到货款的部分。

表 5-2 预计现金收入

季度	一	二	三	四	全年
上年应收账款	6200				6200
第一季度(销货 20000)	12000	8000			20000
第二季度(销货 30000)		18000	12000		30000
第三季度(销货 40000)			24000	16000	40000
第四季度(销货 36000)				21600	21600
现金收入合计	18200	26000	36000	37600	117800

(2) 生产预算

表 5-3 生产预算

季度	一	二	三	四	全年
预计销售量(件)	100	150	200	180	630
加:预计期末存货	15	20	18	20	20
合计	115	170	218	200	650
减:预计期初存货	10	15	20	18	10
预计生产量	105	155	198	182	640

预计生产量=(预计销售量+预计期末存货)-预计期初存货

通常，企业需要设置一定的存货，以保证能在发生意外需求时按时供货，并可均衡生产。本例中存货数量按下期销售量的 10%确定。“预计销售量”来自销售预算。

(3) 直接材料预算

表 5-4 直接材料预算

季度	一	二	三	四	全年
预计销售量(件)	105	155	198	182	640
单位产品材料用量(千克/件)	10	10	10	10	10
生产需要量(千克)	1050	1550	1980	1820	6400
加:预计期末存量	310	396	364	400	400
合计	1360	1946	2344	2220	6800

（续表）

季度	一	二	三	四	全年
减:预计期初存量	300	310	396	364	300
预计材料采购量	1060	1636	1948	1856	6500
单价	5	5	5	5	5
预计采购金额	5300	8180	9740	9280	32500

预计生产量来自生产预算,单位产品材料用量的数据来自标准成本资料或消耗定额资料,单价根据标准资料确定。直接材料预算是以生产预算为基础编制的,同时要考虑原材料存货水平。本例中按下一季度的生产需要量的20%安排期末存量。

预计材料采购量=(生产需要量+预计期末存量)-预计期初存量

表 5-5　预计现金支出

季度	一	二	三	四	全年
上年应付账款	2350				2350
第一季度(采购5300)	2650	2650			5300
第二季度(采购8180)		4090	4090		8180
第三季度(采购9740)			4870	4870	9740
第四季度(采购9280)				4640	4640
现金支出合计	5000	6740	8960	9510	30210

为了以后编制现金预算,通常要预计材料采购各季度的现金支出。每个季度的现金支出包括偿还上期应付账款和本期应支付的采购货款。本例假设材料采购的货款有50%在本季度内付清,另50%在下季度付清。

(4) 直接人工预算

表 5-6　直接人工预算

季度	一	二	三	四	全年
预计生产量(件)	105	155	198	182	640
单位产品工时(小时)	10	10	10	10	10
人工总工时(小时)	1050	1550	1980	1820	6400
每小时人工成本(元)	2	2	2	400	2
人工总成本(元)	2100	3100	3960	3640	12800

预计生产量数据来自生产预算，单位产品工时、每小时人工成本来自标准成本资料。

人工总成本＝人工总工时×每小时人工成本

（5）制造费用预算

表 5-7　制造费用预算

季度	一	二	三	四	全年
变动制造费用：					
间接人工	105	155	198	182	640
间接材料	105	155	198	182	640
修理费	210	310	396	364	1280
水电费	105	155	192	182	640
小计	525	775	990	910	3200
固定制造费用：					
修理费	1000	1140	900	900	3940
折旧	1000	1000	1000	1000	4000
管理人员工资	200	200	200	200	800
保险费	75	85	110	190	460
财产税	100	100	100	100	400
小计	2375	2525	2310	2390	9600
合计	2900	3300	3300	3300	12800
减：折旧	1000	1000	1000	1000	4000
现金支出的费用	1900	2300	2300	2300	8800

制造费用预算通常分为变动制造费用和固定制造费用。其中，折旧费无须支付现金，所以，总制造费用扣除折旧后，就是需实际支出现金的费用。

固定制造费用，需要逐项按每季度实际需要的支付额预计，然后计算出全年数。变动制造费用以生产预算为基础来编制，用单位产品的标准成本乘以产量。

为了便于以后编制产品成本预算，需要计算小时费用率。

变动制造费用分配率＝3200/6400＝0.5（元/小时）

固定制造费用分配率＝9600/6400＝1.5（元/小时）

6. 产品成本预算

表 5-8 产品成本预算

项目	成本(元)			生产成本(640 件)	期末存货(20 件)	销售成本(630 件)
	单位产品投入量	单位投入成本	单位产品成本			
直接材料	10 千克	5	50	32000	1000	31500
直接人工	10 小时	2	20	12800	400	12600
变动制造费用	10 小时	0.5	5	3200	100	3150
固定制造费用	10 小时	1.5	15	9600	300	9450
合计			90	57600	1800	56700

单位产品成本数据来自直接材料预算、直接人工预算和制造费用预算。

生产成本、期末存货、销货成本是其单位成本乘以相应的数量。

(7) 销售及管理费用预算

销售费用是为了实现销售预算所需支付的费用。

表 5-9 销售费用和管理费用预算

项目	金额
销售费用:	
销售人员工资	2000
广告费	5500
包装、运输费	3000
保管费	2700
小计	13200
管理费用:	
管理人员工资	4000
福利费	800
保险费	600
办公费	1400
小计	6800
合计	20000
每季度支付现金(20000÷4)	5000

(8) 现金预算

现金预算有现金收入、现金支出、现金多余或不足、资金的筹集和运用。表5-10是实达公司的现金预算。

现金多余或不足,是现金收入与现金支出的差额,差额为正,说明收大于支,现金有多余,可用于偿还借款或者用于短期投资;差额为负,支大于收,现金不足,要向银行借款。

本例中该企业需要保留的现金余额为6000元,不足此数要向银行借款。则第二季度的借款额为:

$$借款额 = 最低现金余额 + 现金不足额$$
$$= 6000 + 4940 = 10940 \approx 11000(元)$$

表5-10 实达公司2008年现金预算表(单位:元)

季度	一	二	三	四	全年
期初现金余额	8000	8200	6060	6290	8000
加:销货现金收入	18200	26000	36000	37600	117800
可供使用的现金	26200	34200	42060	43890	125800
减:各项支出:					
直接材料	5000	6740	8960	9510	30210
直接人工	2100	3100	3960	3640	12800
制造费用	1900	2300	2300	2300	8800
销售及管理费用	5000	5000	5000	5000	20000
所得税	4000	4000	4000	4000	16000
购买设备		10000			10000
支付股利		8000		8000	16000
支出合计	18000	39140	24220	32450	113810
现金多余或不足	8200	(4940)	17840	11440	11990
向银行借款		11000			11000
还银行借款			11000		11000
借款利息(年利10%)			550		550
合计			11550		11550
期末现金余额	8200	6060	6290	11440	11440

第三季度现金多余，可用于偿还借款。借款一般按每期期初借入，每期期末归还来预计即：借款期为6个月。假设利息率为10%，则应计利息为：

$$11000 \times 10\% \times 6/12 = 550(元)$$

还款后，仍需保持最低现金余额，否则，只能部分归还借款。

3. 预计财务报表的编制

预计的财务报表是财务管理的重要工具，主要为企业财务管理服务，是控制企业资金、成本和利润总量的重要手段。具体包括预计的利润表、预计的资产负债表和现金流量表。

以下同样以实达公司为例进行说明。

(1) 预计利润表的编制

表 5-11　预计利润表

项目	金额
销售收入	126000
销货成本	56700
毛利	69300
销售及管理费用	20000
利息	550
利润总额	48750
所得税(估计)	16000
税后利润	32750

预计的利润表与实际的利润表内容、格式相同，只不过数字是面向预算期的。通过编制该表，可以了解企业的预期盈利水平。

(2) 预计资产负债表

预计资产负债表是利用本期期初资产负债表，根据销售、生产、资本等预算的有关数据加以调整编制的。

编制预计资产负债表的目的在于判断预算反映的财务状况的稳定性和流动性。如果通过预计资产负债表的分析，发现某些财务比率不佳，必要时可修改预算，以改善财务状况。

表 5-12 资产负债表

资产			权益		
项目	年初	年末	项目	年初	年末
现金	8000	11440	应付账款	2350	4640
应收账款	6200	14400	长期借款	9000	9000
直接材料	1500	2000	普通股	20000	20000
产成品	900	1800	未分配利润	16250	33000
土地	15000	1500			
房屋及设备	20000	30000			
累计折旧	4000	8000			
资产总额	47600	66640	权益总额	47600	66640

(三) 财务报表分析

财务报表分析是指以财务报表和其他资料为依据和起点，采用专门方法，系统分析和评价企业的过去和现在的经营成果、财务状况及其变动，目的是了解过去、评价现在、预测未来，帮助利益关系集团改善决策。

财务报表分析的结果是对企业的偿债能力、盈利能力和抵抗风险能力作出评价，或找出存在的问题。

1. 财务报告与财务报表

财务报告，是综合反映企业一定时期财务状况、财务成果和财务状况变动情况的总结性书面文件。它是由财务报表、附表与附注及其他财务报告书组成。

企业基本财务会计报表包括：资产负债表（月报、年报）、利润表（月报、年报）和现金流量表（年报）。

（1）资产负债表。它是总括反映公司在一定日期全部资产、负债和股东权益财务状况的静态会计报表，又称财务状况表。其结构是以“资产＝负债＋股东权益”这一会计等式为基础。

（2）利润表。它又称损益表或收益表，是总括反映公司在一定时期内生产经营中实现的财务成果的动态会计报表。

（3）现金流量表。它是广义意义上的财务状况变动表中的一种资金报表，是以“现金”为基础编制的财务状况变动表。以“营运资金”为基础编制的资金报表，当时是将其命名为财务状况变动表，因而它是狭义意义上的一种财务状况变动表。今天的现金流量表是在过去的财务状况变动表的基础上发展形成的。

2. 财务报表分析方法

财务报表分析的方法，有比较分析法和因素分析法两种。

(1) 比较分析法。比较分析是对两个或几个有关的可比数据进行对比，揭示差异和矛盾。比较是分析的最基本方法，没有比较，分析就无法开始。

比较分析的具体方法分为：按比较对象（和谁比）分类、按比较内容（比什么）分类。

(2) 因素分析法。因素分析是依据分析指标和影响因素的关系，从数量上确定各因素对指标的影响程度。

因素分析的具体方法分为：差额分析法、指标分解法、连环替代法、定基替代法。

在实际的分析中，各种方法是结合使用的。

3. 偿债能力分析指标

(1) 短期偿债能力分析

① 营运资金

营运资金＝流动资产－流动负债

② 流动比率

流动比率＝流动资产/流动负债

③ 速动比率

速动比率＝速动资产/流动负债

速动资产＝流动资产－存货

④ 营运资金资产总额比率

营运资金资产总额比率＝（流动资产－流动负债）/资产总额＝营运资金/资产总额

流动资产周转比率包括：应收账款周转率、存货周转率和营业周期

应收账款周转次数＝赊销收入净额/应收账款年均余额

应收账款周转天数＝365天/应收账款周转次数

存货周转次数＝销货成本/存货平均余额

存货周转天数＝365天/存货周转次数

营业周期是指从取得存货开始到销售存货并收回现金为止的这段时间。营业周期的长短取决于存货周转天数和应收账款周转天数。

营业周期＝存货周转天数＋应收账款周转天数

(2) 长期偿债能力

① 负债比率，又称资产负债率

负债比率＝负债总额/资产总额

② 利息保障倍数，又称已获利息倍数

利息保障倍数＝(税后利润＋所得税＋利息费用)/利息费用＝息税前利润/利息费用

4. 获利能力分析指标

(1) 企业总获利能力

① 销售净利率

销售净利率＝净利润/年销售净额×100％

② 销售毛利率

销售毛利率＝销售毛利/年销售净额×100％

销售毛利＝销售净额－销售成本

③ 总资产周转率

总资产周转率＝年销售净额/年均资产总额

④ 总资产净利率

总资产净利率＝净利润(不包括少数股东损益)/年均资产总额

⑤ 资产总额报酬率

资产总额报酬率＝[税后净利润＋利息费用(1－所得税率)]/资产总额

(2) 股东获利能力

① 每股收益(EPS)

每股收益＝(净收益－优先股股利)/发行在外普通股股数

＝普通股净益/发行在外普通股股数

② 市盈率(P/E)

市盈率＝普通股每股市价/普通股每股收益

③ 留存收益率

留存收益率=(净收益-优先股股利-普通股股利)/净收益

④ 股利发放率

股利发放率=普通股每股股利/普通股每股收益

⑤ 股利收益率

股利收益率=普通股每股股利/普通股每股市价

⑥ 股东权益比率

股东权益比率=股东权益总额/资产总额

5. 现金流量分析指标

(1) 现金比率

现金比率=现金及其等价物/流动负债

(2) 经营活动现金流量比率

经营现金流量比率=经营活动现金净流量/流动负债

(3) 经营现金流量与负债比率

经营现金流量与负债比率=经营现金净流量/负债总额

(4) 每股经营活动现金流量

每股经营活动现金流量=(经营活动现金净流量-优先股股利)/流通在外的普通股股数

(5) 经营现金流量与现金股利比率

经营现金流量与现金股利比率=经营现金净流量/现金股利总额

6. 商业银行信贷决策中常用的财务比率

表 5-13 商业银行信贷决策中常用的财务比率

比率	重要性程度	衡量的主要方面
债务权益比率	8.71	长期安全性
流动比率	8.25	流动性
现金流量/本期到期长期债务	8.08	长期安全性
固定费用偿付率	7.58	长期安全性
税后净利润率	7.56	获利能力
利息保障倍数	7.50	长期安全性
税前净利润率	7.43	获利能力
财务杠杆系数	7.33	长期安全性

（续表）

比率	重要性程度	衡量的主要方面
存货周转天数	7.25	流动性
应收账款周转天数	7.08	流动性

注：1. 重要性等级最高为9分，最低为0分。
2. 上述10个比率，是被信贷管理人员认为59个财务比率中最重要的10个。

（四）流动资产管理

流动资产是企业生产经营过程中短期置存的资产，是企业资产的主要组成部分，是指可以在一年内或超过一年的一个营业周期内变现或者运用的资产。

1. 现金管理

（1）现金管理。货币资金的结算，有现金结算和转账结算两种形式。采用现金结算，要遵守国家规定的现金管理原则。现金管理原则是：会计、出纳分开；建立现金交接手续，坚持查库制度；遵守规定的现金使用范围；遵守库存现金限额；严格现金存取手续，不得坐支现金。企业不得将单位收入的现金，以个人名义存入储蓄户。

（2）转账结算管理。转账结算又称非现金结算。它是指不直接采用现金而通过银行转账进行货币资金收付的结算方式。按照规定，各单位之间的一切经济往来，包括产品销售、劳务供应和资金缴拨等的货币资金结算，除结算金额起点以下的零星支付以外，都必须进行转账结算。

现行转账结算方式主要有：汇兑结算方式；托收承付结算方式；委托收款结算方式；支票结算方式；银行汇票结算方式；商业汇票结算方式；银行本票结算方式等。

（3）货币资金控制。要使货币资金收入和支出在数量上和时间上相适应，保持平衡，就必须进行预测，确定其货币资金的最佳持有量，全面安排和调度，实行有计划的管理，要编制好货币资金收支计划，贯彻货币收支管理责任制。

2. 应收账款管理

应收账款是企业因对外赊销产品、材料供应劳务等而应向购货或接受劳务单位收取的款项，是企业短期投资的主要组成部分。

（1）应收账款分析

首先，核定应收账款成本。应收账款成本主要由以下三方面构成：

① 机会成本。指企业由于将资金投放于应收账款而放弃的投资于其他方面的收益。

② 管理成本。包括对顾客的信用状况进行调查所需的费用等。

③ 坏账成本。指由于应收账款不能及时收回发生坏账而给企业造成的损失。

其次,编制账龄分析表。通过账龄分析表,如果平均收款期开始延长或账龄分析表开始显示过期账户所占百分比逐渐增加,那么就必须采取相应措施,改善信用状况。

(2) 应收账款的日常管理

企业应收账款的日常管理,一般包括以下内容:

① 对客户的信用进行调查。调查的方法有直接法和间接法,应掌握信用资料的来源。

② 对客户的信用进行评估。评估的主要方法有两个,即五C评估法和信用评分法。

五C评估法是西方传统的信用资格评价方法,是指企业评价用户信用的五个方面因素。

信用评分法的程序是,先对客户的一系列财务比率和信用情况进行评分,并事先确定对各种财务比率和信用情况要素进行加权的权数,然后加权平均,得出客户综合的信用分数,并以此进行信用评估。

企业总有一部分应收账款由于种种原因不能及时收回,这就要求企业确定合理的催收程序和催收方法。

(3) 存货管理

存货是指企业在生产经营过程中为销售或者耗用而储备的物资,包括原材料、燃料、包装物、低值易耗品、修理用备件、在产品、自制半成品、产成品、外购商品等。存货日常管理是流动资金管理的一个重要环节,搞好存货管理对于改善企业生产经营活动、提高流动资金利用效果具有重要的作用。

存货分口分级管理。要做到管钱的人参加管物,依靠管物的人管钱,把管物和管钱结合起来。因此,要在财务部门集中管理的前提下,实行存货分口分级有管理。

生产储备资金管理。要管好用好生产储备资金,主要应做好五方面的工作,即:制定采购计划,搞好供需平衡;加强到货验收,做好资金结算工作;正确编制用料计划，控制材料耗用；加强库存材料管理，监督材料合理储存；做好材料清查工作，挖掘资金潜力。

（五）固定资产折旧管理

固定资产是指使用年限超过一年，单位价值在规定标准以上，并且使用过程中保持原有物质形态的资产，包括房屋及建筑物、机器设备、运输设备、工具器具等。

固定资产管理包括保护固定资产的完整无缺；提高固定资产的完好程度和利用效果；正确核定固定资产需用量；正确计算固定资产折旧额，有计划地计提固定资产折旧；进行固定资产投资的预测。

1. 固定资产折旧的概念

固定资产因损耗而转移到产品上去的那部分价值，叫固定资产折旧。固定资产的损耗有有形损耗和无形损耗两种形式。固定资产从投入使用起，到报废为止的使用年限，称为物理折旧年限。物理折旧年限是正确计算折旧的前提。

确定固定资产的折旧年限，既要考虑有形损耗，又要考虑无形损耗。考虑无形损耗后而确定的折旧年限，称为经济折旧年限。考虑固定资产的无形损耗，才能使固定资产的价值，在科学技术不断进步的条件下也能全部得到补偿。

2. 固定资产折旧的计算方法

（1）平均年限法。它是根据固定资产的原始价值，按照其使用年限平均计算的。它是我国目前广泛采用的一种方法。

固定资产年折旧额＝（原始价值＋清理费用－残余价值）/使用年限

（2）工作量法。一是按照行驶里程计算固定资产折旧额。计算公式如下：

每行驶里程折旧额＝（原始价值＋清理费用－残余价值）/预计总行驶里程

二是按照工作小时计算固定资产折旧额。计算公式为：

每工作小时折旧额＝（原始价值＋清理费用－残余价值）/预计总工作小时

（3）双倍余额递减法。它是根据年初固定资产折余价值乘以双倍余额递减法折旧率，确定固定资产的年折旧额。

（4）年数总和法。它是根据折旧总额乘以递减分数（折旧率），确定年度折旧额。折旧率的简化计算公式为：

固定资产年折旧率＝(折旧年限－已使用年限)/[折旧年限＋(折旧年限＋1)/2]

后两种方法都是对折旧费采取先多分摊,后少分摊,又称加速折旧法。

(六)固定资产资本支出管理

1. 资本预算的过程

资本预算是规划企业用于固定资产的资本支出,又称资本支出预算。它是企业选择长期资本资产投资的过程。

资本预算的过程包括下述五个步骤:

(1) 创意的产生(项目的提出)。一般而言,企业的高级领导提出的投资项目,多数是大规模的战略性的投资,如开拓新业务、收购其他企业等。

(2) 项目的评价。包括:估计由该资本项目方案引起的在一定期间内发生的现金流出量、现金流入量和现金净流量;预计预期现金流量的风险;确定投资项目取舍的标准(即资本成本);计算资本项目方案的现金流入量现值、现金流出量现值,并计算出现金净流量。

(3) 决定方案的取舍。将资本项目方案的现金流入量现值和现金流出量现值进行比较,如果现金流入量大于现金流出量现值,可以接受该方案;如果现金流入量现值小于现金流出量现值,则拒绝该投资方案。

2. 现金流量的构成

资本项目的现金流量,一般由以下三个部分构成:

(1) 初始现金流量,指开始投资时发生的现金流量,这部分现金流量一般是现金流出量。

(2) 营业现金流量,指投资项目投入使用后,在其寿命期内由于生产经营所带来的现金流入和流出的数量。

(3) 终结现金流量,指资本项目完结时发生的现金流量。主要包括:固定资产的产值收入或变现收入;原来垫支在各种流动资产上的资金的收回;停止使用的土地的变价收入等。

3. 资本预算的非折现现金流量法

非折现现金流量指标是指不考虑货币时间价值的各种指标。这类指标主要有如下两个:

(1) 投资回收期是指回收初始投资所需要的时间，一般以年为单位，是一种使用很广泛的投资决策指标。当每年的营业净现金流量(NCF)相等时，投资回收期可按下列公式计算：

$$投资回收期 = \frac{原始投资额}{每年\ NCF}$$

(2) 平均报酬率。平均报酬率是投资项目寿命周期内平均的年投资报酬率，也称平均投资报酬率。平均报酬率有多种计算方法，其最常见的计算公式为：

$$平均报酬率 = 年平均现金流量 / 初始投资额 \times 100\%$$

$$投资利润率 = 年平均利润 / 平均投资额$$

投资回收期法和平均报酬率法的概念容易理解，计算也比较简便，但这两个指标的缺点是没有考虑货币的时间价值，所以，有时会作出错误的决策。

4. 资本预算的折现现金流量法

折现现金流量指标是指考虑了资金时间价值的指标。这类指标主要有三个，即：净现值(NPV)，内含报酬率(IRR)，净现值率(PI)。由于后两个指标计算比较复杂，且一般情况下，三者的结论相同，因而净现值法使用最为普遍。

(1) 净现值的概念

投资项目投入使用后的净现金流量，按资本成本或企业要求达到的报酬率折算为现值，减去初始投资以后的余额，叫净现值(缩写为 NPV)。

(2) 净现值的计算方法

净现值的计算公式为：

$$NPV = \left[\frac{NCF_1}{(1+k)^1} + \frac{NCF_2}{(1+k)^2} + \cdots + \frac{NCF_n}{(1+k)^n}\right] - C$$

$$= \sum_{t=1}^{n} \frac{NCF_t}{(1+k)^t} - C$$

式中：NPV—现净值；

NCF_t—第 t 年的净现金流量；

k—折现率(资本成本或企业要求的报酬率)；

n—项目预计使用年限；

C—初始投资额。

当各年净现金流量相等时(即 $NCF_1 = NCF_2 = \cdots = NCF_n = NCF$)时，上述

公式可简化为：

$$\mathrm{NPV}=\frac{(1+k)^n-1}{n(1+k)^n}\mathrm{NCF}-\mathrm{C}=\mathrm{NCF}\times(\mathrm{P/A},k,n)-C$$

其中，$(P/A,k,n)$表示折现率为k，年限为n的现值系数，可通过表格查得。

(3) 利用NPV的决策原则

在只有一个备选方案的采纳与否决决策中，净现值为正者则采纳，净现值为负者不采纳。在有多个备选方案的互斥选择决策中，应选用净现值是正值中的最大者。

净现值法的优点是，考虑了资金的时间价值，能够反映各种投资方案的净收益，因而是一种较好的方法；缺点是不能揭示各个投资方案本身可能达到的实际报酬率是多少。

例：假设某投资项目期初投资额为10000元，项目使用周期为5年，投资要求的收益率为10%，项目在投资后的10年内，每年可产生净现金流量3200元，则该项目的净现值为：

NPV＝未来报酬总现值－初始投资额＝NCF×(P/A，10%，5)－10000

＝3200×3.791－10000＝2131(元)

可见，投资项目的净现值大于零，是可取的。

(七) 销售收入与利润管理

1. 销售收入管理

销售表现为商品转化为货币的过程，及时取得销售收入，是补偿资金耗费、持续生产经营的基本前提；是加速资金周转、提高资金利用效果的重要环节；是及时实现利润、分配利润的必要条件。

(1) 销售收入的预测，是企业根据过去的销售情况，结合对市场未来需求的调查，对预测期产品销售收入所进行的预计和测算，用以指导企业经营决策和产销活动。通过销售预测可以加强计划性，减少盲目性，取得较好的经济效益。销售收入预测的方法主要有时间序列法、因果分析法、本量利分析法等。

(2) 销售收入计划的编制。重点是确定计划期产品销售量。主要有以下两种情况：

一是根据预测需求量，结合企业的现实生产能力，确定计划期产品销售量。需求量大于生产能力，以生产量作为计划销售量；需求量小于生产能力，以预测需求量作为计划销售量。

二是以供需双方签订合同规定的供货量，作为计划期产品销售量。

至于产品销售价格，应分别视不同情况加以确定。凡是有国家或上级主管部门规定的统一价格的，要按统一价格计算；没有统一价格的，则按浮动价格或协议价格计算。对不同等级的产品，应按各个等级品的价格分别计算销售收入，也可以按不同等级品的平均单位售价计算销售收入。平均单位售价的计算公式如下：

$$平均单位售价 = \sum 某种产品单位售价 \times 该产品所占比重$$

（3）销售收入的日常管理。包括：认真执行销售合同，监督发出商品计划的编制和执行；及时办理结算，尽快取得销售货款；搞好售后服务，掌握市场反馈的信息。

2. 利润的预测和计划

企业的利润包括三部分：销售利润、投资净收益和营业外收支净额。

（1）利润预测

利润预测的方法常用的有本量利分析法、相类比率法（比例计算法）、因素测算法三种。

（2）利润计划

利润计划分为销售利润计划、投资净收益计划、营业外收支计划三部分。

利润计划的组织实施要以企业生产、销售、成本等计划的实现为基础。

（3）利润分配的顺序

① 所得税的上交。企业实现利润首先应按国家规定作相应的调整，计算应纳税所得额，并据以计算应上交的所得税税额。

② 经营亏损的弥补。企业发生的年度亏损，可以用下一年度的利润弥补；下一年度利润不足弥补的，可以在 5 年内用所得税前利润延续弥补。延续 5 年末弥补的亏损，用缴纳所得税后的利润弥补。

③ 公积金和公益金的提取。法定盈余公积金和公益金，按照制度规定的比例从税后利润中提取。公积金用于弥补亏损，按照国家规定转增资本金等；公益金主要用于企业职工的集体福利设施支出。

④ 向投资者分配利润。企业利润在上交所得税、弥补经营亏损、提取公积金和公益金以后，所剩利润应在投资者之间进行分配。企业以前年度未分配的

利润，可以并入本年度向投资者分配。

（4）股份制企业的利润分配

股份制企业的利润，首先应按国家税法规定交纳所得税，税后利润按下列顺序分配：

① 弥补亏损。

② 提取法定盈余公积金。

③ 提取公益金。

④ 支付优先股股利。

⑤ 提取任意盈余公积金。

⑥ 支付普通股股利。

讨论案例 5-3

初创公司的财务预算

初创公司还没有收入，甚至还没有产品，如何来做财务预测呢？创业公司最重要的财务预测就是现金流，以下三个方面细节决定初创公司现金流是否合理、真实、可信：

一是预测收入，需要有产品/服务的定价、客户人数、特定的时间内增长情况，注意预测要用月来计算，用它来对照和指导每个月的日常运营；计算成本要细化分摊到每个月，包括：固定成本（如人员工资、房租、办公费等）、可变成本（如原材料、包装、运输、直接人工成本等）、销售成本（如广告、销售、客服成本等）、设备投入（如装修、办公家具、电脑、生产设备等）；分析和调整，找到收支平衡点，把收支平衡点之前的所有费用加在一起，就是你需要准备的启动资金。

二是要注意几个关键数据：①“毛利率”，随着时间的延伸和业务扩展，初创公司的毛利率会逐渐增加。②“营业利润率”，公司的管理成本相对固定，随着收入的增长，它占总成本的比例会越来越小，而营业利润率却会大大提高。另外还有“增长率”和规模。这些数据体现了公司的生命力。财务预测应每个月进行对照和监控，并根据运营情况进行相应调整，使之符合现实，更加优化。如果实际情况和预测总是相差甚远，要及时找出原因，使情况迅速好转。

创业公司快速发展期的财务预算包括三个方面：业务预算、投资预算和财务预算。业务预算主要包括销售预算、生产预算、采购预算、费用成本预算等；

投资预算主要包括项目预算、更新改造预算等；财务预算主要包括现金流量、资产负债表、损益表及融资预算等。

1. 预算从业务预算开始

业务是企业经营的基础，预算从业务开始，才可能推导出最终的利益、现金流等，如果业务预算脱离实际，企业的经营结果肯定与预算差异大。

2. 分析上年预算执行结果

上年预算执行结果如何，执行偏差是由什么原因造成的，什么地方是已经得到改进的，什么地方是可以通过努力在预算年度改进的，什么地方是暂时还无法改进的，在预算前进行详细分析，改进不足，从而保证预算的科学性和可操作性。

3. 研究政策和历史数据

如产业政策、财政税收政策、国家标准、行业标准、企业发展规划、战略目标等。

4. 选择好各指标预算方法

如业务预算中的销售预算与经销商数量、人口、国家的经营发展水平等相关。企业用哪一个或几个指标来进行关联预算，直接关系到预算的正确性。

5. 考虑预算的变量和条件

无论企业采用自上而下或者自下而上的办法，都需要考虑预算的变量和条件，例如新产品出来会怎么样？人手增加30%会怎么样？改变销售模式会怎么样？产品提价会怎么样？增加销售渠道会怎么样？增加办事处会怎么样？把客户重新分类会怎么样？用其他方式增长会怎么样？

6. 贯彻上下协商一致原则

预算的编制过程本身就是企业战略的宣贯过程。好的预算要求企业完成从上到下以及从下到上几个轮回。在预算过程中要上下协商一致，采用科学合理的方法，相互用数据、事实来说服对方。

第四节　新创企业的战略管理

(一) 战略管理概述

战略管理包括战略制定、战略实施和战略控制三部分。战略制定是指如何组织力量,按必要的程序和方法把战略制定出来;战略实施则是指如何通过组织系统把战略贯彻下去,并变为全体职工的行动;战略控制主要是如何评估战略实施中的成果,从而促使职工正确地贯彻既定战略,或者根据实际情况及时修改战略计划。企业经营战略的制定,是一个相当复杂的过程。如果企业不能对战略制定的所有工作进行科学的、有序的管理,企业就难以及时有效地制定出正确的经营策略。

1. 战略管理的特征

企业战略管理是指企业为了适应未来环境的变化,寻求长期生存和稳定发展而制订的总体性和长远性的谋划。企业战略管理的特征如下:

(1) 全局性,指以企业全局为研究对象,来确定企业的总体目标,规定企业的总体行动,追求企业的总体效果。战略管理必须以企业全局为对象,根据企业总体发展的需要而规定企业的总体行动,从全局出发去实现对局部的指导,使局部得到最优的结果,保证全局目标的实现。

(2) 长远性,指企业战略的着眼点是企业的未来而不是现在,是为了谋求企业的长远利益而不是眼前利益。

(3) 纲领性,指经营战略所确定的战略目标和发展方向是一种原则性和总体性的规定,是对企业未来的一种粗线条设计,是对企业未来成败的总体谋划,而不是纠缠于现实的细枝末节。

(4) 抗争性,指企业在竞争中为战胜竞争对手,迎接环境的挑战而制订的一整套行动方案。

(5) 风险性,指战略考虑企业的未来而未来具有不确定性,因而战略必然具有风险性。

2. 经营思想

企业的经营思想也称为企业的经营哲学,是指企业在经营活动中对发生的各种关系的认识和态度的总和，是企业从事生产经营活动的基本指导思想，它是由一系列的观念所组成的。企业对某一关系的认识和态度，就是某一方面的经营观念。企业无论是否已经认识到、自觉或不自觉，客观上都存在着自己的经营思想。

企业的经营思想的内容是相当广泛的，因为企业在经营过程中需要处理的关系涉及方方面面，对某一方面的认识和态度，就是某一方面的经营观念。这一系列观念的总和就是企业的经营思想。由于人们对企业经营中的主要关系的认识存在差异性，因此，对企业经营思想的主要内容的认识也存在区别。以下介绍一些基本观念，但并不排除其他观念在一定条件下的重要性，也不排除其他的一些观念是下列观念的派生观念。

(1) 市场观念

市场观念是企业处理自身与顾客之间的关系的经营思想。顾客需求是企业经营活动的出发点和归宿，是企业的生存发展之源。企业生产什么、生产多少、什么时候生产以及生产的产品以什么方式去满足顾客的基本需求是市场观念的基本内涵。

(2) 竞争观念

竞争观念是企业处理自身与竞争对手之间的关系的经营思想。市场竞争是在市场经济的条件下，各企业之间为争夺更有利的生产经营地位，从而获得更多的经济利益的斗争。

市场竞争具有客观性、排他性、风险性和公平性。企业对这方面的认识和态度，反映出企业竞争观念的表现方式和强度。

(3) 效益观念

效益观念是企业处理自身投入与产出之间的关系的经营思想。企业可视为一个资源转换器，以一定的资源投入，经过内部的转移技术，转换出社会和市场所需要的产品。经济效益是产出和投入之比，这个比率越大，经济效益就越高。效益观念的本质就是以较少的投入（资金、人、财、物）带来较大的产出（产量、销售收入和利润）。因此，企业的效益观念涉及处理好投入、转化和产出的综合平衡，生产出适销对路的产品。

(4) 创新观念

创新观念是企业处理现状和变革之间的关系的经营思想。创新是企业家抓住市场的潜在机会，对经营要素、经营条件和经营组织的重新组合，以建立效能更强、效率更高的新的经营体系的变革过程。企业的创新观念主要体现在以下三个方面：一是技术创新，包括新产品开发、老产品的改造、新技术和新工艺的采用以及新资源的利用；二是市场创新，即向新市场的开拓；三是组织创新，包括变革原有的组织形式，建立新的经营组织。变革是有风险的，然而不变革也是有风险的。对两种风险的认识和态度是创新观念的本质。

(5) 长远观念

长远观念是企业处理自身近期利益与长远发展关系的经营思想。近期利益和长远发展是一对矛盾统一体，商品生产的特点是扩大再生产，然而投资者和职工当前的利益又不能不考虑。企业领导者如何兼顾这对矛盾，是长远观念的核心。

(6) 社会观念(生态观念)

社会观念是企业处理自身发展之间的关系的经营思想。现代企业越来越感到社会责任的重要性。企业之所以能存在，就在于能对社会做出某些贡献。除了生产适销对路的产品外，企业还对国家、生态环境、文化教育事业、社区发展、就业、职工福利和个人发展负有责任。社会观念的本质，就是谋求企业与社会的共同发展。企业的发展为社会做出了贡献，社会的发展又为企业的发展创造了一个良好的外部环境，所以也称为生态平衡观念。

(7) 民主观念

民主观念是企业领导在决策时处理与下属以及职工关系的经营思想。决策是企业经营的核心问题，现代企业的经营决策要科学化、民主化。企业的广大职工中蕴藏着丰富的想象力和创造力，企业领导者如何把这种想象力和创造力激发出来，予以加工提炼，是民主观念的核心。

3. 企业宗旨

企业宗旨是关于企业存在的目的或对社会发展的某一方面应做出的贡献的陈述，有时也称为企业使命。企业宗旨不仅陈述了企业未来的任务，而且要阐明为什么要完成这个任务以及完成任务的行为规范是什么。因此，企业的宗旨陈述应该包括以下基本内容：

(1) 企业形成和存在的基本目的。这一内容提出了企业的价值观念，以及企业的基本社会责任和期望在某方面对社会的贡献。

(2) 为实现根本目的所应从事的经营活动的范围。这一内容规定着企业在战略期的生产范围和市场范围。

(3) 企业在经营活动中的基本行为规则和原则。这一内容阐明了企业的经营思想。经营思想的陈述,往往反映在企业的经营方针中。

(二) 企业外部环境分析

1. 宏观环境分析

企业要进行项目投资,必须摸清自己和该项目所处的宏观环境。如果没有良好的宏观环境,企业的投资将会陷入种种困境。

(1) 经济环境

经济环境的覆盖非常广泛,它对企业运营的影响通常要比其他方面的环境思想束缚更加有力。属于此项的因素主要有国民经济状况、利息率、通货膨胀率、汇率等。

(2) 社会人文环境

近年来,社会环境方面的变化日趋增加,这些变化打破了传统习惯,使人们重新审视自己的信仰、追求及生活方式,影响着人们对穿着款式、消费倾向、业余爱好,以及对产品与服务的需求,从而使企业运营面临着严峻的挑战。

(3) 政策环境

法律是政府用来管理企业运营的一种手段,其作用是双重的:一方面它们对企业的行为有着种种限制;另一方面它们也保护着企业的合理竞争与正当权益。因此,这是企业投资时必须考虑的一个重要因素。此外,政府制定的各种法令、政策,以及其他一些旨在保护消费者、保护环境、调整产业结构、引导投资方向等的措施,也会对各行各业产生影响。当然,这部分分析要针对行业的具体情况而定。

(4) 科技环境

企业的投资在很大程度上受到科学技术方面因素的影响。科技因素对企业投资的影响是双重的,一方面它可能给某些企业带来机遇;另一方面,科技因素会导致社会需求结构发生变化,从而给某些企业甚至整个行业带来威胁。

2. 行业环境分析

企业对所投资的行业环境——主要是行业竞争因素进行分析是绝对必要

的,因为对所要涉足的投资领域进行充分的行业分析后才能"知己知彼",使企业立于不败之地。

(1) 新进入者的威胁

如果新进入者的威胁是很大的,那么该行业的吸引力就会逐渐减少,因为在通常情况下,新进入者会增加市场的竞争激烈程度,并减少总体收益水平。

(2) 行业当前的竞争状况

以主要参与者之间的竞争为特征的行业,显然没有那些在一般程度上竞争的行业更具吸引力。通常,行业的高度竞争会导致市场营销费用的上升、价格战、员工的争夺和其他相关的一些问题。这样的行为会导致消费者和竞争者的利益减少。

(3) 来自替代品的压力

替代品是指能满足相同需求的其他类型的产品。一个行业产品的替代品的数量越多,该行业的吸引力就越小。相反,那些提供相对专有的产品或服务的行业则有更大的吸引力。由于几乎所有的行业都存在替代品的可能性,所以是不是存在替代品并不能看作是某个行业是否具有吸引力的决定性特征。但是,只有那些具有小范围替代品的行业才能获得较高额的收益率。

(4) 行业容量

行业竞争结构的最后一个特征是指这一行业的供求状况。长期存在剩余生产能力并不是行业长期获利的一个好标志。一个行业健康发展的关键标志之一,就是看它是否以一种稳定的趋势,在接近其生产能力水平的状况下运转。

3. 竞争对手分析

一个完备的企业战略,必须建立在认真分析竞争对手的基础上。对竞争对手的分析是全面的。当把竞争对手作为一个战略环境因素对待时,主要分析其对企业市场份额、财务状况、管理水平、产品质量、员工素质、用户信誉等方面的影响。其中,又以财务状况和产品质量等方面的影响为大,因为这两方面对企业竞争力产生的影响是相对较大的。如果最后评定的综合实力与主要对手接近,则宜寻找新的增长点,如开发新产品、开拓新市场,否则难以发挥自身在竞争中的优势。

(三) 企业内部环境分析

1. 企业的组织结构环境分析

企业组织结构环境是指企业管理系统和操作系统的具体组合形式。它通常包括管理职能部门的设置及人员的配备、职能部门的权限分工与合作方式、操作层的责权利关系、正式组织与非正式组织的连贯渠道等内容。

企业组织结构环境对战略管理有直接的影响。一个上下关系协调的企业，可以在战略的制定、实施考核中，较好地适应外部环境的变化，从而对战略进行及时的调整。一个中层管理班子知识结构、技能结构、年龄结构合理的企业，可以保证高层领导者最大限度地将精力放在战略管理上。企业的营销能力较强，则可以为开发新产品、新市场的战略提供强有力的支持。

2. 企业的文化环境分析

企业文化是企业在发展过程中形成的各种价值观、行为规范、管理理念等诸要素的总称。在企业战略管理中分析企业文化环境，就是要弄清企业文化对战略管理的促进作用和制约作用。企业战略管理总是在特定的文化背景下完成的。企业管理人员和员工的行为会受到企业文化的极大影响。因此，若对企业文化环境因素重视不够、处理不当，则会对企业的战略管理产生不利影响。

3. 企业的资源环境分析

企业的资源包括企业的人力、物力、财力资源，以及与此相关的技术资源、管理资源等。从某种意义上讲，战略管理的核心问题就是要在特定的社会宏观环境、行业环境下，在与对手的竞争中，寻找有效利用资源、发挥自身优势、克服自身弱点的市场位置。企业战略管理的过程是一个发现资源、配置资源的过程。

(四) 战略控制

1. 战略控制的目的与任务

战略控制，一般是指将预定的目标同反馈回来的实践结果进行比较，检测偏差程度，评价其是否符合原定目标和要求，发现问题及时采取处理措施。一个企业对其战略活动的控制是一个调节过程。具体地说，战略控制就是通过保持企业系统稳定地进行，借以实现企业战略目标的不断调节的过程。

战略控制之所以必要，是因为在战略实施过程中会出现一些问题，一般是由于战略方案不周全，或者环境发生与原来预测不同的变化而引起的。因此，战略控制的目的主要有两个方面，一是为了保证战略方案的正确实施；二是为了检验、修订、优化原订战略方案。

2. 战略控制的基本原则

(1) 领导与战略相适应。企业的主要领导人必须负责研究、执行战略。

(2) 组织与战略相适应。战略要有合适的组织结构相配。

(3) 执行计划与战略相适应。战略必须有起作用的行动计划支持。

(4) 资源分配与战略相适应。资源分配必须支持战略目标的实现。

(5) 企业文化与战略相适应。企业文化，特别是企业高层管理人员的心理必须与执行战略相适应。

(6) 战略具有可行性。

(7) 企业要有战略控制的预警系统。

(8) 严格执行完整的奖惩制度。企业对成功的执行者必须给予奖励。

3. 战略控制的主要类型

(1) 回避控制问题。具体的手段有：高效自动化、管理集中化、风险共担、转移或放弃某些经营活动。

(2) 具体活动的控制。它是保证企业职工能够按照企业的预期进行活动的一种控制手段。其具体做法主要有三种方式：行为限制、工作责任制、事前审查。

(3) 绩效控制。它是以企业的绩效为中心，通过绩效责任制来达到有效的控制。

(4) 人员控制系统。它是根据所涉人员对企业作出的贡献大小而实施的控制。此外，人员控制系统还可以为某些人员提供一定的帮助。

延伸阅读

初创企业的公司管理———位创业者的自述

1. 有的人务必留

物价上涨，费用上涨，公司利润却未涨多少。每个员工都希望工资大幅增加，但估计大部分小公司无法做到这点。有时当老板的我恨不得将公司门一关，自己拿着资金炒股或炒房，图个清静。虽说近几年由于给每个员工上5险1金，人均费用每月增加几百元，但有的员工并不领情，员工只算每月到手多少钱，至于公司的支出与己无关。但无论如何，对于骨干是务必要大力挽留的。

首先发展骨干员工入股：我将公司股份买一送一，半价销售给骨干员工，五年内退股只退还本金，五年以上退股我三倍赎回。每年拿出利润的60%分红。但股东一旦做了对不起公司的事，加倍惩罚，从股金中扣除。规定出台后，近5年里几乎没有骨干离职，而且公司重点岗位都有股东，省了不少精力。

为什么不白送骨干员工股份？其实并不是在乎钱，一是白给的东西别人往往不珍惜，而且入股的钱又可作为押金，以防股东做出格的事，再说员工入股的钱不出5年即可通过分红收回，不投入哪来的产出啊。

2. 有的权必须放

记得公司刚有十几个人的时候，全公司就我最忙，经常同时接两三个销售电话，还得安排送货，结账，进货，每天来得最早，走得最晚。一次我弟弟到公司，看了半天，发表感慨说："哥我怎么觉得你在养活公司所有人哪？"我当时还挺自豪。结果公司四五年也发展不大，一直十几个人，而且公司员工感觉备受压抑，无发展空间。后来终于明白该放权就得放权，哪怕员工只能做到你的70%。有时候真着急啊，明明能谈下的客户，销售人员就是差那么一点谈不下来，恨不得立刻自己冲上去，该忍还得忍，要不手下员工如何进步。

小公司发展过程中15人是个坎，50人是个坎，200人又是个坎，管理方法不改进，一般无法进一步发展。老板事事亲力亲为的公司，很难过15人。一个人能力再强，也就直接管理七八个人，能力一般的，则只能直接领导四五个人。所以现在客户找我买东西，我经常说："哎呀真对不起，价格我不知道，我给您介绍个销售人员，我让他跟您联系吧。"

3. 有的钱不能省

刚创业时也就一两个人，自己销售，进货，维修，跑银行。当时没有资金，自己到外面学习了几个月会计课程，就开始瞎做报表。月底到税务局报税，报表一交，专管员看了两眼，开始问问题。问的问题我根本不明白，更别说回答了。专管员一脸不高兴，问："你懂不懂？"我陪着笑脸："不懂，不懂。""不懂你来干嘛。换个懂的来。""好，好，下次一定换个懂的来。"第二天我就找了个会计公司，一个月300元钱，以后再不自己跑税务局了。一直到公司十几个人，我仍然让会计公司做账，公司只有一个出纳，没有专职会计和库管。随后几年业务开展得不错，没少挣钱，可年底公司账上资金却没增多少。后来我发现公司只要一过十个人，老板一人根本看不过来，整个公司就像个筛子一样，到处都是洞，能剩下钱才怪。

4. 合适的才是最好的

这些年没少招聘，几年前最多时我一下午面试五六十人。刚开始没有经验，每回招人都找最好的，名牌大学本科生，英语过四级。后来发现，招来的人根本留不住。本来简单的工作岗位，中专生完全能够胜任，找个本科生双方都不合适，只是在写公司简介时方便吹牛。另外面试时应聘人员说的话不可全信，有时对方刚失去工作后比较失落，为得到新工作，他们什么都敢承诺。某次公司招聘商务，岗位工资定为两千左右，一个女孩投简历面试，本科学历，3年工作经验，上份工作工资在两千五，我问她这次工资比上份工作工资低，能否接受。她毫不犹豫表示没问题。由于她比较适合商务职位，我就录用了她。半个月后，前任商务和她交接完离职后第二天她也离职，理由居然是工资低，搞得公司非常被动。

5. 老板尽量唱红脸

每天公司里总有很多事发生，有的应该表扬，有的应该批评。批评和表扬到底该由谁来执行呢？

刚开公司时，找不着当老板的感觉，平素又最烦管人，所以员工有什么问题我很少说。结果公司员工自由散漫，谁也不服谁，工作无法开展。后来觉得再这样下去实在不行，于是开始板起脸管人，这下新的问题又出来了，公司里几乎所有的矛盾都集中到我和公司员工之间，经常有员工当面与我理论是非曲直，这老板当的真郁闷，而我又实在不想当一个声色俱厉的管理者。后来与一些大企业接触多了，发现不少奥秘。总经理很少骂公司普通员工，对公司底层员工可和蔼了，但他经常当着员工的面训斥公司中层干部，而普通员工犯错误则由该员工的直接领导负责处理，这样公司不仅管理得井井有条，而且员工心里也比较平衡。

他山之石可以攻玉，于是开会明确职责，谁的手下出问题谁自己处理，别什么问题都往我这推。平常我一般只表扬好人好事，鼓励为主，而主管自身犯错时我也很少当众批评，通常是私下交流。时间不长，公司管理顺畅了，我在公司里的形象也大为改观。

6. 资金再紧张也要按时发工资

其实这一条是当老板最基本的素质，但实际情况是很多公司做不到这一点。新公司在日常运营时，会经常遇到资金紧张的情况，比如月底或年底压一批货从厂家拿个高额折扣，做工程甲方押着工程款未能及时支付，银行贷款到期需立即归还等等，所有这一切对于老板来说都是未能及时发工资的充分理由。老板一般想：又不是不发工资，只不过稍微晚几天，公司资金紧张，员工应该理解。真实情况是：无论任何理由，对于不按时足额发工资，员工都无法理解。员工的工资不是老板赏赐的，而是他辛苦所得，没准他正等着到日子拿工资交房租，还月供或支付孩子的学费。若未能及时领到工资，员工可能马上就会面临生存问题。正常情况下，老板兜里的钱总比员工活分些，所以老板经常想当然认为员工晚拿几天工资没关系。

那么，如果碰到资金紧张时该怎么办？一般情况下，做生意量力而行吧，有多少本挣多少利，不行就找银行贷款。如果银行贷不到款，也可公司内部或亲戚朋友之间集资。到月底实在发不出工资，如果公司还想继续做下去，老板还是先从自己做起，把私房钱拿出来吧，还不够的话，就把房子车子先典当了，资金周转过来再赎回。拖欠工资有一回就会有第二回，如果资金一紧张，老板就用拖欠员工工资来缓解，结果会导致员工对公司和老板的信任荡然无存。

7. 学会说“不”

中国人好面子，“不”字很难说出口，而老板又是公司的最后一道关口，有时不得不拉下脸说“不”。

我们公司有规定，公司的钱一律不借个人，当然，特殊情况员工可以预支部分工资。前两年，公司一个骨干员工找我聊天，他问：“如果公司里一个员工，对公司贡献是其他人的好几倍，公司会不会借钱给他？”对这个问题我真的很犹豫，想了半天，我说：“公司有规定，公司的钱一律不借个人。”他还不甘心，又问：“对骨干员工也这样？”我说：“对所有人公司一视同仁，骨干员工工资奖金可以多发，可以优惠条件入股，但对于这项规定谁也不能例外。”随后我问他是不是自己要借钱，他承认说要买房子，想借三十万。我很奇怪，买房可找银行贷款呀，这个员工说找银行贷款要付利息和手续费，找公司借钱可以不付利息了。

后来，我了解到他已经有一套住房，再买一套住房是等升值挣钱呢。一年后，该员工因为其他原因离职了。想想当初要是借钱给他，此时还真不好要回来。回绝过一回，以后类似情况就好处理了。这些年，公司包括我在内的所有股东买房如果钱不够都是找银行贷款，没人借用公司流动资金。想想公司再有钱又怎能代替银行的功能。

有时，公司的不少规定都有特殊情况，但在原则问题上老板一定要站稳立场，规定面前人人平等，所谓不患寡患不公，没有不透风的墙，只要开了先例，以后其他员工就不好管了。

8. 尽量避免匆忙作决定

影视作品、报纸广播里经常有这样的场景：领导干部现场办公或下基层走访，有人民群众扶老携幼涕泪滂沱地反映当地官员久拖不决的某些问题，领导同志大手一挥，无比激动地斥责那些不作为的贪官污吏，该免职的免职，该法办的法办，几年解决不了的问题五分钟之内现场解决，真是大快人心。

当老板没多久，公司人员渐渐多起来，我的领导欲望也逐渐膨胀，常常脑袋一热手一挥解决问题。有一回，业务员甲向我投诉，另一个业务员乙恶性竞争抢他的客户，同一单生意故意报低价致使用户未从甲业务员处购买，公司也在利润上受到损失。我一听，非常生气，这种极端自私的行为如何能够容忍，于是贴出通知：此笔生意，乙业务员不仅没有提成，而且通报批评，所有提成奖励归甲业务员。后来，乙业务员反应激烈地找到我说该用户他已经跟了半年多，价格型号都基本谈妥，前些天有次他外出拜访其他用户时，该用户打电话到公司落实细节问题，结果甲业务员接了电话，过后甲不仅未转告乙业务员，而且还让用户直接找甲业务员自己并许诺更多优惠，差点将生意搅黄。我听完后非常诧异，怎么与甲说的完全不一样啊。后又找其他几个业务员核实，乙业务员说的基本属实。唉，通告已经张贴了，这可如何是好？于是一通补救并制定相应规章制度，避免以后类似情况发生。过后反思：当初为什么不调查一下再作决定呢？如果乙业务员性格内向些，没准不找我申辩就直接开路走人了，这对公司损失更大，而且公司其他员工又会有何想法呀。再回想最近经常快速作出一些鲁莽的决定，非常后悔。

现在员工找我解决问题，我一般都说："行，我知道了，等我查一下，几天之内给你回复。"这样，类似错误就很少发生了。看来做事不能只图一时痛快，要全面考虑，职位越高，越应避免当场作出决定。

9. 学会运用科技手段

现代科技日新月异，解决了不少管理上的难题。

公司刚成立时，上下班考勤是靠考勤员来记录的，但这存在很多问题：首先，无法保证考勤员自己每天按时上下班，其次，考勤员请假时公司没人接替负责记录考勤，再者考勤员与公司其他员工关系有近有远，谁也不能保证考勤员一年365日天天公正无私。而现在只花几百元买了一个指纹考勤机就彻底解决了以上问题。

随着公司销售网点逐渐增多，办公地点越来越分散，管理起来也日渐麻烦。有时某种商品甲门市积压半年卖不出去，乙门市接到用户订单又重新进货，门市之间信息相互沟通不畅。而现在，花一点钱购买一套网络版财务软件，就可以使公司各门市，北京总公司与外地分公司之间做到了实时沟通。公司所有库存商品一目了然，每个业务员的每笔业务随时可查，应收应付账款明明白白，各类报表随要随有，我再也不用老问会计：现在库存多少？账上还剩多少钱？某员工这月销售额多少了？只要有台能上网的电脑，无论何时何地，动动手指头，我所需要的数据立即就会出现在眼前。

过去为了提高售后服务部门接电话的质量，减少与客户的纠纷，公司需要经常全员培训，成本高，效果差。现在有了电话记录设备，请培训师听电话录音，分析每人接电话的优缺点，即可以有针对性地讨论提高。不仅客服人员接电话水平有所提高，而且公司电话费也节省不少，因为电话录音让员工不好意思再用公司电话打私人电话了。

运用科技手段管理公司，不仅效率大为提高，而且能尽量避免各种人为因素所引起的偏差。人工成本越来越高，购买先进设备代替人来完成工作对公司来说是个节省成本的好方法。

第六章

企业的生命周期与成长管理

任何一个企业的缔造者都希望自己的企业发展呈高速、持续的格局，但现实却令人不敢乐观。一方面，随着各行业微利时代的来临，许多企业的发展已如老牛负重，步履蹒跚；另一方面，一些曾经风头十足的企业也由于各种原因蓦然暗淡，被挤出了市场。怎样才能尽快结束企业的成长阶段，怎样才能把企业的成熟阶段拉长，怎样才能把其衰退阶段推迟，怎样让企业持续高速地成长，成为一切企业战略与策略的核心，凝聚着企业所有的光荣与梦想。

【课堂学习】

1. 学习企业生命周期理论；
2. 理解不同阶段企业的特点；
3. 了解企业成长过程中常见的困境与难题。

【课后实践】

1. 调研学校周边一家开业两年内的小型企业，了解其发展情况及主要困难；

2. 根据调研的具体情况，分析该企业所处的阶段并提出发展建议。

导读材料

创业企业管理的困惑

站在30楼自家大落地窗边的张宏，望着街头的霓虹灯，想着公司不断增长的业务和人员，这几年来企业在自己的努力经营下，迅速膨胀的历程，心中不禁充满了兴奋和激动。但想到公司上上下下缺少可以信任和依托的员工，又不禁一筹莫展，不知所措。

很多新创企业都有像张宏这样的困惑：班子不好带，员工不好管，听话的不能干，能干的不听话。一言以蔽之，就是在管好人、用好人这个问题上没有好的解决办法。

张宏虽然是老板，但其实每天工作都非常辛苦，成天忙着跑业务、抓单子，公司里的员工则坐在环境舒适的办公室里，把公司当网吧，反正上班事也不多。每当老总从外面风尘仆仆地归来，全体员工均热情地招呼：老总好！老总脸上喜笑颜开，仿佛一切的疲惫都在一声声热情而毕恭毕敬的呼唤中烟消云散了。

张宏总是这样形容他跟员工的关系：他就像司机，既是目标和路线的制定者，也是执行者。他不仅要看清车上的各种仪器，了解车子本身的各种状况，还要看清道路和方向，了解路况以及交通状况，了解各种交通法规，看清红绿灯，还要为车子本身及全车人的生命安全捏一把汗。员工就像是乘客，一上车就找个位子舒舒服服地坐下，有时还要抱怨车子不太好，路也不太平直，有点颠簸，甚至还吵着要听音乐。

张宏说自己太累。大的业务要自己联系，大客户要自己去跑，自己成了为公司创效益最多的人。内部管理只能交给自己信任的人去做，但他们往往又大事小事都要请示，即使做了主自己也不敢或不愿承担责任。

公司看来是在赢利，但深入考察，却发现有很大的危机。由于张宏亲自跑关系、抓业务、抓管理，却发现不仅后继无人，而且找不着合适的人来分担责任。自己个人能力很强，或者社会关系很广，但下属忠诚度不够，张宏更担心下属成长起来后，另立门户，成为自己的竞争对手。

张宏有这样那样的烦恼，却难以下决心改变现状，也不知道如何入手。相对于员工的贡献，给员工开出的工资已经不少了，但员工还是普遍缺乏安全感，忠诚度也不够，员工流失很严重。

在员工眼里，不仅觉得公司管理很不正规，而且自己的能力也不会有多大的发挥，更谈不上有多少提高。很多员工往往工作一段时间后，感觉自己再也学不到新东西了，升迁的希望也很渺茫，只有选择离开。

以上的这些问题，都深深折磨着这位刚刚30岁的张宏，18岁从一人创业到现在拥有一百多人的从事设备贸易及改造的公司老总，真是不可谓不聪明，技术不可谓不过硬，人际关系也八面玲珑，还能吃苦耐劳，但怎么管理他现在的公司，真的难点太多了，张宏深深地吸了一口烟，浓眉紧锁，陷入思索当中……

【思考与讨论】

1. 张宏的企业出现了什么问题？

2. 张宏为什么累？如何让张宏不再那么累？

第一节　企业生命周期理论

作为一个能动的有机体，企业具有一定的生命周期。企业的成长是发展与变革的综合过程，一般经历起步期、成熟期和衰退期三个阶段。企业在生命周期各阶段的特点各不相同，其发展进程中的缺陷与应当采用的战略对策也应有所不同。

（一）企业生命周期理论概述

1972年，美国哈佛大学教授格雷纳在《组织成长的演变和变革》一文中首次提出企业生命周期概念。此后，来自生物学、心理动力学、经济学与管理科学等领域的学者和企业研究者，对企业生命周期问题进行了广泛的探讨和深入的研究。他们认为，企业像生物有机体一样，存在一个从诞生、成长、壮大、衰退直至死亡的过程，要经历从生到死、由盛转衰的演化。企业的成长和发展将遵循量变到质变的基本规律，在由一个生命阶段过渡至另一个生命阶段的转折点上，企业将面临独特的升级问题，质变前后企业将呈现非常不同的状态，质变后企业的功能和能力将发生显著的改变，同时企业发展面临的问题也会显著改变。

企业从创办开始需要经历不同的阶段，在各个阶段通常经历一段相当平静的稳定进化成长期，而结束于不同形式的管理危机，从而完成企业的一个生命周期。企业生命周期阶段的划分有多种不同的方法，其中影响最大的当属艾迪思的分法。艾迪思将企业生命周期分为三个阶段，分别为起步与成长期、成熟期以及衰退期。详见图 6-1：

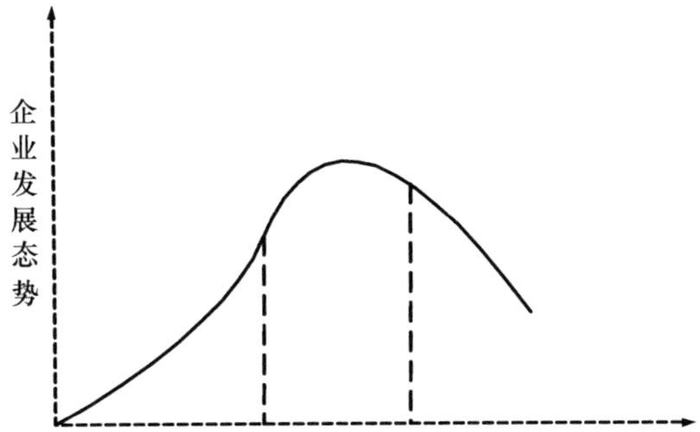

图 6-1　企业生命周期图

认识企业生命周期的规律，是为了认识企业生命周期各阶段的特征和可能出现的问题，从而知道如何避免或尽量减少问题和解决问题，使创业企业健康发展，以最佳姿态进入盛年期；通过一定的途径和措施延长盛年期，延缓企业衰退期的到来，从而使企业获得高质量的生命。但有几点值得注意，一是企业作为人工组织与自然界的生物在生命决定机制、进化机制方面存在本质上的差异，其演变尽管具有一定的规律性，但它不一定按照生物体的生命演变规律进行。比如，企业生命的发展有时可能倒退回某阶段，这种现象在生物界不会出现。二是企业作为一个同时具有生物特性和社会特性的开放复杂系统，其发展在各种因素交互影响下，表现为一个从孕育、创立、成长到成熟、变异的动态演化过程，这一过程使企业发展充满了不确定性和混沌性。人们可以预测自然生命体的生命周期和周期内的各阶段，但对一个企业却做不到这一点。对于企业生命周期是否真正存在明显的阶段性这一问题，研究者还远没有达成广泛的共识。三是对企业生命周期阶段的划分只是概念上的，虽然在逻辑上能自恰，形式上也很明确，但真要去判断一个现实中的企业时，却会出现问题，即不能确切地肯定该企业到底处在什么阶段。四是尽管不同企业成长的方式各有差异，但企业都期望长寿。然而，长寿是一个模糊的概念，正如一个生重病的人也可以拖很久后才死亡一样，企业长寿也有“病态”型、“尚可”型和“有质量”型等多种形态。从公平和效率角度讲，让该死的企业自然死去，或许更有利于整个企业群落的生态环境。对企业自身来说也是一种“解脱”，因为企业真正追求的是有质量的长寿。从比较长期的视角考察，无论是从单独的个案还是整体的统计来看，我国民营高科技企业在发展过程中，呈现出明显的生命周期特征。在前文对民营高科技企业发展历程的总结中，这种特征可以形象地概括为植物形态中的草根、灌木和乔木。另外，生命周期理论所揭示的两个生命阶段过渡时期企业将面临独特的升级问题，在我国民营高科技企业的发展历程中也体现得极其鲜明，如我国民营高科技企业在特定历史条件下所产生的产权制度变迁问题以及民营企业家代际传承问题即属于此类问题。这类问题的解决存在极大的不确定性，而这种不确定的解决后果往往对企业以后的发展影响深远。

（二）企业在不同阶段的特征

企业在生命周期的各个阶段，其特点都非常鲜明，以下着重分析企业的起步与成长期、成熟期和衰退期的各自特征。

1. 起步期

起步期又称创业期，当企业创办人将雄心勃勃的创业计划付诸实践后，企业便进入起步期。对销售额的渴望使得这个阶段具有强烈的“行动导向”和“机会驱使”的色彩。没人花太多的注意力在书面工作、控制、系统和规程上。创始人每天工作 16 个小时，想自己干完所有的事。创业期又被艾迪思称为“疯狂时期”。创业者初生牛犊不怕虎，常常把所有的事情都看作机会，敢作敢为，他们更愿意按照人而不是职能来组织企业。此时，如果创业者的胆识是建立在足够理性的基础之上，由于把握机会大胆进取，不但极有可能取得成功，而且在这一过程中可以建立起创业者的领导权威；当然，问题的另一方面更可能是为日后的发展种下祸根。在创业时期，企业将面临机遇并不断成长，同时也会困难重重、充满挑战。人们对企业的产品尚未接受，销售增长缓慢；企业负担较大，通常没有利润甚至亏损。实力弱小、经验不足的企业，不得不面对由于创业空想、资金不足、生产不稳定、创业者分道扬镳等问题而导致的夭折。创业期应解决的关键问题是为企业的发展争取一个良好的商业环境；避免产品定位失当的陷阱，坚持“销售是王”的方针；同时注意对人、财、物的恰当投入，以确保企业正常运转。

2. 成长期

成长期是企业成长最快的阶段,规模效益开始出现,市场开拓能力也迅速加强,销售量增长快,市场份额扩大,产品品牌和企业的名声已为世人所知晓,企业开始有较多的利润。在这个阶段,企业会出现新的格局,企业产权结构可能发生了变化,股权开始出现多元化或社会化,创始人雇请职业经理人,自己逐渐从管理层淡出,并逐步推行授权管理和规范化管理。但成长期是矛盾多发期,这些矛盾主要与股权资源优化、贡献利益分享、组织结构变革及文化冲突有关。这一时期在创始人、管理层和董事会之间,家族成员之间以及老人和新人之间冲突不断。如果处理不当,企业内部可能发生哗变。要么企业创始人丧失控制权,企业由职业经理人全面接管;要么职业经理人被赶走,企业倒退到从前;要么创始人之间反目成仇,分崩离析等。由于冲突太多,留给顾客的时间变得很少,公司的愿景也受到暂时的损害。在成长期的后期,随着企业资本积累的完成,企业容易掉入盲目多元化的陷阱。在成长期,企业应高度重视战略管理,使企业的业务内涵更加清晰,主业更加明确,管理更有章法;同时,使文化和组织结构更能适应企业发展的需要,否则,企业将会在一系列冲突与变革中提前走向衰亡。

3. 成熟期

企业进入成熟期意味着进入盛年期和稳定期,这是企业生命周期中最理想的黄金时期。在这一时期,企业的灵活性和可控性达到平衡,既不过于幼稚,也不老态龙钟,同时具备年轻和成熟、纪律和创新的双重优势。此时的企业通常有稳定的市场份额,产销两旺,组织良好,制度健全,企业文化业已形成,新的业务在企业中萌生,开始为新生命周期的启动提供机会。但在这一时期,人们趋向于保守,内部的关系网日益重要,老好人多了;钱常花在控制系统、福利措施和一般设备上;讲究做事的方式,讲究穿着与称谓;缺乏创新,拘泥传统等。在成熟期,企业不应满足于保持既得利益和地位,而要积极进取,重视顾客需求,注意对市场的响应速度,提升顾客满意度和市场美誉度;企业要力戒形式主义和官僚主义,加强变革管理,避免因机构臃肿、人浮于事而得恐龙症;企业要进一步增强自主创新的能力,通过国际化、战略联盟等手段,炼就在国内国际两个市场、在物理和虚拟两个空间都能作战的本领,加强对未来趋势的研判,避免核心能力的刚化。对一个谋求长治久安的企业而言,接班人十分重要,在成熟期要把接班人的培养和遴选问题提到议事日程。

4. 衰退期

当企业度过成熟期,将向两个方向演化:或进入新一轮的上升通道,或跌入不可逆转的下降通道。通常,大部分企业在成熟后期即出现衰退症状。企业内部斗争激烈,客户反而被忽视,人们的精力不是花在如何令客户满意,而是用在玩政治手腕。偏执狂束缚了企业,喜欢追究责任;厚厚的规程手册,以及大量的文书工作、规则、政策等窒息了革新和创造力。当企业无法产生所需的现金,支出榨干任何收入便即将崩溃,等到病入膏肓,就进入了死亡。死亡可能突然到来,或者死亡推迟,使企业病态状地续存数年。当然,企业并不必然走向衰退和死亡,可以逃脱衰退和死亡的厄运,实现蜕变和复兴。只要企业通过重塑组织愿景,再造工作流程,重新规划工作架构,掌握市场焦点,不断创立新业务,不断注入新技能、使命和适应环境变化的反射能力,企业就会塑造一个崭新的状态;在投资组合、资源分配、运营战略等方面,就会有健康的表现,企业的重振和复兴就不是一句空话。

(三) 企业在不同阶段的战略

虽然企业的成长无法摆脱周期性的规律,但人工生命体和活的生命体最大的不同,就在于活的生命体都有"大限"和生命周期。而企业作为一个人工生命体,却可以突破成长极限,避开各个阶段危及企业生存和发展的各种误区或陷阱,持续不断地实现自我更新,从而使企业基业常青。尽管不幸的企业各有各的不幸,死掉的企业各有各的原因,然而成功的长寿的企业却大致相同。深入研究这些企业成功的共同特质和长寿秘诀,无疑颇具价值。世界上存在许多长寿的公司,它们的经营实践也印证了这些特质和要义。

1. 对周围环境非常敏感,动态适应能力强

适者生存是自然法则,同样也是市场经济下的企业的生存法则。企业要依据生命体各阶段不同的特征、问题和影响因素,权变地选择解决问题的方法和战略,有针对性地采取措施。实际上,市场千变万化,企业面临的环境不确定性因素日益增加,诸如信贷、投资、税收等政府宏观经济政策的变化、竞争态势的变化、用户需求的变化、原材料供应渠道的变化、技术的突破与跳跃等,都可能使企业的经营状况发生质变。企业要敏锐和准确地去感受和把握,因时制宜积

极应对。除了积极应对外，企业还要未雨绸缪，加强预测和预见，及时分析处于生命周期的哪个阶段以及下一个周期的到来，不断评估自身的当前需求与未来需求，作好衔接的准备。如从婴儿期过渡到青春期，企业的当前目标应当从生存转变为创造销售收入，然后再转变为创造利润；已进入巅峰期的公司，应关注对未来企业新兴事业和领导人的培养。

2. 不断进行新陈代谢，吐故纳新

一些企业发展到一定程度就再难成长，左冲右突，却仍然难以脱离似乎冥冥中的一种力量。究其根源，问题出在企业长期停滞在粗放经营和管理上。企业要加强经营管理，修炼内功，夯实基础，加强制度建设，注重无形资产的培育，增强发展的后劲。企业发展的过程是一个质与量互动的过程，不能光追求规模而忽略发展质量。虚胖臃肿的企业不是健康的企业。既要做大，更要做强做活做久，要不断进行新陈代谢，吐故纳新，不断从外界获得资源，并和企业内部的人、财、物、技术、信息等资源有机结合，消化吸收内化为企业的核心竞争力。其中，企业的战略远见、持续的技术创新能力和优良的企业文化，是决定企业可持续发展的关键因素。

3. 永葆创新创业精神，在战略转折点上求新生

艾迪思说："成长和老化既不取决于企业大小，也不在于时间长短。百年老企业仍可灵活如初，年仅十岁的企业却可能官僚无比"。老化不是企业必然出现的过程，但如果总是留恋过去的框架，沿袭过去成功的模式，失去再创业的劲头，就会丧失活力，走向官僚化和衰退。企业应该保持忧患意识和风险意识，居安思危，通过不断的创新变革，立足当前，面向未来，跳出经验，冲破传统，挑战自我，突破极限，不断蜕变，化"蛹"为"蝶"，实现持续发展，永续经营。要注意识别企业生命周期各阶段的临界点。通常，在临界点处机会和危机并存，临界点既是危机点也是战略转折点，关键是如何把握和驾驭，要善于在战略转折点上求新生。

4. 把握发展节奏，保持动态平衡

企业发展中一个极其重要的问题就是"度"的问题。要在发展的速度、改革的力度和员工及市场的可接受程度之间取得平衡，要在灵活性和自控力之间取得平衡，既要敢于创新，把握机遇，加快发展，又要舍得放弃，抵御诱惑，抑制盲目扩张的冲动。有所为有所不为，不被短期的事务牵着鼻子走，被暂时的市场

机会所诱惑而偏离自身的核心业务。要注意把握发展的节奏，懂得“慢就是快，欲速则不达”的道理，避免因发展过快、战线太长、管理跟不上而导致顾此失彼和业务失控乃至满盘皆输。要注意休养生息，做到张弛有度。要加强企业自身自我调节和自我完善的功能的培养，使企业的发展始终处于动态平衡状态。要特别注意财务上的平衡，实行保守稳健的财政政策，量入为出，稳健谨慎。一些企业的破产倒闭，其实并不是发展不健康，组织不健全，核心能力不具备，业务不盈利，而是一时的资金短缺，导致资金链断裂，从而一个好端端的企业便轰然倒塌。百富勤、巨人集团等都是典型的例子，一些企业的破产仅仅是因为一笔十分短暂的应急贷款没有到位。就像一位精力旺盛的小伙子，由于一口痰卡在喉咙里，自己无法吐出，又没有人帮助吸出，最后窒息而死。

总体而言，在上述原则要求下，企业一般采用的经营战略主要有：

1. 地区资源导向型经营战略

地区资源导向型经营战略指创业者依赖本地区的资源而求取生存与发展。具体情形有：

（1）利用本地区开发利用程度低的资源，为企业发展提供扩大规模和市场潜力的条件；

（2）以本地区特有的资源为导向，即以其他地区稀缺而本地区拥有的动植物、矿产、经济作物等资源作为企业发展的基础，确定企业的成长经营方向；

（3）以特殊人才或人力资源为导向，选择企业的经营发展方向，如从事本地区有特色的传统工艺产品的开发生产，兴办资金投入少的劳动密集型企业，通过不断扩大生产规模来实现企业的发展。

2. 产业结构导向型经营战略

所谓产业结构导向型经营战略，是指创业者根据产业结构变动以及目前产业结构某一方面的薄弱之处而制定的本企业长远发展规划和行为措施的集合。这一战略的成功就在于企业是否能抓住产业结构中空缺或薄弱之处，使本企业成为产业联系业务中不可缺少的一部分，从而得到稳定的发展。一般有以下几种选择：

（1）根据社会经济发展中产品结构变动的总体趋势及本地区的情况，选择处于上升、扩展阶段的产业行业部门，确定企业的生产经营方向；

（2）根据本地区产业结构的特点和发展优势来确定企业的发展方向；

(3) 进入新兴企业,在前沿寻求获得优势及迅速发展的机遇;

(4) 根据产业结构调整的政策导向确定企业的发展战略。

3. 依附型经营战略

依附型经营战略又称为系统化经营战略。所谓“依附”,就是把本企业的生产经营与发展相对固定地纳入或嫁接在某个大企业或企业集团上,成为该大企业或企业集团系列化生产中的一个组成部分,进行专业化的生产与开发。

选择、采用依附型经营战略的好处,还在于创业者可以得到相对稳定的供销渠道,产品的开发方向较为单一、明确,可以发挥自己的专长,并能在一定程度上避开市场激烈竞争的压力。另外,还能通过协作关系进行联合开发,依靠大企业的技术开发能力和实力,突破自身在资金、人才、设备、情报等方面的制约。

4. “夹缝”发展型经营战略

在现实中,除少数技术集约型创新企业外,大多数新企业的设备水平、技术开发能力都比较低。一般难以在同类产品中与大企业直接展开竞争。在“夹缝”中求发展的战略,就是选择产品市场开发的结合部或边缘地带,找到竞争较弱同时又具有开发前景的某些“间隙”,开拓企业的发展道路。

5. 联合竞争型经营战略

联合竞争型经营战略就是根据企业发展的客观需要,通过企业外部的组织化和建立协作关系,改变新企业在竞争中的不利地位,弥补企业经营资源不足而采取的发展措施,作为创业者,在市场竞争中完全回避与规模大、实力强的企业进行竞争是不可能的,市场的法则就是竞争与优胜劣汰。实力强的企业也要不断增强竞争能力,增强自身抗御风险的能力,必须采取有效的方式解决单个创业者在经营发展方面的势单力薄的弱点与不足,求得生存与发展。

在新企业完成质的飞跃发展成为大企业之前,上述总体战略适用于其生命周期的各个阶段,但各生命周期的特性不一样,又有一些具体的战略可供企业采用。

讨论案例 6-1

香港百富勤公司的破产

香港百富勤投资集团诞生于1988年9月,由杜辉廉和梁伯韬创办,不到10年,“百富勤”从一间小公司发展成为拥有240亿港元总资产、126亿港元市值的香港最大证券集团,也是除日本以外亚洲市场实力最雄厚、影响力最大的投资银行,并跻身于《财富》杂志全球500强之列。

1997年7月,正当百富勤的发展如日中天之时,东南亚金融危机爆发了。由于百富勤大量投资于东南亚债券市场,这次危机直接给百富勤带来了巨大的冲击。东南亚国家货币的大幅度贬值,在亚洲债券市场的过度扩张,使百富勤陷入了财务困境。在一整套“拯救计划”相继流产后,百富勤投资集团公司无可奈何地进入法律程序,进行清盘。1997年的亚洲金融风暴使它成为最为壮烈的殉葬品。

百富勤从财务危机爆发到宣布清盘,仅仅历时数月。当初在陷入财务困境后,“百富勤”也使出了浑身解数。公司曾出售21亿美元的资产,并广揽合作伙伴以解燃眉之急。瑞士苏黎世集团也曾拟为其提供15.5亿港元的资金成为其大股东。但亚洲金融风暴持续不止,苏黎世集团目睹“百富勤”财务更加恶化的现实,终于取消入股“百富勤”的计划。香港证监会随即宣布对“百富勤”发出限制通知书,禁止其处理资产。

第二节　起步期的企业经营战略

讨论生命周期理论并不仅仅是为了理解企业的成长变化规律,而是从企业内部结构和运行机制方面进行研究,探索让企业长盛不衰的“法宝”,并为此进行管理创新。根据爱迪思的生命周期理论,企业生命周期分为三个阶段:起步成长阶段、成熟阶段和老化阶段,其中起步期是第一个阶段。

(一) 起步期企业的困境

起步成长阶段是企业生命周期的第一个阶段,这一阶段又分为孕育期、婴儿期和学步期三个时期。孕育期强调的是企业意图和未来意图实现的可能性,成功的关键在于高水平地确立起所要承担的义务。这种义务最为重要的是:要从情感上对创建企业的主张以及企业今后能在市场上发挥的作用这两点承担义务。创业者的动机不应当只是投资回报率,而更应当注意满足市场需求并创造附加值。如果说孕育期关注的是你在想什么,企业需要能够确立所要承担义务的梦想,那么,婴儿期所关注的则是你在干什么。企业需要更多的脚踏实地的,一切以结果为导向的创业者。一旦企业进入学步期,随着销售额节节上升,创业者和整个企业的员工都会豪情万丈,甚至会自认为无所不能。其实,企业生命周期里有两道坎,其中之一就是新建公司的最初10年里,是“死婴率”最高的阶段,如同婴儿早夭。

在起步成长阶段,企业容易存在的困难有:

1. 缺乏战略性思维

从孕育期近乎疯狂的利润导向,到学步期销售导向的确立,资本源源不断地注入短期盈利较大的某一产品、某一行业领域。企业的行事原则是想方设法“榨干”机会,其典型的心态是:“要是有机会赚大钱,那就赶快采取措施。”成长期的企业容易被机会所驱使,而不知道驾驭机会,缺乏战略眼光。

2. 缺乏系统化的制度

如果说婴儿期是根据危机进行管理,在学步期管理则成为危机。刚刚创建的企业,缺乏明确的行为方针、系统的规章制度和健全的预算体系,除了家族式的创业主管以外,没有等级观念,没有组织系统图,企业往往表现出不稳定,容易遭受挫折。

3. 缺乏科学化的授权体系

在成长期企业规模不断扩张的时候,创业者大多也是想授权给下属的,但谁也不想失去控制。尽管他内心只是想授权,但结果往往却是分权。授权的本意是由从上到下地分配任务,并让下属对所承受的任务产生义务感,发挥下属的积极性。而分权的结果是下属也能制定决策,产生离心力,使创业者失去对企业的高度控制。于是,成长期企业成为“家族制”企业,创业者陷阱成为家族陷阱。

(二) 起步期企业的战略选择

可以将企业作为能动的有机体看待,在不同的成长阶段企业具有不同的特点，每一阶段的竞争战略选择也不同。

在起步阶段，企业应采用成长战略。成长战略是为了扩大战略业务单位的市场份额，扩大销售，有时甚至会放弃近期收入的一种战略。一般注重于未来时段的销售额预测，或计划何时市场份额应达到多少。

为完成成长战略，企业主要应注重市场、研发和工程等业务流程，为其配备必需的资源，并对它们的绩效进行严格评估。这些业务流程的绩效评估标准必须在时间和内容上与成长战略目标协调一致。具体战略如下：

1. 市场渗透战略

市场渗透战略是由企业现有产品和现有市场组织而产生的战略。企业战略研究人员应该有系统地考虑市场、产品及营销组合的策略以促进市场渗透。在市场方面应如何扩大现有产品的销售量呢？

（1）增加产品使用人的数量

① 转变非使用人。企业能通过努力把非使用人转变为本企业产品的使用人。例如，飞机货运服务公司的发展就要不断寻找新的用户，说服他们相信空运比陆地运输有更多的好处。

② 努力发掘潜在的顾客，把产品卖给从未使用过本企业产品的用户。例如，本来为妇女生产的洗发剂，现在又成功地推销给男士及儿童使用。

③ 把竞争者的顾客吸引过来，使之购买本企业的现有产品。例如，百事可乐公司劝说可口可乐的饮用人改饮百事可乐。

（2）提高产品使用人的使用频率

① 增加使用次数。企业可以努力使顾客更频繁地使用本企业的产品。例如，肉联厂可以宣传它生产的火腿肠不仅可以夹在面包里吃，而且还可以放在菜里、放在汤里吃，味道同样鲜美，因此早、中、晚餐都可以吃。

② 增加使用量。企业努力使用户在每次使用时增加该产品的使用量。例如，油漆公司可以给用户暗示，每次使用本企业的产品来油漆家具时，起码要上三遍油漆，上油漆的次数愈多，则家具会愈光亮、美观。

③ 增加产品的新用途。企业应努力发现本企业产品的各种新用途，并且要使人们相信它有更多的用途。例如，为制作降落伞而发明了尼龙，后来发现尼龙还可以做成衬衣等各种服装，再后来又发现尼龙可以放在橡胶中做成轮胎，大大增加了轮胎的强度与耐磨性。

（3）改进产品特性

改进产品特性，使其能吸引新用户和增加原有用户的使用量，其方法有：

① 提高产品质量（即增加产品的功能特性），通常这种办法确实能压倒竞争对手。

② 增加产品的特点，例如，在尺寸、重量、材料、添加物、附件等方面，使产品具有更多的功能，提高其使用的安全性、便利性。再如，在开罐头的工具上增加动力装置，使人们开铁包装罐头时既迅速又便利、安全。

③ 改进产品的式样，例如，化妆品包装瓶子的颜色和形状应不断变换，以招徕顾客。在营销组合方面，企业应努力在销售价格、销售渠道、促销手段（广告、销售促进、人员推销）、服务等方面加以改进，以增加现有产品的销售量。

总之，市场渗透战略希望通过对现有产品进行小的改进，从现有市场上赢得更多的顾客，这种战略风险最小。在本阶段，短期内此战略可能会使企业利润有所增长。

市场渗透战略表面看起来是风险最小的一种发展战略，但由于存在以下原因，它也许是风险最大的一种发展战略：第一，除非企业在市场上处于绝对优势地位，否则必然会出现许多强有力的竞争对手；第二，企业管理者宁愿把精力放在现有事务的处理上，因而可能错过了更好的投资机会；第三，顾客兴趣的改变容易导致企业现有目标市场的衰竭；第四，一项大的技术突破甚至可能会使产品在一夜之间成为废物。

2. 市场发展战略

市场发展战略是由现有产品和相关市场组合而产生的战略。它是发展现有产品的新顾客群或新的地域市场，从而扩大产品销售量的战略。实行这种战略有三种办法：

（1）市场开发

将本企业原有产品打入别的企业市场上去，其他企业的市场有区域性市场开发、国内市场开发和国际市场开发三种形式。例如，彩色电视机在国内大中城市已逐渐普及，企业可以考虑将彩色电视机销往农村，开辟农村市场以扩大销售量。

（2）要在新市场寻找潜在的用户

例如，计算机过去一直是销售给科研部门、学校、企业及事业单位的，但现在计算机正在走入家庭，许多想培养孩子的计算机能力的家庭以及教师、科研人员、医生、作家等知识分子家庭也都需要计算机，存在着潜在的计算机购买群。

(3) 企业可以考虑增加新的销售渠道

例如，葡萄酒厂原来只有通过烟酒公司等中间商才最终到达消费者手中，现在为了增加销售量，有的葡萄酒厂自己开设经销店，直接将产品卖给消费者，同时企业还与各大中城市的大饭店、旅馆挂钩，直接将葡萄酒卖给这些单位，极大地增加了销售量。市场发展战略比市场渗透战略风险性大，这种战略迫使管理人员放开眼界，拓宽视野，重新确定营销组合，但此战略仍是一个短期战略，它仍然不能降低因客户减少或技术上落后而导致的风险性。

3. 产品发展战略

产品发展战略是由企业原有市场和其他企业已经开发的而本企业正准备投入生产的新产品组合而产生的战略，即对企业现有市场投放新产品或利用新技术增加产品的种类，以扩大市场占有率和增加销售额的企业发展战略。从某种意义上来说，这一战略是企业发展战略的核心，因为对企业来说，市场毕竟是不可控制的因素，而产品开发是企业可以努力做到的可控制因素。

采用此战略的前提条件是：企业要对原有顾客有透彻的了解，能够提供满足顾客需要的其他产品，这种战略具有一定程度的创新开拓性，新产品的开发鼓励企业从事新的探索，可以提高企业对技术进步的适应能力，但是这种战略仍然使企业束缚了自己，企业的潜能仅仅被用来在原有市场的顾客群中寻找新的投资机会，这可能会因为没有寻找到其他市场而导致较高的机会成本，因为其他市场，尤其是正在成长的新市场可能会比企业的现有市场更加有利可图。

4. 市场创造战略

这种战略是本企业在新市场上投放别的企业已经在成熟的市场上经营的产品。本企业虽然要生产新产品，但是别的企业已经生产这种产品，因此本企业不必从头开始新的技术开发，而是可以直接通过购买许可证，与别的企业联营或通过兼并的办法获得生产产品的权力。市场创造战略比市场转移战略风险更大。市场转移战略的风险是单方面的，因为企业向新市场提供的是企业原有产品，企业只对新市场不了解，而市场创造战略的风险是双方面的，即企业对新兴市场和准备投放的产品都缺乏经验。

讨论案例 6-2

瑞思迈:找准消费者

在睡眠中,呼吸中断是一种在男性当中比较普遍存在的病症。这种疾病主要是因咽喉部分阻止了气流进入呼吸道而产生的。医学专家经过研究,发明了一种被业内称作反向吸尘器的装置,这种装置能够帮助气流冲开患者的咽喉,防止人们在睡眠当中出现呼吸终止的现象。

最早进入这个疾病治疗领域的是一家叫伟康的美国企业。之后不久,瑞思迈也进入了该领域,但很快通过一系列经营手段,后来居上。

瑞思迈是一个医疗设备制造商,必须要和其他人合作,比如医生、诊所。在美国医疗保健领域中,医生与诊所是推动并支持你的产品的最重要的人,他们将成为你的宣传大使。因此,瑞思迈首先去向产业内的人士宣传而不仅仅是向市场宣传。

1992 到 1996 年期间,瑞思迈公司营业额从零增长到 3500 万美元,主要是在美国、欧洲以及澳大利亚等地区。之后,瑞思迈对这个产品不断进行投资和改善。现在瑞思迈和很多研究学者提出,有这种症状的人不仅仅有这个问题,而且还容易出现中风、心脏病等病情。因此,如果能明确该症状和心脏病有明确的因果关系的话,这个市场将得到极大的扩张。那么,怎样才能让人们意识到这两者之间的关系呢?关键是找出意见领袖。

瑞思迈很聪明地找到了美国橄榄球大联盟,联盟中橄榄球队员出现睡眠暂停症状的可能性比较大。瑞思迈请来这些球员的妻子,讲述他们使用了瑞思迈的产品后,症状得到缓解的故事。由此,获得第三方有权威、有说服力的人士的证明,极大地提高了产品的被接受程度,扩大了潜在的消费群体。

由此可见,在推出新的产品或服务之前,首先要培养市场中消费者对于这些产品与服务的认知度,这是最大的挑战,一旦攻克了这个难题,就可以推出新的产品或服务。

第三节 成熟期的企业经营战略

爱迪思把成熟阶段作为企业生命周期的第二阶段,并把它分为青春期、盛年期和稳定期。这一时段，是企业最富有生命活力的时期，企业想方设法加强管理、优化运营，尽量让企业处于这一阶段而不要过快地滑入衰退阶段。

(一) 成熟期企业的困境

这一阶段的企业摆脱了创业者的影响而获再生，并不断走向成熟。在青春期，创业者在经历了多次危机后，开始学会授权。职业型的企业家也开始进入企业，新来经理的领导风格不再是执行原先创业者决策的追随者，而必须是一位能够驾驭机会的领导。企业从以量取胜转向以质取胜，从苦干转向巧干。在盛年期，企业的灵活性和可控性达到平衡，兼有能力与自律，既具有眼光又能自我控制，形式与功能也都达到平衡。这一时期出现了一些理想化特征：企业的制度和组织结构得到完善；企业的创造力、开拓精神得到制度化保障；企业非常重视顾客需求、注意顾客满意度；计划能够不折不扣地进行；企业对未来趋势的判断能力突出；企业完全能够承受增长所带来的压力；企业开始分化出新的事业。总体上说，盛年期的企业富有进取心，具有奋发蓬勃的魅力，但是，盛年期不是终点，而只能看作是一个过程。这种巅峰状态需要精心呵护才能持久，否则，背离了创新精神，只知道利用而不知道滋养这种势头的话，企业就会进入稳定期，尽管企业还是很强健，但内部却隐藏着衰退倾向。

成熟阶段企业容易出现的困境有：

1. 企业控制权的窝里斗

如果企业接受了来自外部的职业型经理，极有可能出现创业者与新来经理间的控制权争夺。如果富有创新精神的创业者掌握控制主动权，他可能会炒掉新来的与自己心态不合的经理；如果企业董事会的外部董事掌握着控制主动权，新来的经理与董事会结成同盟，极有可能将富有创新开拓精神的创业者排挤出局。

2. 企业文化变革的困难

企业文化变革意味着对根深蒂固的观念、习俗和行为提出挑战。在青春期，新来的职业型经理具备与原先创业者迥然不同的风格。为了弥补创业者的不足，他可能会变得重视制度、政策或者行政管理等。此时，新的企业文化的形成必然会对旧的企业文化产生强烈冲击，创业者会感到威胁，原来的企业员工更会感到不可接受，于是，走马灯似的经理更换便成为现实。

3. 企业骄傲自满产生的冲动

由于盛年期资金不再缺乏，企业越来越重视兼并扩张，倘若事先不能认真评估被兼并企业，便极有可能拖累自己，并迅速进入未老先衰的地步。

(二) 成熟期的战略选择

企业进入成熟阶段，已经历了创业的阵痛与蜕变，处于最具生命力和利润最大化的阶段，必须采用各种措施，延迟老化阶段的来临。这一阶段，企业可采用的战略主要有五种：

1. 进攻性战略

(1) 集中性进攻战略

集中性进攻战略指企业的资源以快于过去的增长速度来增加某种产品的销售额或市场占有率。即在一定时间内，加大市场投入，集中企业资源，获得一定的市场优势，从而迅速增加销售额和提高市场占有率的一种战略。这战略的应用条件是：原来生产或销售的主要产品或者多样性产品中的某一个类别还有更大的市场发展潜力，通过扩大产销规模就能够提高产品市场占有率，并赢得更高的盈利水平。这种战略的构成要素是：集中优势资源发展该种产品和积极实行产品差异化，以及开发新产品，更新工艺。

(2) 一体化进攻战略

一体化进攻战略包括纵向一体化和横向一体化。纵向一体化是指从向前和向后两个方面扩大企业经营业务，向前一体化是指利用现有产品来生产新产品或自行销售产品，向后一体化是指把企业现有产品生产所需的原材料、零部件，由外供改为自供。

这种战略的应用条件是：能够使企业对其所需的原材料的成本、质量进行改善，能够降低成本、减少风险，增强稳定性的效果；或者能够增加产品的附加价值，提高企业的盈利水平，加强对营销渠道和需求变化的控制或把握。这种进攻战略的构成要素是：企业通过购买、兼并与自己产业关联的企业，达到产业一体化，以扩大企业实力范围，提高竞争地位的目的。

(3) 多元化经营战略

多元化经营战略，也称为多样化经营战略和多种经营战略，是指企业同时生产和提供两种以上基本经济用途不同的产品或劳务的一种经营战略。目前，多元化成为很多企业适应新形势、开拓新市场的必然选择。

这种战略可以分散经营风险，具有西方不亮东方亮的特点；把多向发展新产品和多个目标市场有机结合起来，多方面地长久占领市场，提高了企业的应变能力，这种战略的产生是市场扩大化和竞争复杂化的结果。但是，非相关产品战略实施起来比较复杂，应注意以下几点：企业必须建立强有力的信息中心，保证企业的市场信息准确灵通、传递迅速；正确处理原有产品的生产与多元化经营的关系；重视提高企业领导人的思想素质、技术素质和经营管理素质；加强宏观管理，努力避免企业集成型多元化的盲目性。

(4) 集团化经营战略

企业集团是企业联合的高级形态，它是以一个或若干个大中型企业为核心，以名、优、特、畅销产品为龙头，在生产、技术、经营上有关联的企业、科研单位及经营组织，在平等自愿、互惠互利原则的基础上进行多层次、多形式联合而结成的经济联合组织。

(5) 国际化经营战略

企业国际化经营是指企业在基地所在国之外，还拥有或控制着生产、营销或服务的设施，进行跨国生产、销售、服务等国际性经营活动。

2. 维持性战略

对创业者来说，头脑极易发热。动辄定下看上去很美但事实上困难重重的奋斗目标；或者一味追随市场热点，企业政策朝令夕改，战略选择也因经营者的好恶而变幻无常。这些都是追求稳定持久的企业所忌讳的。

维持战略是为了保持战略业务单位的市场份额，一般适用于市场增长率低和相对市场占有率高的战略业务单位。实施维持战略，要注重市场、生产、人事等部门的工作。市场部门要通过市场推广来抵抗竞争，生产部门要把好质量关，人事部门应通过一定的杠杆政策激励员工更好地做好各项工作。

(1) 成熟期企业采取维持战略的三种情况

① 企业实力较差，或满足于以往经营业绩，希望能保持之。

② 企业外部环境恶化，而企业又一时找不到进一步发展的机会。

③ 外部环境的变化使企业一时缺乏应对之策，因此不妨先稳住阵脚，待充分调查研究之后再提出新的战略方针。

（2）企业实行维持战略应抓住的重点

① 在内部管理的完善上下工夫，努力提高产品质量，降低成本，加强技术改造和革新，在市场上赢得信誉，提高产品竞争力，为企业的持续发展打下基础。

② 当外部环境恶化时，企业可以保存实力，休养生息，等待时机以图东山再起，避免被市场所淘汰。

维持战略是企业可持续发展的需要，但终究只是权宜之计。如果长期使用，会使企业发展缓慢。此外，该战略易使企业领导者把眼光过分放在企业内部结构的调整上，而企业外部环境的变化及其提供的机遇往往被忽略。此外，它向发展型战略的转变往往要经历较长的时间。

（3）实行维持战略的具体类型

① 不变战略。以不变应万变，是企业最简单的应对之策。但当企业内外环境变化较大时，如果仍不求变，则势必会被对手挤垮。

② 近利战略。在前景难测的情况下，尽量追求眼前利益，提高企业短期利润水平也许是明智的选择，但很容易使企业丧失长期发展的后劲。

③ 暂停战略。企业经过一段时期的快速增长后，可能造成内部环境混乱，因此需要短期的内部休整。此时，企业可以临时降低增长目标，腾出精力理顺其内部管理的各方面关系，以改善企业管理状况。这是企业谋求持续发展的常用方法。

④ 谨慎前进战略。企业对未来发展趋势把握不准，对宏观经济形势把握不定时，就应该谨慎行事，稳定其发展而不要作根本性改变，以免冒进遇险。

3. 危机管理战略

任何企业的发展都不可能一帆风顺，因此企业不仅要学会避免危机，也要学会应对危机。能亡羊补牢当然不错，但更重要的是防患于未然，长期树立危机意识，实行危机管理。

所谓危机管理，是指企业针对市场竞争中可能出现的危机，分析其产生的原因和过程，研究应付危机的规则、方法和企业反危机的行为机制，找到企业预防危机的手段和策略。对管理者而言，危机管理的要求是：平时建立危机管理系统，强化危机意识，防微杜渐，争取在危机的潜伏期和显现期及时采取措施，将其消灭在萌芽状态。

俗话说，冰冻三尺，非一日之寒。任何变化都不可能是无缘无故突然发生的，它总有一定的征兆。对企业来说，如果出现以下迹象，就应该引起警惕了，否则难以逃脱危机的威胁。

① 管理者行为方面，表现为不信任部下，猜疑心重，固执己见，使员工无法发挥能力；对部下不能一视同仁，执行双重标准；听不进部下的建议，刚愎自用，一意孤行；对员工要求严厉，而对自己要求宽松。

② 经营策略方面，企业计划不够慎重周密，在市场变化或政策调整等外界环境发生变化时无应变能力；对外投资决策有较大的盲目性，并无一定的原则。

③ 经营环境方面，对环境的恶化和强劲竞争对手的出现毫无办法；企业外部形象不佳，与媒体交恶，并遭到公众舆论的谴责；企业内部不团结，骨干分子纷纷离职；员工心生怨愤，甚至对外造谣败坏企业形象；工作场所秩序紊乱，开工不足，工人情绪低落，纪律松弛涣散。

④ 财务管理方面，企业销售额收益率大幅下降，债务大量增加；资产负债率大幅上升，流动资金比率降到150%以下，并拖欠员工工资等。

企业之所以在危机来临之时很少意识到危险，往往是由以下原因造成的：

① 大多数变化都是渐进式的，其影响也是潜移默化的，对企业高层领导者来说很难注意到这些变化。

② 一般人有报喜不报忧的习惯，企业领导也只喜欢听到好消息，使得企业极易陷入自我陶醉之中，对即将到来的危机视而不见。

③ 危机常常来源于领导层自身的失误和企业周边环境的变化，企业高层领导缺乏对危机的敏感性。

④ 外界的信号往往是纷繁杂乱的，常对企业起误导作用。

⑤ 暂时的成功易使人头脑不清醒，尤其是对经验欠缺的创业者来说，事业小有成就便陶醉于其中是非常危险的。

因此，要想准确预防危机并能及时处理危机，就一定要建立快速、灵活的预警机制和危机反应体系，密切关注可能引发危机的各种征兆，改革内部管理，从一些深层次的原因入手解决反应迟钝以及对危险的征兆熟视无睹的情况。

具体来说，企业应当做到如下几点：

① 建立一个组织，时刻进行监视分析，它应是如同消防队一样高效且精力充沛的快速反应队伍。

② 全体管理人员和所有员工都要建立危机意识和防范意识，时刻提防竞争对手和环境的变化。

③ 企业高层领导要深入市场,多与客户接触,倾听他们的意见,了解实际情况。

④ 充分利用企业外部的咨询专家,这样能从更新的角度观察问题。

4. 收获战略

收获战略是为了实现利润最大化,增加战略业务单位短期现金流入,不考虑长期影响。实施收获战略,必须严格讲究成本效应。产品原料成本、人工成本必须得到控制,财务部门必须监督生产和人事部门,做好成本效应计划。收获战略适用于从成熟期转入衰退期的战略业务单位。因为这一市场前途黯淡,企业需要从中榨取更多的现金以开展新的业务。企业有时出于自身的原因,转换新的核心业务是常事,对收获战略的实施技巧必须熟练掌握。

5. 创新战略

创新战略一般通过向市场推出新产品来实施。市场与研发是创新战略中最重要的两个部门。市场部门可通过调查和资料分析,挖掘市场的潜在需要及这些需要的发展趋势;研发部门则根据这些需要对产品进行创意设计,创造产品的独特优势,以便市场部门能赢得较高的市场份额。创新是市场之本,是发展之本。创业企业由于技术力量、资金实力等的限制,创新能力相对较低,制约着企业的进一步发展。

前面的维持战略偏向于战略防御,实行"无为而治",被动地接受变革,是一种比较保守的战略;而危机管理战略则纯粹是一种防范和预警机制,谈不上主动积极的进取,因而两者都不是长远之计。企业要真正走出治乱无常的怪圈,掌握自己的命运,就必须尝试不断创新。只有创新才是企业化解危机、持续发展的根本出路。

按照现代创新观念的鼻祖熊彼特在《经济发展理论》中的说法,创新就是生产手段的新组合,而"生产意味着把我们所能支配的原材料和企业的技术力量、管理能力组合起来",这种意义下的创新概念的含义为:采用一种新的产品,或一种产品的新的特性;采用一种新的生产方法,该方法不需要建立在科学的新发现的基础之上;开辟一个新的市场,也就是有关国家的某一制造部门以前不曾进入的市场,不管该市场以前是否存在过;原材料或半成品的一种新的来源。

这里所指的创新,是实实在在的一种对组织内资源进行有效配置的新方式和新方法,而不能狭隘地理解为技术创新。对整个国家来说,创新可以达到一种新的资源配置，推动经济发展；对具体企业来说，创新则可以适应环境变化，使企业保持长期的领先地位和竞争优势。

日本的夏普公司早在1912年创立之初，就定下“不要模仿”的宗旨。公司的任务是开发自己的技术，并以此为基础制造产品。它的目标是制造别人想模仿的产品而不是去模仿别人的产品。长期以来，夏普坚持创新精神，不断创新独特的产品，赢得了创新的声誉。

对真正的创新型企业来说，应该把创新作为企业发展战略的重要组成部分，把创新能力视为其核心能力，据此制定创新战略，同时协调公司各个部门的创新活动，实施全面的创新管理。不过对创业企业来说，产品和技术层面的创新还是相对次要的，要想通过创新获得企业的可持续发展，就必须从知识创新、文化创新，乃至管理创新、制度创新上着手。因为相当多的创业企业在管理制度上仍然处于很低的层次，严重制约了企业的发展。一些企业因为找不到好办法，不得已采用了军事化的管理模式。例如，某企业在全国市场分为“四大战区”，并设立市场“前线指挥部”；或者发动“三大战役”，建立“方面军”和“军”“师”，动不动就发“动员令”、开“誓师会”。这种现象无疑是与市场经济和现代企业制度背道而驰的，它反映了这些企业在管理方式和治理结构上的贫乏与无奈。

讨论案例 6-3

星巴克：延迟全球化战略

1988年的时候，星巴克在西雅图有12家门店，它首先扩张到美国的七个城市——不是一次性扩张到七大城市的。头五年扩展到80家门店，这是新管理层的目标。80家门店中有50家都集中在10英里范围内，这是非常聚焦的战略。但整个过程中，他们一直在纠错，寻找问题。他们问客户，有什么体验，这种体验和在饭店里吃饭喝咖啡有什么不一样，同时他们还不断进行员工培训，他们雇员的薪资和快餐店员工的工资是不一样的。

第一阶段：聚焦本国，实现稳步扩张 。

很多人一定以为星巴克发展起来之后是快速全面发展模式，其实不然，他们是一步步审慎扩张的。在扩张过程中，把本地市场发展的经验运用到新的市场，给他们带来了很大的好处。到1995年，他们有了700多家门店，都在美国国内，没有一家是北美以外的区域。

星巴克为什么在早期发展那么快，动力是什么？总的来说有三点：

首先，拥有全新的产品理念；其次，拥有人格魅力较高的高级管理层；最后，具有优质的人力资源。他们不找便宜的员工，他们找的是最合适的员工，因而员工流失率很低。

第二阶段：并购合资，关注国外区域。

在稳定美国市场之后，星巴克开始考虑全球化。他们还是卖同样的产品，但他们开始关注新的区域。

星巴克有选择性地进行全球扩张，对全球市场化战略进行分析，研究市场机会、目标国家的GDP增长速度，以及愿意喝咖啡的顾客比例等。星巴克进行扩张并不是看国家，而是看城市，他们关注的是城市人口比较集中的区域。

1997年底到1998年初的时候，有一家英国公司即雅图咖啡公司接触了星巴克，它的所有理念全是照搬星巴克，这家公司建立的目的就是在发展到一定规模后把自己卖给星巴克。星巴克获悉后并购了这家公司。

之后，星巴克在日本建立了一家合资企业，同时还把他们的经营模式通过许可经营的方式授予其他经营者。在中国，星巴克不是把中国作为一个整体加以研究的，而是将中国分成几个大区，比如北京及周边地区、上海及周边地区、华南地区等。在不同地区，星巴克与当地企业的合资形式也是不一样的。

第三阶段：降低价格，改变经营模式。

星巴克刚刚创立的时候，成长速度非常快，但随着公司的扩张，要保持那么高的增长速度并非易事。

在过去几年中，人们不仅看到星巴克有些分支机构的增长速度下降了，而且出现了零增长，甚至是负增长。有很多人将公司出现的问题归结于现在的外部环境，很大一部分原因是由于星巴克的理念并不是独一无二的，其仿效者众多，因此，他们必须找到正确的方法，来维持产品的竞争力。

事实上，自星巴克进入海外市场以来，利润水平就不断下降。公司为改善这种状况，努力扩大海外市场，不断注入资金，长此以往，形成了恶性循环。因而，他们必须找出导致盈利水平下降的真正原因，重新调研其进军的市场是否足以支持公司所期望的盈利率。在投资方面也应更加审慎，同时改变其经营模式，为企业创造新的增长点。

当然，也有些企业在发展初期就进行全球化扩张。例如，Check Point是一家以色列的软件公司，在1993年刚刚创立时，这家公司的创始人确定了公司的主要产品为防火墙保护工具。那时，互联网刚刚起步，很多公司在那段时间里飞速发展，原因就在于它们在合适的时间推出了合适的产品，满足了市场的需求。而Check Point的创始人却表示，自己想要的不仅仅是一个技术含量高的产品，而且还要便于客户进行操作；不仅仅要将产品卖给世界上最聪明的工程师，而且还要卖给每一个想要保护自己数据的普通人。

为此，他致力于进入全球市场，让全世界注意到他的产品。他不断通过世界上很多知名的大会获得奖项，提高了自己的知名度。

到2000年，公司已经实现了高速的增长。但真正让人惊讶的不是这一点，而是它的净利润率从来没有低过40%，这是一个非常惊人的数字，充分证明了Check Point的盈利能力，以及在成本控制方面的成功。

第四节　衰退期的企业经营战略

爱迪思认为，企业生命周期的第三个阶段是衰退阶段，包括贵族期、官僚化早期和官僚期。企业一旦进入衰退期，企业和员工的自我保护意识就会不断增强，与顾客的距离就会越来越疏远，体现企业活力的行为不见了。在贵族期，企业开始以自我为中心，给人自以为是的感觉。它具有以下特征：资金越来越多地花在了控制系统、福利设施和一般设备上；员工越来越强调做事方式，而不问所做的内容和原因；员工越来越拘泥于传统，注重于形式；企业内部越来越缺乏创新机制；越来越多的企业员工信奉“别兴风作浪，要少惹麻烦”的观念。而在官僚化早期，最为明显的行为特征是：企业内部冲突不断、谣言四起，企业各部门的注意力集中到内部地位之争上，员工强调更多的是谁造成了问题，而很少考虑采取补救性措施以解决问题。官僚化早期爆发的问题如果日趋严重，企业自己把自己局限于一个狭窄的空间，就会最终被逼进死胡同。

(一) 衰退期企业的困境

不同的企业会因为不同的原因进入衰退阶段，但并非不可逆转，很多导致企业进入衰退期的原因其实是由人的主观意志导致的。同时，企业衰退的危险信号是可以被人们所认识的。以下一些恶兆必须引起警惕：

一是危机逐步升级；二是进入新闻媒体披露和政府部门检查之列；三是妨碍了正常业务开展；四是损害了企业形象；五是影响了企业净利润。调查表明：在那些对危机毫无准备的企业里，危机带来的影响比那些对危机有所防备的企业持续时间要长两倍半。

在衰退阶段，企业容易出现的困境有：

1. 过于关注形式

贵族期的企业不愿承担风险，以企业安全为导向，企业极度讲究仪式，如衣着、称呼等。企业内部完全变得依赖于传统的能力（即我们办事的方式），而无法作出适应性的调整（即做正确的事）。那种把错的事也做得很好的情况，是非常危险的恶兆。

2. 创新精神受到排斥

企业老化往往是由于创新精神的减少引起的，创新精神的遏制、禁锁，只会加速企业老化的进程，长此以往，企业只有死亡。

3. 消极经营

企业采用收缩型战略，即表明陷入消极经营的状态，职工士气低落，这种状态的本身就威胁到企业的生存，更加剧了企业经营的困难。

4. 犹豫不决、优柔寡断

对于要采取放弃和分离战略的企业来说，企业经营者在作出放弃或分离的决策时，方法措施要得当，要及时而果断，若在决策时犹豫不决、优柔寡断，该放弃和分离的经营单位不能及时地放弃和分离，则可能会把整个公司拖垮，以致带来整个公司的倒闭或破产。

（二）衰退期的战略选择

企业进入这一阶段后，增长已渐停滞，业务额、营业收入和净利润同时出现滑坡，投入更大的资源也不能取得营业收入和净利润的增长。因而，这一阶段的企业应采取的战略如下：

1. 收缩性战略

根据实际情况不同，收缩性战略有三种类型：

(1) 适应性紧缩。这种战略主要是针对外部环境的恶化而采取的。由于外部环境的恶化,经济陷于衰退中,市场需求缩小,资源紧缺,致使企业在现有的经营领域,资金处于不利的地位,财务状况不佳,难以维持目前的经营状况。

(2) 失败性紧缩:这是企业经营失误时采取的紧缩战略。由于企业战略决策失误,或产品开发失败,或内部管理不善而造成企业经营困难,竞争困难,竞争地位恶化,只有紧缩才能最大限度保存企业实力,这种紧缩就是失败性紧缩。

(3) 调整性紧缩。与上述两种类型的紧缩战略不同,企业采取调整性紧缩战略的原因,既不是经营衰退,也不是经营失误,而是因为企业要谋求更好的发展机会,实现某些长远的目标,需要集中并有效地利用现有的资源和条件。调整性紧缩还包括选择性紧缩、战略转向、放弃战略三种具体形式。

收缩性战略主要是对于企业现有的产品、市场领域采取一系列措施,实施收缩、调整和撤退,削减某些产品的市场面,放弃某些产品的系列,甚至完全退出目前的经营领域。

收缩性战略的应用条件是需要改善企业的现金流量,争取较大的收益,严格控制和尽量削减各项费用支出,只投入较低限度的经营资源。其目的在于度过危机,保存实力,消除经营疾瘤,集中资源,然后转而采取其他战略。

2. 撤退战略

(1) 放弃战略,指清理、变卖某些战略业务单位,以便将有限的资源用于经营效益较高的业务上,从而增加企业的总盈利。有时,为了使财务损失降至最低,必须在适当时候采取放弃战略。而财务部门在该战略中起重要作用。

(2) 分离战略。分离战略有两种形式。在有些情况下,它可能是将某一经营单位从公司中分离出去,此单位在财务和管理上有其独立性,母公司只保存部分所有权或者完全没有所有权;另一种情况是找到愿意进入该领域的买主,将这一经营单位出卖。企业分离的原因多种多样,首先可能是经营单位的经营内容或经营状况与公司整体经营的内容或状况不协调,不适应企业战略发展的需要。如筹集资金,保证公司财务桅顶和主导经营的优势,因而牺牲某个经营领域以便增加公司的现金流量。当然,采取撤退战略对经营者来说是个困难的决策,它会遇到经济上和管理上的障碍,经营者应当审时度势,果断决策。

(3) 清理战略,亦称为清算战略,即企业由于无力清偿债务,通过出售或转让企业的全部资产,以偿还债务或停止全部经营业务,而结束企业的生命。清理分自动清理和强制清理，前者一般由股东决定，后者须由法庭决定。清理战略是所有战略选择中最为痛苦的决策，对于单一经营的企业，它意味着一定数量的工厂关闭和职工解雇。通常情况下这是所有战略全部失灵时采用的一个战略，当企业资产不足以清偿债务时，则宣告破产。在毫无希望再恢复经营时，早期清理比被迫破产更有利于股东的利益，否则一味地在该领域内继续经营，只会耗尽企业的资源，而不会有任何好处。

讨论案例6-4

IBM：大象的以退为进

2004年12月8日，联想集团收购IBM的PC部门。收购完成之后，IBM将持有联想集团大约18.5%的股份，同时IBM的高级副总裁史蒂芬·沃德(Stephen Ward)将出任联想集团新任首席执行长，而现任联想首席执行长杨元庆则改任公司董事长。此次收购的资产包括IBM所有笔记本、台式电脑业务及相关业务，包括客户、分销、经销和直销渠道，"Think"品牌及相关专利，IBM深圳合资公司(不包括其X系列生产线)；以及位于大和(日本)和罗利(美国北卡罗莱州)研发中心。

至于出售PC业务的原因，主要有以下几个方面：

第一，IBM的PC业务，成本高，利润低，亏损严重，IBM公司个人电脑部2001年亏损状况为3.97亿美元，2002年亏损为1.71亿美元，2003年为2.58亿美元，2004年上半年亏损1.39亿美元，累计亏损近10亿美元。

第二，行业的利润有限，随着PC行业竞争的白热化，PC的利润不断缩水。

第三，战略转型的需要。将业务重心调整到软件和服务上，谋求更大的利润空间和更长远的未来发展。

通过这次购并IBM达到了两大目的：一是放弃一个越来越不适合它做的业务，减少了损失；二是将直接痛击和制约几大竞争对手：英特尔、微软、惠普和戴尔，"变废为宝"，一箭双雕。所以即使"送"给联想，也不想高价卖给对手。

首先可以肯定，IBM出售其PC业务，是一种收缩战略，很大程度上是被动的；同时，因其PC业务亏损严重，急需摆脱这个包袱，是一种被迫的放弃战略。但从更深层来说，却是一种暂时收缩的"以退为进"。采用收缩型战略能够帮助IBM在PC业行业环境恶劣的情况下，节约开支和费用，最大限度地降低损失，避免了盲目地在PC行业投入大量资金以图扭亏为盈,正是IBM采用了收缩型战略,使公司更好地实行了资源整合,将资金运用到IBM擅长的小型机、大型机和服务器上去。因此,表面上看起来,这是IBM在它一手推动并领先10多年的个人电脑业务上的撤退,而实际上是它在全球高端信息服务市场上主动出击的重点进攻。

另外,从出售对象的选择上看,也体现了这一战略的明智。这也解释了为什么这次购并是IBM处于主动地位。此外,IBM结盟联想,也将在中国市场获得更多的回报。

总的来看,IBM出售其PC业务,是一种收缩战略,是一种迂回前进,是一种以退为进。

延伸阅读

企业的再创业战略

1. 可持续发展

再创业的本质是为了实现企业的可持续发展。企业的可持续发展,指为谋求永续发展,企业应努力实施既可满足消费者的需要,又可合理使用自然资源和能源,并保护环境的生产方法和措施,通过追求综合效益(经济、社会和环境效益的统一),以实现本企业与社会、竞争者、消费者之间的和谐共存。这一观点的内涵主要包括以下几个方面的内容:

(1) 企业要由传统的追求销售增长向追求组织自身发展转变;

(2) 企业发展模式要由“牧童式”向“宇宙飞船式(轨道式)”转变;

(3) 企业利用资源、能源要由耗费型向节约型转变;

(4) 企业对污染控制要由末端控制向全程控制转变;

(5) 企业竞争优势要由四要素(质量、价格、服务、时效)竞争模式向五要素(质量、价格、服务、时效、环保)竞争模式转变。

2. 创新制胜

企业持续发展的阶段性表现为通过再创业实现不断地阶跃,而阶跃的支撑在于企业能够不断地创新。因此可以说再创业的一个显著特征就是以创新为平台。创新是企业的生命。熊彼特认为,“创新主要是指建立一种新的生产函数”，即实现生产要素和生产条件的“一种新组合”，它包括：引进新产品，开辟新市场，引进新技术，采用新的生产方法，引用新的原材料，控制原材料的新的供应来源，实现企业本身的新组合。

(1) 企业技术创新

企业技术创新特指与企业生产技术、工艺发展相关的创新活动，是企业整体创新的一个重要侧面，它制约着企业制度创新、企业金融创新等活动。在当今世界新技术革命浪潮的推动下，在激烈的市场竞争中，企业技术创新关系着企业的生存与发展，必须对企业技术创新的内涵和运作模式作出分析。产品创新是企业创新活动的核心。企业的技术创新固然离不开设备更新和工艺流程的创新，但是，就市场经济中的技术进步来看，企业的一切技术创新都是围绕产品的不断升级换代而展开的。

(2) 企业生产组织形式的创新

根据产业经济理论，现代企业生产组织正面临两大挑战：其一，大批量生产与市场多样性、多变性的矛盾。进入买方市场，顾客多样化，个性化成为消费主导，原有的大批量生产方式不适应；其二，产品设计与生产相互割裂，难以适应消费需求的快速变动。过去，新产品是设计部门设计，工艺部门进行工艺制作，生产技术部门进行工艺设备检测和技术准备，采购部门采购，之后才是投产，延长了产品上市时间。为了使企业组织体制适应技术创新需要，必须实现新的技术组织创新。

① 以同步一体化工程替代传统的产品开发模式。主要是组成跨部门的产品开发研制小组，将产品设计、工艺设计、制造、后勤、材料、质量保障等部门组成一体，具有较大权力。美国很多公司都采用这种模式。例如美国波音777飞机的研制就采用了200多个小组，产品设计修改次数大大减少，零件研制时间减少30%。

② 以准时生产制替代传统的生产线。它包括适时适量、均衡生产；批量极小化；弹性作业人数；质量保证自动化。

③ 团队工作方式代替个人独立工作方式。工作小组避免了业务流程分解成一段一段的作业方式。

④ 以学习型组织代替传统组织。学习型组织是一个不断开发适应与变革能力的组织，是一群能不断增强自身创造力的人组成的团队，其本质特征是组织的学习与适应。学习型组织要求员工抛弃旧的思维方式，相互之间坦率真

诚，了解企业运行，制定每个人都认同的计划与构想，然后共同实现这个构想。与传统的组织相比，其优越性主要表现在：拥有终身的理念和发展机制，建有多元回馈和开放系统，拥有学习共享与互助的氛围，具有不断增长的学习能力，工作学习化和学习工作化。

(3) 市场营销方式的创新

在进入买方市场的情况下，应注意以下问题：

① 对市场的预测要定性与定量分析相结合；

② 警惕他人新产品的竞争，产品周期理论认为新产品往往出现在旧产品的成长期；

③ 避免经营规模过大，因为高科技产品的生命周期短，不可作太大投入，较小的工厂、较小的批量、较小的库存是高科技企业的生存之道；

④ 打破企业边界，将顾客纳入企业创新中来，尤其是重视领导型、专家型顾客的意见，善于从顾客的建议中吸收灵感；

⑤ 培育消费者的新消费知识；

⑥ 遵循梯度技术进步的原则，如精密机床生产商的产品先在发达国家销售，然后再推广到新兴工业化国家，最后再向较为落后的国家推销。

(4) 管理创新

管理创新与管理现代化是适应企业技术创新的要求。

① 管理思想现代化，树立市场观念、服务观念、竞争观念；

② 管理组织合理化，建立完善管理体制和管理机构，正确配备人员，建立以责任制为中心的、科学的、严格的规章制度，不断提高工作效率和生产效率，并且随环境变化而进行调节；

③ 管理手段电子化，把电子计算机广泛地用于管理领域，及时、准确地对生产经营活动进行控制；

④ 管理人员知识化，要求管理人员成为具有现代管理知识、经验丰富、头脑敏捷、视野开阔的开拓型人才。

(5) 产品创新

产品创新主要根据市场调查，针对企业的目标群体，通过运用新的科学技术，进行产品的创新和改造，使企业产品性能有显著的提高。

(6) 品牌创新

品牌创新是企业技术创新能力的综合反映。品牌是产品的标识、商家的招牌,一经确定就具有一定的稳定性。品牌是企业技术创新的集中体现。名牌出市场、出效益、出财富。名牌产品在同类商品销售中,毫无例外地成为同类产品销售的第一大户。因而品牌是一种无形资产,其附加价值远远大于自身的价值。品牌的直观印象是产品名称、图标、商标,其背后是产品的质量、功能、价格和售前售后的服务。决定性因素则是企业生产经营管理水平。品牌代表了厂家,代表了实力,反映了企业的水平和信誉。商家竞争实质上是品牌的竞争。凡是具有实力的企业和具有长远经营意识的厂家,都必须懂得经营品牌的意义。

3. 再创业的战略选择

企业不能持续发展面临严峻生存危机的因素是多种多样的。在不同的情况下,企业应该采取不同的再创业战略。以此为依据,将企业的再创业战略划分为三种类型:需求衰退下的企业再创业战略、技术衰退下的企业再创业战略和比较优势衰退下的企业再创业战略。

(1) 比较优势衰退下的企业再创业——价值链全球分布战略

计算机技术、通讯技术的快速发展将人类社会带入信息时代,全球经济出现了。互联网将全球虚拟连接,开放和互利的观念,各国间经贸联系和各种交流的频繁,使得全球经济一体化格局日益明显。在这种情况下,各国所拥有的比较优势带来的竞争优势业已不再明显,这就要求企业必须有国际化经营战略,学会“无国界经营”。

价值链的各个环节所要求的生产要素相差很大。价值链的下游呈现“劳动力密集型”倾向。而价值链的上游则呈现“资金或知识密集型”的倾向。由于各国对生产要素的拥有程度不同,所以各种要素的价格也不同,这就给价值链的全球布局提供了可能性。

(2) 技术衰退下的企业再创业——技术发展战略

当前国际竞争的发展趋势表明,争夺高技术优势已成为国际竞争的焦点。各国积极采取有效的战略措施来发展和应用高技术,使现代企业的发展正由传统技术向高技术转化。其实施领域主要有两个方面:一是用高技术设备改造传统企业,使其生产技术、工艺设备建立在高技术基础之上;二是开发和生产高技术产品及应用高技术改造传统技术产品。

有些企业陷入生存危机是因为在企业所处的行业中替代品技术水平优于

衰退产业中企业的技术水平，导致该产业陷入衰退，如中国VCD行业和美国的人造纤维行业就是典型的技术型衰退产业，前者受到替代品DVD的挑战而陷入衰退，后者受到尼龙和钢材的挑战而陷入衰退。对于技术型衰退产业，企业可以考虑实施技术发展战略。所谓技术发展战略是指企业依据技术发展的轨迹，在不改变所在产业的情况下，对现有的技术加以发展的一种战略。如VCD厂商将VCD的技术发展成为SCVD和CVD技术。这种技术发展战略可以使衰退产业中的企业在一段时间内抵消替代品的威胁，使产业的生命周期出现一个小小的跳跃，延缓其衰退过程。但这一战略的成功实施主要还是取决于替代品的技术发展速度和消费者对替代技术的看法，具有很大的风险性。

(3) 需求衰退下的企业再创业——价值创新与产业转移战略

当企业所面临的危机是由于市场需求的萎缩时，企业或者实施转移战略，撤离该产业，或者反思其战略制定的范式，依托系统性思考找到全新战略，如价值创新战略，才有可能走出衰退的沼泽。

(1) 产业转移战略

产业转移战略是指企业依托其产业先见，把握适当的时机，退出衰退产业，进入全新的产业的战略。产业转移战略可以逐步进行，也可以一次到位(完全转移)。据此，可以将产业转移战略分为完全转移战略和逐步转移战略。

产业完全转移战略是指企业依托自己在长期的市场竞争中培育起来的核心能力，彻底离开原来的衰退产业，进入全新的产业。但是这种战略的风险非常大，因为这种战略往往要求企业在原先所在衰退产业中实施收割战略，但是随着产业的逐步衰退，收割战略很可能会崩溃，如果企业实行的是逐步转移战略，在衰退产业中企业业务的崩溃，会影响到这个企业的现金流，进而导致整个企业的崩溃。

(2) 价值创新战略

事实上，制定的战略总是在一定的范式前提下提出的。竞争战略理论的范式前提就是关注竞争对手，与竞争对手展开零和博弈。在目前速度经济情况下，这种战略范式已不能适应时代，因此提出了价值创新战略。价值创新战略是指衰退产业中的企业改变传统的战略逻辑，将战略的焦点从关注竞争对手转移到顾客价值的最大化，进而实现企业的高速增长。

4. 人才战略

企业要再创业，人才是关键。人力资源是企业最活跃、最积极的要素，尤其在知识经济时代,拥有较高智力资本的人才资源更是企业必不可少的要素。因此,在知识经济时代,无论是国家还是企业,决策层都纷纷将智力资本的投入、获得与应用作为自己的战略法宝,使得拥有较高智力资本的人才资源成为知识经济时代企业成败的关键要素。

对于人力资源的管理,尤其是对人才资源的管理将是企业管理的主要职能之一。由企业管理所取得的经济效益,也将是人力资源管理的部分结果。一般而言,人力资源管理活动本身既有费用支出,也会产生效益,对企业效益也将产生直接的贡献或者损害,这是人力资源管理对企业效益的直接作用结果。有效的人力资源管理政策和活动,能够促使员工工作效率、生产或服务质量的提高,使企业收益提高或成本降低,这是人力资源管理对企业效益的间接作用过程。因此,人力资源管理的各项实践活动对企业效益有着或多或少的影响。为了取得良好的企业效益,求得企业持续稳定发展,企业必须制定合理的人力资源管理制度,严格人力资源管理程序,制定适合企业自身特点的人才战略。

人力资源是企业竞争的核心。人力资源开发与管理区别于其他资源的显著特点之一是其战略性,许多企业竞相将人力资源开发与管理提高到企业战略的高度。而企业的产品质量、成本、市场竞争都需要高素质的人才资源来完成。人力资源质量,决定着企业的竞争能力。从低层次的产品竞争阶段,到争夺有限的高质量人才资源,在经济趋向全球化、资源趋向共享化的现代经济背景下,企业之间的一切竞争最终都将归为人才的较量。而随着我国加入WTO,这种趋势将更加明显。

再创业企业一方面积极招聘优秀人才进入本企业,另一方面加大智力投资,开发本企业的人力资源,发掘人才。其中主要是加强人才培训,实施终身教育。当然,学习并不仅限于正规教育,通过实践学习更为重要。通过学习,更新、扩展、优化他们的知识结构,提高他们适应高新技术发展需要的业务素质与知识水平,不断使每个人的能力获得提升,使人才脱颖而出。总之,虽然各企业再创业的模式或目标各不相同,但形成一个科学合理,而又能反映当前深化改革形势要求的再创业的着眼点或基本思路,却又都具有某些共性。如能把握好这些共性,再结合本企业的特点加以深入研究思考,则形成和制订出切实可行的企业再创业的战略就会有一定的把握和成功的希望。

第七章

创业风险

任何事物都存在正反两个方面，创业也是一样，创业是一件伴随着激情、利益和风险的事情。如果创业失败，将失去很多，包括物质和精神两个方面。不但经济上受损失，在社会上还可能会遭到人们的冷嘲热讽。由此可见，创业获得收益与满足的同时还存在一定的风险。对于大部分从事以科学技术上的新发明、新创造为基础的技术商品化活动的创业公司，不可避免地存在开发失败的风险。据统计，发达国家中小高新技术企业创业的失败率高达70%。如美国的NASDAQ市场2000年一季度有176家公司上市，同时有173家退出，NASDAQ市场成立至今已有数千家公司摘牌。也就是说，20%—30%的创业公司的巨大成功是以70%—80%的企业失败作为代价的。而服务行业的开店创业者5年内的创业失败率更是高达95%，可见创业失败率之高、风险之大。

【课堂学习】

1. 理解创业风险的含义；
2. 了解创业各个阶段风险的类型及防范；
3. 掌握常见创业风险的规避和防范。

【课后实践】

1. 能识别创业过程中常见的风险；
2. 能针对创业过程中一些常见的风险提出应对方案。

导读材料

容易被忽视的风险

(一) 早起的鸟儿没虫吃

成为先驱还是先烈？在创业企业中这是一个重要的问题。前者是眼光问题，后者却是时机问题。创业者都希望能成为前者，但却很容易变成后者。

现在很多人的手机中有一个应用，大众点评。但没多少人知道，在大众点评之前还有一个叫"搜吃搜玩"的应用。其实早在2007年，"搜吃搜玩"作为一款手机软件上市了，它有餐馆介绍和招牌菜推荐，能直接查看地图，确定餐馆的详细位置；按一下电话图标，就能拨通餐馆的电话马上订位、咨询。在2007的时间节点上，这样一款应用无疑是具有"先进理念"的。

当时的市场还是诺基亚的天下，因为的确很实用，这款应用迅速积累了几百万的塞班系统用户。苹果手机2009年进入中国内地后，"搜吃搜玩"反应不可谓不迅速，创业团队马上制作了IOS版本，在苹果App Store上架。在随后苹果公司发布的电视广告中，"搜吃搜玩"作为唯一一款生活搜索软件被展示推荐。而彼时的"大众点评"依然在PC互联网时代上，还没有关注到移动互联网方面。

如果说2008年的金融风暴帮了"维络城"一把，那么也坑了一批类似"搜吃搜玩"之类的企业。缺钱的后果就是投资方变得过度谨慎与保守，风投对于当时新兴的移动互联网态度也较为暧昧。因此什么都领先的"搜吃搜玩"最终还是没能坚持下去，在风投到来前自己先撑不住了。

2009年，"搜吃搜玩"团队改变了重心，把主要精力放在新的产品上。创始人王江说，"搜吃搜玩"做得太早了，起码领先了业界两年，早的后果是，在那两年之内没能迎到市场大的发展，团队消耗过大。按王江的说法，这一切都是因为时机，能解决需求的产品加上具备时机的环境，两者兼得，想不火都难。

(二) 意料之外的对手

维络城起步于上海，它重新定义了优惠券打印行业，甚至一度成这个行业代名词。在业务最火爆的时候，它的2000多个终端机，深入“北上广”乃至香港等10个城市，吸引了500多万用户和3000多个商家。如果不是移动互联网时代的到来，它也许还会继续火爆下去，然而现在，它成为了历史。

截至2013年，维络城仅剩不到20个终端机，散落在北京上海两地不起眼的角落，无人问津。2013年3月，维络城与嘀嗒团宣布合并，维络城创始人则远走异国。

时间回到2004年，当时的张毅斌还是华东师范大学的一名研究生。他留意到一个现象：上海各个商圈里，商家们将优惠券盲目派发，缺少针对性，很难博得消费者的好感；同时，网络上各种打折信息吸引了不少消费者，却因为没有纸质优惠券那么具有信任感，很难形成线下消费。

于是，张毅斌的脑海里浮现出一种前所未有的商业模式：一个可以打印优惠券的终端机，如同ATM机一般，遍布于各个人群聚集的角落。商家可以在上面发布打折信息、推广品牌，用户可以通过RFID射频识别卡获取优惠券，终端机运营商则主要通过向商家收取广告费来实现盈利。

2006年末，张毅斌率领团队研制出了这种终端机，将其命名为“维络城”，并注册了专利。上海地铁站里，维络城一经问世，便迅速吸引了很多新潮的年轻人。维络城终端不仅占据了上海各个商圈与地铁站，还向全国铺开。肯德基、麦当劳等商家则随之纷至沓来，维络城对商家的政策也从“免费”变成了“每个小灯箱每月收费3000元”。

2008年，维络城在上海滩坐拥会员近200万人，1000多台终端机一年吐出2000万张优惠券，商家投放价格也升至每个小灯箱每月4000元。这颗冉冉升起的商业新星，引发了媒体争相报道，“最有潜力的科技公司”“最具投资价值的创新公司”和“最佳新锐营销平台”等赞誉接连而至。

2008年，金融危机的到来使得许多商家为了缩减成本，选择与维络城合作。2010年，维络城获得第三轮融资，融资总额高达数千万美元。2011年，维络城收入近亿元，一时间风光无限。

然而，2011年，移动互联网时代悄然而至。以苹果、三星为代表的智能手机，将曾经的全球手机业霸主诺基亚逼上绝境。移动终端普及，团购网站出现，手机支付功能实现，消费者们几秒钟就能在手机上拿到折扣优惠，大部分情况下是免费的。

变幻莫测的趋势之中，究竟该进还是退，究竟该坚守还是改变？张毅斌无法参透个中玄机。正在他精心策划着如何“巩固线下”时，“隐形对手”已经来临。但此时的维络城，依然强势。此时的张毅斌，依然“固执”。2011年至2012年，移动互联网在两年间迅速崛起，而张毅斌仍然执着于自己那个“明智”的战略：“我们是一家线下的优惠券服务公司，移动互联网也可以跟进，但是主力还是做好线下。”尽管维络城也成立了负责开发移动客户端的部门，但张毅斌并没有给予足够的重视，更没有花力气去研究，反而一再强调“要不忘初始，巩固线下”。

然而，时代浪潮打过来，迅速淹没了张毅斌的“执着”。随着移动互联网上各种APP应用爆炸式增长，消费者使用手机领取优惠编码，逐步取代了纸质优惠券。商家可以通过这些APP应用，低成本甚至零成本地发放优惠编码，所以商家付费给维络城的意愿直线下降，甚至肯德基和DQ等老客户，都出现了在维络城提供优惠券但不付费的情况。

在对手的冲击之下，维络城始终没有采用看上去更炫的触摸屏。只因张毅斌坚持认为，触摸屏的精度和灵敏度较低，而其Windows系统的维护成本和不稳定性，都会造成极大的后台压力。但事实上，优惠券打印机的触摸屏就像智能手机一样，随着技术的快速提升，张毅斌担心的问题很快得到了解决。而维络城按钮式的终端机，不仅在年轻消费者心中显得落后，而且因为只能呈现15个品牌LOGO，而遭到商家们的嫌弃。——这就像苹果的触屏时代打败诺基亚的按键时代。而维络城则因为一次次“故步自封”，最终陷入四面楚歌的绝境。

从2006年到2013年，维络城问世七年，却犹如跨过七百年。时代的新陈代谢实在太快，花还没来得及开放便已迅速凋谢，甚至没有一个优势可以永存。就如这座“城”，才开始繁荣，就匆匆落寞。

(三) 自己制造的成本黑洞

西米网是一个休闲食品独立电商。它的成功依靠的是精准定位和细心服务。针对办公室白领，西米网把200多种女孩子爱吃的干果、蜜饯及豆豆等零食聚集在一起，组成了一个有相当冲击力的零食网站，并且大胆提出了“办公室零食”的概念，价格都统一定为10元或20元，这对于嫌麻烦的女孩子来说，省了不少计算的时间和心境。

在成本控制方面，西米网采用批量采购，然后再小盒、小包分装，贴上自己的品牌标签，有些零食还很细心地送一包湿纸巾，既提升了人气，又提升了利润率。

针对一些不愿意网上购物的白领，从2009年开始，西米网在北京主要商圈的商场铺设了店中店。“开在商场，能保证人流量，做快消最大的需要就是人流量，同时喜欢逛商场的年轻人也正与西米的客户定位相符，精准要体现在各个方面。”刘源说。

大众媒体的报道，西米网的“办公室零食”在北京已经有了一定的知名度。根据当时媒体披露的数据，西米网在2009年实现销售收入700万元，截至2010年5月底，销售收入已经超过600万元，注册会员数量30多万。

其时正逢团购网站兴起，西米网和火热的团购网站进行合作推广。根据刘源的回忆，跟美团合作的那一单，其团购人数达到3000多人，关注度很高。

当西米网每天的网上订单超过300单的时候，它在物流配送方面的硬伤显现出来了：既无法保证速度，也无法保证商品包装的完整性。

自建物流和仓储是刘源的致命败笔，那都是像凡客、京东这样的大电商平台才干的事情，那得对渠道和货物周转有丰富经验，得能精密地平衡业务规模和成本，盲目自建物流和仓储很容易让自己陷入“成本黑洞”，最后死都不知道怎么死的。

在西米网的快速发展中，刘源也频繁开始了与风投的接触。按照刘源的设想，如果融资顺利到位的话，西米网从2011年起会在上海、深圳和广州三地陆续上线。

根据刘源的访谈：“西米网需要迅速抢占更广大的市场。同时，已经在北京开了四家线下的实体店，虽然是出于宣传和增强用户体验的考虑，但也不排除线上与线下相结合的发展模式。另一方面，西米已经增设了新鲜水果、茶饮品等频道，办公室零食只是发展的切入点。下一步，西米希望逐渐扩大到其他类别，最终成为一个专业的食品B2C网站。就像买书会上当当，买衣服会想到凡客，有一天，你需要买食品，你最先会想到的，是西米。”

而开实体店又是刘源的另外一大败笔。做IT出身的刘源团队压根没有开实体店的经验，上文提到很多街边零食小店都能赚钱且赚得不少，但那需要在品类选择、选址、装修乃至店面促销等方面有丰富的经验，那也不是一朝一夕能练出来的。

尽管刘源想象得很好，线上线下结合，类似于O2O模式，但在线上都没做到极致、资金又不到位的情况下，就贸然地分散资源做线下实体店。更要命的是，西米贸然地把品类扩到水果、茶品等，水果是易损耗的品类，不像干果等零食易于控制成本。不待风投进入，2011 年 10 月 27 日，西米网首页挂出公告，宣布“谢幕”。

【思考与讨论】

1. 根据案例提供的材料，你认为三家公司在创业过程中面临着哪些风险？

2. 根据案例提供的材料，你认为哪些风险在创业过程中是可以避免的？

3. 风险是否一定意味着失败、亏损、危机？应付风险的策略正确与否的重要性体现在哪里？

第一节　创业风险的类型

（一）什么是创业风险

1. 风险与创业风险

一提起风险，很多人马上将其和失败、亏损联系在一起。其实，这是不全面甚至是错误的看法。对于风险的理解，一般有两个角度，一个角度强调了风险表现为结果的不确定性，另一个角度则强调损失的不确定性。前者属于广义上的风险，说明未来利润多寡的不确定性，可能是获利（正利润）、损失（负利润）或者无损失也无获利（零利润）；后者属于狭义上的风险，只能表现为损失，没有获利的可能性。

中文“风险”一词，相传起源于远古的渔民。渔民出海前都要祈求神灵保佑自己出海时能够风平浪静、满载而归。现代意义上的“风险”一词，已经大大超越了“遇到危险”的狭窄含义。无论如何定义“风险”一词的由来，其基本的核心含义都是“未来结果的不确定性或损失”。如果采取适当的措施使破坏或损失的概率不会出现，或者说通过智慧的认知，理性的判断，继而采取及时而有效的防范措施，那么风险可能带来机会，由此进一步延伸的意义，不仅仅是规避了风险，可能还会带来比例不等的收益，有时风险越大，回报越高，机会越大。因此，如何判断风险、选择风险、规避风险继而运用风险，在风险中寻求机会，创造收益，意义更加深远而重大。

创业风险是指企业在创业过程中存在的各种风险。由于创业环境的不确定性，创业机会与创业企业的复杂性，创业者、创业团队与创业投资者的能力和实力的有限性而导致创业活动结果的不确定性，就是创业风险。

2. 创业风险的特征

创业风险种类繁多，贯穿并交织于整个创业过程，但是这些风险具有一些共同的特征：

(1) 客观性。创业本身就是一个识别风险和应付风险的过程，风险的出现是不以人的意志为转移的，所以创业风险的存在是客观的。

(2) 不确定性。由于创业所依赖和影响的因素具有不确定性，这些因素是不断变化、不断发展的，甚至是难以预料的，因此造成了创业风险的不确定性。

(3) 双重性。创业有着成功或失败的两种可能性，创业风险具有盈利或亏损的双重性。

(4) 可变性。随着影响创业因素的变化，创业风险的大小、性质和程度也会发生变化。

(5) 可识别性。根据创业风险的特征和性质，创业风险是可以被识别和划分的。

(6) 相关性。创业风险与创业者的行为紧密相连。同一风险，采取不同的对策，将会出现不同的结果。

3. 大学生创业最常遇到的风险

(1) 项目选择

大学生创业时如果缺乏前期市场调研和论证，只是凭自己的兴趣和想象来决定投资方向，甚至仅凭一时心血来潮作决定，一定会碰得头破血流。

大学生创业者在创业初期一定要作好市场调研，在了解市场的基础上创业。一般来说，大学生创业者资金实力较弱，选择启动资金不多、人手配备要求不高的项目，从小本经营做起比较适宜。

(2) 管理风险

一些大学生创业者虽然技术出类拔萃，但理财、营销、沟通、管理方面的能力普遍不足。要想创业成功，大学生创业者必须技术、经营两手抓，可从合伙创业、家庭创业或从虚拟店铺开始，锻炼创业能力，也可以聘用职业经理人负责企业的日常运作。

创业失败者，基本上都是管理方面出了问题，其中包括：决策随意、信息不通、理念不清、患得患失、用人不当、忽视创新、急功近利、盲目跟风、意志薄弱等。特别是大学生知识单一、经验不足、资金实力和心理素质明显不足,更会增加在管理上的风险。

(3) 竞争风险

寻找蓝海是创业的良好开端,但并非所有的新创企业都能找到蓝海。更何况,蓝海也只是暂时的,所以,竞争是必然的。如何面对竞争是每个企业都要随时考虑的事,而对新创企业更是如此。如果创业者选择的行业是一个竞争非常激烈的领域,那么在创业之初极有可能受到同行的强烈排挤。一些大企业为了把小企业吞并或挤垮,常会采用低价销售的手段。对于大企业来说,由于规模效益或实力雄厚,短时间的降价并不会对它造成致命的伤害,而对初创企业则可能意味着彻底毁灭的危险。因此,考虑好如何应对来自同行的残酷竞争是创业企业生存的必要准备。

(4) 团队分歧

现代企业越来越重视团队的力量。创业企业在诞生或成长过程中最主要的力量来源一般都是创业团队,一个优秀的创业团队能使创业企业迅速地发展起来。但与此同时,风险也就蕴含其中,团队的力量越大,产生的风险也就越大。一旦创业团队的核心成员在某些问题上产生分歧,不能达到统一时,极有可能会对企业造成强烈的冲击。事实上,做好团队的协作并非易事。特别是与股权、利益相关联时,很多初创时很好的伙伴都会闹得不欢而散。

(5) 核心竞争力缺乏的风险

对于具有长远发展目标的创业者来说,他们的目标是不断地发展壮大企业,因此,企业是否具有自己的核心竞争力就是最主要的风险。一个依赖别人的产品或市场来打天下的企业是永远不会成长为优秀企业的。核心竞争力在创业之初可能不是最重要的问题,但要谋求长远的发展,就是最不可忽视的问题。没有核心竞争力的企业终究会被淘汰出局。

(6) 人力资源流失风险

一些研发、生产或经营性企业需要面向市场,大量的高素质专业人才或业务队伍是这类企业成长的重要基础。防止专业人才及业务骨干流失应当是创业者需要时刻注意的问题,在那些依靠某种技术或专利创业的企业中,拥有或掌握这一关键技术的业务骨干的流失是创业失败的最主要风险源。

(7) 意识上的风险

意识上的风险是创业团队最内在的风险。这种风险来自于无形,却有强大的毁灭力。风险性较大的意识有:投机的心态、侥幸心理、试试看的心态、过分依赖他人、回本的心理等。

(8) 缺乏创业技能

很多大学生创业者眼高手低,当创业计划转变为实际操作时,才发现自己根本不具备解决问题的能力,这样的创业无异于纸上谈兵。一方面,大学生应去企业打工或实习,积累相关的管理和营销经验;另一方面,积极参加创业培训,积累创业知识,接受专业指导,提高创业成功率。

(9) 资金风险

资金风险在创业初期会一直伴随在创业者的左右。是否有足够的资金创办企业是创业者遇到的第一个问题。企业创办起来后,就必须考虑是否有足够的资金支持企业的日常运作。对于初创企业来说,如果连续几个月入不敷出或者因为其他原因导致企业的现金流中断,都会给企业带来极大的威胁。相当多的企业会在创办初期因资金紧缺而严重影响业务的拓展,甚至错失商机而不得不关门大吉。

另外,如果没有广阔的融资渠道,创业计划只能是一纸空谈。除了银行贷款、自筹资金、民间借贷等传统方式外,还可以充分利用风险投资、创业基金等融资渠道。

(10) 社会资源贫乏

企业创建、市场开拓、产品推介等工作都需要调动社会资源,大学生在这方面会感到非常吃力。平时应多参加各种社会实践活动,扩大自己人际交往的范围。创业前,可以先到相关行业领域工作一段时间,通过这个平台,为自己日后的创业积累人脉。

(二) 创业风险的类型

1. 按创业风险产生的原因划分

按风险产生的原因,创业风险可分为主观创业风险和客观创业风险。

(1) 主观创业风险,是指在创业阶段,由于创业者的身体与心理素质等主观方面的因素导致创业失败的可能性。

（2）客观创业风险，是指在创业阶段，由于客观因素导致创业失败的可能性，如市场的变动、政策的变化、竞争对手的出现、创业资金缺乏等。

2. 按创业风险产生的内容划分

按创业风险产生的内容，创业风险可分为技术风险、市场风险、政治风险、管理风险、生产风险和经济风险。

（1）技术风险，是指由于技术方面的因素及其变化的不确定性而导致创业失败的可能性。

（2）市场风险，是指由于市场情况的不确定性导致创业者或创业企业损失的可能性。

（3）政治风险，是指由于战争、国际关系变化或有关国家政权更迭、政策改变而导致创业者或企业蒙受损失的可能性。

（4）管理风险，是指因创业企业管理不善产生的风险。

（5）生产风险，是指创业企业提供的产品或服务从小批试制到大批生产的风险。

（6）经济风险，是指由于宏观经济环境发生大幅度波动或调整而使创业者或创业投资者蒙受损失的风险。

3. 按创业风险对资金的影响程度划分

按风险对所投入资金即创业投资的影响程度，创业风险可分为安全性风险、收益性风险和流动性风险。

创业投资的投资方包括专业投资者与投入自身财产的创业者。

（1）安全性风险，是指从创业投资的安全性角度来看，不仅预期实际收益有损失的可能，而且专业投资者与创业者自身投入的其他财产也可能蒙受损失，即投资方财产的安全存在危险。

（2）收益性风险，是指创业投资的投资方的资本和其他财产不会蒙受损失，但预期实际收益有损失的可能性。

（3）流动性风险，是指投资方的资本、其他财产以及预期实际收益不会蒙受损失，但资金有可能不能按期转移或支付，造成资金运营的停滞，使投资方蒙受损失的可能性。

4. 按创业过程划分

按创业过程，创业风险可分为机会的识别与评估风险、准备与撰写创业计划风险、确定并获取创业资源风险和新创企业管理风险。

创业活动须经历一定的过程，一般而言，可将创业过程分为四个阶段：识别与评估机会；准备与撰写创业计划；确定并获取创业资源；新创企业管理。

(1) 机会的识别与评估风险，指在机会的识别与评估过程中，由于各种主客观因素，如信息获取量不足、把握不准确或推理偏误等使创业一开始就面临方向错误的风险。另外，机会风险的存在，即由于创业而放弃了原有的职业所面临的机会成本风险，也是该阶段存在的风险之一。

(2) 准备与撰写创业计划风险，指创业计划的准备与撰写过程带来的风险。创业计划往往是创业投资者决定是否投资的依据，因此创业计划是否合适将对具体的创业产生影响。创业计划制订过程中各种不确定性因素与制订者自身能力的限制，也会给创业活动带来风险。

(3) 确定并获取资源风险，指由于存在资源缺口，无法获得所需的关键资源，或即使可获得，但获得的成本较高，从而给创业活动带来一定风险。

(4) 新创企业管理风险，主要包括管理方式，企业文化的选取与创建，发展战略的制定、组织、技术、营销等各方面的管理中存在的风险。

(三) 识别创业风险的方法

创业风险识别是创业者依据企业活动，对创业企业面临的现实以及潜在的风险运用各种方法加以判断、归类并鉴定风险性质的过程。创业者都必须掌握风险识别的能力，并不断提高这种能力。

1. 树立风险识别的基本理念

作为创业者，应该正确树立识别企业风险的基本理念，主要应具备以下意识：

(1) 有备无患的意识。创业风险的出现是正常的，带来一些损失也是正常的，既不能怨天尤人，也不能骄兵轻敌。关键的问题是要密切监视风险，减少损失，化解不利，甚至转化为盈利的机会。

(2) 识别风险的能力。发现和识别风险，是为了防范和控制风险。如果创业者在企业未发生损失之前就能够识别风险发生的可能性，那么这个风险是可能被管理的，因此，风险识别是进行风险管理的基点。

(3) 未雨绸缪的观念。创业风险需要创业者通过创业活动的迹象、信息归类，认知风险产生的原因和条件，不仅要识别风险所面临的性质及可能的后果，更重要的是（也是最困难的）要识别创业过程中各种潜在的风险，为采取有效措施提供依据。

（4）持之以恒的思想。由于创业风险伴随着整个创业过程，同时风险具有可变性和相关性的特点，所以创业者必须要有“持久战”的准备。风险的识别工作应该是连续地、系统地进行，并成为企业一项持续性、制度化的工作。

（5）实事求是的精神。虽然风险识别是一个主观过程，但是必须遵循客观规律。风险识别是一项复杂而细致的工作，要按特定的程序、步骤，选用适当的方法逐层次地进行分析，并实事求是地作出评估。

2. 掌握风险识别的基本途径

创业风险的识别途径，重点从风险的来源入手，即自然因素和人为因素两大方面。

（1）自然因素。比如说，地震多发区、台风多发区和炎热地区。这与企业的选址、项目有着密切关系。又如，对于许多行业来说，必须注意到影响原材料供应的矿产、能源、农产品以及交通问题。

（2）人为因素。主要应了解一个国家或者地区的政经制度、法律政策、民情民俗以及企业周边的营运环境等。

3. 了解识别风险的方法和步骤

在识别风险之后，就必须进行风险评估，这需要一定的专业知识，必须根据不同的性质与条件，按照一定的途径，运用一定的方法，或者借助一定的工具来实施。

（1）基本方法

一般而言，识别风险的方法包括：信息源调查法、数据对照法、资产损失分析法、环境扫描法、风险树分析法、情景分析法、风险清单法。

有能力的企业也可以自行设计识别的方法，比如专家调查法、流程图分析法、财务报表分析法、SWOT 分析法等。

（2）实施步骤

一是信息收集。首先要通过调查、问讯、现场考察等途径获得；其次，需要敏锐的观察和科学的分析，对各类数据及现象作出处理。

二是识别。根据对于信息的分析结果，确定风险或潜在风险的范围。

三是重点评估。根据量化结果,运用定量分析、定性分析、假设、模拟等方法,进行风险影响评估,预计可能发生的后果,提出方案选择。

四是拟定计划,提出处理风险的方法和行动方案。

(3) 实施中要注意的问题

① 信息收集要全面。收集信息可以通过两个途径,一是内部积累或者专人负责;二是借助外部专业机构的力量。后者可获得足够多的信息资料,有助于较全面、较好地识别面临的潜在风险。

② 因素罗列要全面。根据企业在运营过程中可能遇到的风险,逐步找出一级风险因素,然后再进行细化,延伸到二级风险因素,再延伸到三级风险因素。例如,管理风险属于一级风险因素,管理者素质属于二级风险因素。

最终分析要进行综合,既要进行定性分析,也要进行定量分析。

第二节　创业风险的规避

风险贯穿于整个创业过程,各个阶段的创业风险既有共同的特征,也有自身独特的特征。创业风险在各个阶段的表现形式也各不相同,所以应对和化解风险的方法和手段也不尽相同。有的类型的风险虽然始终存在,但是化解之道也随着时间、环境的变化而需要对症下药。

(一) 创业前期的主要风险与防范

创业前期是指在打算创业到创业初期的这个阶段。万事开头难,对于一个第一次创业的人来说,任何对创业风险的低估都可能使创业计划和事业夭折在摇篮当中。

1. 光想不做

在今天的中国,盈利十几万甚至几十万的故事似乎到处都在上演。不过,对于那些没有大额资金当本钱的人来说,这一切似乎仍然是十分遥远的。

没有大额的资金当本钱就难以致富了吗?答案显然是否定的。没有资金,靠着好点子一样可以圆自己的创富梦。更何况一生下来就拥有财富的人毕竟是少数,与其临渊羡鱼,不如退而结网,放弃一夜致富这不切实际的幻想,脚踏实地地掘好人生第一捅金。事实上,即使是如今做大生意的老板,他们往往也是从小生意开始做起的。所以说,能不能拥有一个敏锐的商业头脑才是成败的关键。要发展,就不能永远在准备,就不能再仅仅停留在羡慕别人的财富上。

2. 缺乏资源

创业需要资源,这是常识。创业资源包括人才、资金、市场等资源。错误估计市场使很多初创企业面临巨大的风险,如果一个企业的主打产品没有足够的市场,其失败几乎是必然的。缺少资金使很多创业者遭受挫折,事实上,只有企业在经营到一定程度以后,才会有资金的回流。所以,创业者必须充分估计到资金的需求量,而且一定要有相当的资金余地,努力降低创业成本。

但是,风险也意味着机会,浙商大都出身寒微,起初也是一穷二白,"无资金、无技术、无市场",但最终"草根"成林。浙江是人均资源综合指数居全国倒数第三的"资源小省",但现在却成了中国最大的"内资"(主要是民间资金)输出省份。市场上流传一句话:哪里有市场,哪里就有浙商。也有人说:哪里有浙商,哪里就有市场。这说明作为一个创业者不仅要善于追逐市场,而且要善于创造市场。

3. 强调个人

创业如同其他经济活动一样,其本质是以最小的费用取得最大的效用。创业问题不仅涉及技术,还牵涉到天时、地利、人和等诸多因素。尤其是在变幻莫测的市场风云中,实现经济的要求就如同一场永无休止的战争。在日趋激烈的商战中,用心、斗智、出奇、弄巧以达到经济之目的日趋流行。现代的商人和企业家要有战略家的谋略。任何一位出色的企业家都应当是通晓经济竞争技巧的智勇双全的人物。

创业不等于赌博,不是仅凭匹夫之勇就可以成功的,是更精明的头脑和更可靠的方案,是更长远的眼光和更可行的方法。如果没有这些,创业只是一个玩笑和冒险。

如今的社会是人才化的社会,信息化的社会,体制趋于成熟,消费趋于理智。那种单纯凭借自己的一技之长,加上胆大妄为就能成为百万富商的年代已经过去;光有一点经济实力和一个好的项目就能在业界独占鳌头的时代也已经成为历史。

4. 信念摇摆

如果说赚钱的道路有一百条,那么创业很可能是其中最艰难的一条,路途的艰辛是对创业者信念的极大考验，而自暴自弃则是创业成功的头号天敌。

其实大部分创业者在创业过程中都难免遇到大大小小的挫折，真正一帆风顺的创业者微乎其微。在失败和挫折面前，积极还是消极的态度直接决定了创业者未来的命运。向挫折和失败投降的人，永远失去了成功的可能性；乐观的态度对于一个创业者和企业来说是至关重要的，跌倒了，可以重新站起来。

5. 计划不明

机遇从来都是垂青有明确目标的人，同样地，失败之神也很少放过那些没有明确目标的人。创业的道路上充满着荆棘和艰辛，不能光凭满腔热情和雄心壮志，还需要明确的目标和实现这些目标的周详计划。

计划不明，意味着行动是盲目的。如果一个盲目的人成功了，那么只能说是歪打正着，是一种偶然的幸运，而绝不能作为成功的经验。计划是创业过程中指导性、方向性的东西，计划如果是错误的或者是不明确的，尤其是关键的地方关键的步骤不明确，那么失败几乎是不可避免的。

6. 仓促上阵

选择自主创业的人越来越多，但其中也有相当一部分人的创业行为未能成功。在创业的时候，一定要谨慎投资而不能仓促上阵。

(二) 创业过程中的主要风险与防范

1. 耐不住寂寞

进行创业，一定要坚持不懈，绝不可朝三暮四、见异思迁。比如，做大还是做强，这是每一个创业者都会遇到的两难问题。当你刚开始经商或者创业的时候，并不一定要做大，但是一定要做强，而做强就需要专心做一件事情，不要盲目地做一些看来似乎有发展前途的项目，从而分散精力，废弃主业，这样的结果往往是主业无法做强，做大也只是一个空壳子。在创业阶段，要使企业发展，要把生意做大，必须安心做好一件事情。每一个行业都有强劲的对手，都面临着严峻的竞争。如果不抓住自己的主业，盲目涉足一个自己不熟悉的领域，势必分散精力、资金，不但新的行业难有所建树，恐怕连自己的老本也都要赔光。

打算创业的人在开始时就应该耐得住寂寞，守得住目标。企业发展最重要的是企业自我定位的问题。在创业的道路上，往往有很多诱惑。当你遇到一项新的投资时，安心做自己的事情，才会把这件事情做好。如果放弃自己的事情，去做新项目的投资,很可能会失败。

2. 抵不住诱惑

每一个创业者都想做一个成功的人、优秀的人,只不过在众多诱惑之下,失去了忍耐的性子。成功是要讲究储备的,仓库里的东西越充足,成功的机会就越大,也才可能走得更远。成功的路是那样的遥远与艰辛,路边倒毙的每一具尸体都曾是一个在起点上充满信心、跃跃欲试的活生生的年轻人,对这路的尽头有无限的憧憬。

人生的成功之路更像一场马拉松赛跑而不是百米冲刺,前100米的领先者不一定就能成为全程的优秀者,甚至都不可能跑完全程。在这遥远的征途上,基础的积累将会起到决定性的作用。如果你自觉先天不足而又已然踏上征程,那就更要格外注意随时给自己补充营养。

3. 交不到朋友

俗话说:"一个好汉三个帮"。在现代社会,人与人之间的联系是非常紧密的,一个创业者需要和客户打交道,和政府部门打交道,和合作伙伴打交道。一个孤家寡人是不可能取得创业上的成功的。

此外,创业的时候最好有良好的合作伙伴,一个人创业实在太难了。就算你无所不能,也需要同伴们集思广益,避免愚蠢的举动,以及在遇到挫折时互相鼓励。最重要的一点是,创业的过程中可能遇到难以承受的低点。当有多个创业伙伴时,彼此信念上的支撑就好比捆成了一捆的箭。每个人都暗暗给自己打气:"我绝不能让我的朋友们失望。"这是一个人最强大的动力之一。而单一的创始人则缺少了这一动力。

4. 拉不下脸面

创业伙伴之间发生争斗事件比较普遍,但是如果创业者能够更加谨慎地选择他们的创业伙伴,那么大多数的争吵都可以避免。多数争吵并不是因事而起,而是因权力而起,因人而起。也就是说,是早晚会发生的。而大多数因为争吵而一怒离开的创始人,可能从一开始就信心不足,只不过被掩盖起来了。不要掩饰你的疑虑。在公司成立前把问题解决要容易许多。所以,不要因为怕疏远你的同屋而拉他入伙;也不要因为某人有某种用得上的技能就一起开公司,而不管你喜不喜欢他。一个初创公司,最重要的因素就是人,所以不要在这方面将就。

5. 放不下权力

创业者要有自己的主见，但并不意味着固执己见，将所有权力放在自己身上。世事变化无穷，人的智力有限，不可能所有的事做得都正确。创业更像是从事科学研究，你更应该遵循自然规律而不是主观臆断。作为一个创业者，一旦发现别人是对的，错的是自己，就应该自我认错。

（三）创业后期的主要风险与防范

一般说来，创业者把创业构想变成现实，并使企业开始盈利或具备盈利前景的时候，可以说创业获得了成功。俗话说，创业容易守业难，创业成功以后，创业者和企业仍然面临着各种各样的风险，有的风险甚至会导致创业者功败垂成。

创业成功以后，不管创业者选择让渡所有权或经营权，或者继续发展和开拓事业，保留企业的所有者和经营者的双重身份，企业都要经历一个休整期，这是不可逾越的阶段，在这个阶段，许多风险会迎面扑来，如果不及时化解这些风险，就会直接影响到企业的继续生存和发展。

1. 盲目扩张

大学生创业公司开始盈利并不意味着创业成功，如果缺乏下一步市场调研和论证，只是凭自己的兴趣和想象来决定投资方向，甚至仅凭一时心血来潮作决定，盲目扩大生产能力，过快扩张，依然会碰得头破血流。

2. 心态变化

保持一个良好的心态，因为思想决定行动。心态不对，行动就容易出错，最后毁人毁己。但是企业家要保持一个良好的心态不容易，尤其是涉及利益格局和利益分配的时候。中国有句古话"富不过三代"，但如今有不少靠创业致富的人，在短短几年里就失去了辛苦积累而来的财富。这究竟是什么原因呢？

据有关专家对这部分创业者失败原因的分析，其中有许多共同的地方，就是创业成功以后心理失衡。

（1）好高骛远。务实的态度是创业的基础，好大喜功、好高骛远者最后只能落得"竹篮打水一场空"。

（2）忘乎所以。比如禹作敏成功后派头十足，用封建帝王的那一套来"统治"大邱庄，俨然成了割据一方的诸侯，到最后甚至公然对抗国家司法机构。为商先为人。如果丢失了做人之本,也就失去了发展之本。

(3) 坑蒙拐骗。曾有“中国大陆首富”之称的牟其中,最后因犯外汇诈骗罪而被判无期徒刑。靠欺骗手段建立起来的基业最后只能是“空中楼阁”。一分辛苦,一分成果。创业靠的就是实打实的苦干,而不是坑蒙拐骗、投机取巧。

(4) 胆大妄为。赖昌星出道之初是搞运输的,也算是一名创业者,然而生意越做越大,他的胃口和胆子也越来越大,甚至到了胆大包天的地步,成为中国历史上最大一起走私案的直接策划与领导者。然而,天网恢恢,疏而不漏,最后东窗事发,赖昌星沦为抱头鼠窜的“通缉犯”。多行不义必自毙,小心驶得万年船。靠着贪念和贼胆致富,注定是此路不通。

3. 哥们义气

具有儒家传统的中国人向来都把“义”看得很重。所以义气就是甘于承担风险或牺牲自己利益的气概。历史上对于讲义气、杀富济贫等英雄行为,也给予了热情的赞扬。朋友间的友谊也是同讲义气紧密联系的。

但是,真正的友谊和义气有着本质的区别。哥们义气,它是一种基于无知和盲从,情感无基础的冲动,是一种非理智的行为。创业者如果盲目讲义气,可能会给企业带来危机甚至灭顶之灾。

4. 满于现状

有的创业者在创业成功以后,失去了创业初期的进取心和创新精神,骄傲自满,不思进取,没有进一步去巩固成果并去开拓新领域,或者采取一些消极、拙劣的手法维持现状。这主要表现在:

(1) 故步自封。在创业者所处的原有行业,由于某些原因正处于没落之中,需要创业者去开拓陌生的,具有潜力的领域,但是由于投资者对于市场、渠道、消费者的情况所知了了,这就需要重新了解、学习和实践,才能把握好新的市场。如果创业者对新行业没有兴趣,就会在实际经营中产生消极因素,最终导致失败。

(2) 照搬照抄。有些创业者,创业成功之后,一时找不到新的投资项目,于是他们跟从其他利润丰厚的企业,照搬照抄。但是他们所见所闻都是其他企业的表面现象,自己的内部管理和经营理念等深层次经营要素跟不上,所以别人成功了,自己却失败了。

(3) 臆断前景。一般来说，进行创业，需要对行业、市场的前景进行预测和推算。但是很多的预测，是根据竞争对手的现状想当然来完成，没有科学的依据。

5. 享乐主义

在创业初期，大多数创业者都能注意控制成本，节约开支，艰苦奋斗。但是在创业获得初步成功以后，创业者手里掌握着越来越多的资金和资源，放松了过苦日子的意识，再加上管理上若出现混乱，虽然企业的业务在不断增加，可到头来利润却有所下降，关键就是不注意控制成本和费用。

6. 缺乏创新

创新包括产品创新、技术创新和制度创新。缺乏创新而只会模仿自己或别人过去成功的经验，是人类自古以来的弱点。

有的创业者急功近利，只顾追求市场和产量，不主动要求创新，管理工作流于形式，自然看不见创新成果。这种只顾眼前利益，"管理放松"的做法最终结果就是导致技术放松，技术创新能力慢慢衰竭，核心竞争力无法形成。

有的创业者的创新尚处于浅层次，在创新观念上还存在着"走老路稳当"的误区。在这样一种发展态势下，企业不可能开拓新的市场和取得超额利润，企业只有产出的高效率而没有增长的高效益。

7. 不会管理

成功管理的关键不在于排除所有的问题，而在于把注意力集中到企业当前阶段所存在的主要问题上，这样企业才能成长、成熟并壮大起来，去面对下一个阶段的到来。创业成功后，企业面临的主要管理问题是管理危机问题，具体表现为以下几点：

(1) 创业者疲于奔命，顾此失彼。创业成功后，人员增多，业务繁忙，企业面临的问题越来越复杂。然而，创业者习惯于发号施令，事必躬亲，唱独角戏；员工也习惯于接受命令，对创业者有依赖心理，从而导致创业者日常事务过多，工作量剧增。不可避免的结果便是创业者感到力不从心，不堪重负，但又没有抓住重点。

(2) 决策得不到有效执行，管理开始失控。创业成功后，企业开始有现金流入或者盈利，招聘、迁址、购置新设备、培训等，忙得不亦乐乎，于是管理费用急剧上升。企业经营的范围和地域也会扩大，管理开始变得越来越复杂，问题也多了起来。幸好,创业者一如创业过程中那样果断,员工也依然贯彻执行决策,但是,创业者无法一一监督、评估决策的执行,企业也缺乏相应的机制与政策,因此,决策执行的效果大打折扣。

(3) 企业利润状况徘徊不前。创业可能更多地源于创业者对市场机会的前瞻,企业所从事的业务具有独创性或具有某种竞争优势。创业成功后,会有许多跟进者进入市场,企业的优势会逐渐减弱,竞争压力增大,业绩增长率会随之下降。另外,企业越是成功,创业者越是感到志得意满,有时甚至觉得无所不能,扩大经营和多元化便在所难免。摊子太大和对新业务不甚了解,难免会出现失误,从而侵蚀企业的利润。

(4) 老员工缺乏继续创新的动力。创业成功后,老员工容易陶醉于曾经取得的成功,喜欢向他人讲述传奇式的创业历程。创业者考虑的是企业的未来,而老员工考虑的是创业者应该如何奖赏,如何分配胜利成果,考虑的是如何在企业保持相应的权力与地位。老员工不愿继续艰辛地奋斗,而是安于现状,于是,小富即安的思想在企业蔓延,甚至会影响创业者本人。这样,企业很容易失去继续创新的动力。

(5) 新老员工出现矛盾冲突。新员工会说:"我原来那家企业如何如何。"老员工会说:"我们原来怎样怎样。"对于新员工而言,什么事情都会让他困惑不解,一切都没有定规,规章制度被束之高阁,薪酬制度是由不同的特例组成的大杂烩,企业行为就是创业者个性的写照。老员工讨论的是过去的"好时光",说话办事都有一套他们自己的规矩。由于企业没有什么成文的政策,那些资历较深的员工就是企业的活档案,一旦他们离职,企业立刻就会陷入一片混乱。另外,创业者会记着这些曾经追随自己的老员工,因此,老员工在企业里有极高的权威,而新招聘的员工考虑的是如何发挥自己的能力,如何证明自我,于是,新员工成了挑战老员工的对立面。

(6) 创业者的家庭压力开始增大。作为坚实的后盾,家人在创业者的创业过程中给予了无私的奉献,他们希望创业者能够取得成功。创业成功后,配偶希望创业者更多地关心家庭,儿女希望创业者能够尽到父母的责任,而创业者比以前更忙更累,无暇顾及,家庭压力开始增大,尤其是有家庭的女性创业者。

如果说创业过程中企业是根据危机进行管理,那么创业成功后是管理造成了危机。总之,创业者应该认真避免和解决创业成功后企业的管理危机问题。

第三节　创业资本的退出

创业企业离不开创业投资，创业投资最显著的特点是高风险、高收益，正因为有高收益，所以创业者和投资者才愿意承担高风险。但这种高收益需要有一种运作机制才能实现，即在所投资的创业企业成功后通过一定的退出渠道，将股权转化为流动性的资金，最终获取增值收入，这种运作机制就是创业投资的退出(变现)机制。在一定意义上可以这样说，良好的退出机制是创业投资健康发展、取得成功的必要条件。

从目前国内外的实践来看，创业投资的退出主要有以下六种方式：首次公开发行(IPO)、并购(M&A)、管理层回购(MBO)、场外交易、境外上市、破产清算。每种方式都有各自的优缺点，很难说某一种方式是最优的选择。企业的发展战略、发展状况、所处阶段，投融资双方的博弈，外部市场环境等都会影响退出方式的选择，创业投资家应根据实际情况找到一种合适的退出方式。下面试就不同的方式来阐述其特点及利弊。

(一) 首次公开发行

首次公开发行(IPO)是指创业企业第一次向社会公众发行股票，通常是创业资本退出收益最高的方式，也是不少创业投资家退出的首选方式。

IPO 的优点包括：

(1) 实现创业资本的成功退出。从国内外的实践来看，收益是不菲的，一般项目回报都是数倍甚至十倍以上。

(2) 能为创业企业发展提供持续的融资渠道，通常 IPO 能获得较多的资本溢价，并且以后还能进行增发等再融资，有力地保障企业的发展。

(3) 有利于投资者分散风险。IPO 后投资风险由创业者、创业资本和社会资本共同承担。

IPO 的缺点包括：

(1) 公开上市企业成本较高。IPO 要耗费创业企业大量的精力和开销，同时上市以后企业在公司治理、财务规范、信息披露方面都有较高的要求。

(2) 降低创业企业原有大股东的控制权。上市以后股权被稀释，并提供了被收购的机会。此外，对于创业投资家来说，其在创业企业里的股份通常会有一定的锁定期。当前,中国资本市场开设了中小企业板和创业板,但就实际情况而言,门槛仍然较高。限于目前市场情况,即使是业绩优良、前景不错的公司想要上市,仍然要经过漫长的等待期。因此,能够IPO的中小企业的比例是很低的。对于不少创业投资资本而言,通过IPO来实现资本的有效退出可能只是一个美好的愿望。

(二) 企业并购

通过并购方式实现股份转让,从而实现创业资本退出的方式有两种:一般并购和二次并购。一般并购是指公司间的收购和兼并行为(横向兼并、纵向兼并、混合兼并);二次并购是指由另一家创业投资公司收购或兼并,接受对创业企业的二次投资。在发达国家,通过并购实现退出的资本无论是案例数还是交易金额都远高于同期IPO,成为一种更为常用的退出方式。通过并购退出的优点在于不受IPO诸多条件的限制,具有复杂性较低、花费时间较少的特点,同时可选择灵活多样的并购方式,适合于创业企业业绩逐步上升,但尚不能满足上市条件或不想经过漫长的等待期,而创业资本又打算撤离的情况。退出并购的缺点主要在于收益率远低于IPO方式,退出成本也较高。

(三) 管理层收购

管理层收购(MBO)是指创业企业的管理层通过融资方式将创业投资家的股份收购并持有。收购完成后,公司就由管理层与股东所有,支付方式可以是银行举债而来的现金、管理层的其他股权、长期票据等。除MBO外,员工收购(EBO)也是一种考虑方式,创业企业的员工将风险投资部分的股份收购并持有,一般在操作中要组建一个员工持股基金作为收购资金的来源。

MBO的优点包括:可以保持公司的独立性,避免因创业资本的退出给企业运营造成大的震动,企业家可以由此获得已经壮大了的企业的所有权和控制权,同时交易复杂性较低,成本也较低。从较深的层次上看,企业回购在对公司管理层的激励、监督方面也有很大的优势。

MBO的缺点包括:创业资本通过管理层回购退出的收益率远低于IPO方式,同时要求管理层能够找到好的融资杠杆,为回购提供资金支持。通常此种方式适用于那些企业经营日趋稳定但上市无望,根据双方签订的投资协议,创业投资公司向被投企业管理层转让所持公司股份。

（四）场外交易

场外交易是指对于那些不能满足主板或创业板上市条件的企业，通过场外交易市场进行产权转让。我国已建立了初步的区域股权交易市场（如北京中关村股份转让中心、上海股权交易中心、天津股权交易中心等），今年全国统一的新三板市场——全国中小企业股份转让系统有限责任公司也已在北京正式运营。推动多层次资本市场的建设必将给场外交易带来新的发展机会。它不仅为迅速发展的中小企业理顺了融资渠道，同时也将为私募或创业资本项目投资和成功退出提供顺畅的通道。

交场外易退出的优点在于可以通过一次或多次转让，实现创业资本的快速退出，适合于创业企业发展缓慢，创业资本又急于退出等情形。

场外退出的缺点在于收益率低，多次转让不利于创业企业的发展。目前，中国的场外交易市场还处于起步阶段，各个股权交易中心大多数在投资者准入、交易规则等方面有诸多限制，因此流动性较差，未来还需要在政策上加以扶持，以支持其发展。

（五）境外上市

境外上市是创业投资公司和创业企业利用国际资本市场融资、直接走向全球化经营、熟悉国际市场及其运行规律、提高境外知名度的一种快捷方式，也是创业资本退出的一条有效途径。特别是在我国资本市场不够成熟的情况下，有效利用境外创业板资本市场有着重要的意义。目前，可以选择在美国纳斯达克、英国 AIM 市场、温哥华创业板、韩国创业板、新加坡创业板以及中国香港创业板市场直接上市。

境外上市的优点在于可以充分利用资金容量巨大的多层次、多功能的境外资本市场，迅速提高企业知名度。

境外上市的缺点在于由于存在国家间法律、政策和文化的差异，企业的适应性能力要求较高，同时上市成本和耗费也较大。例如，公司要有规范的公司治理结构，财务报表符合当地市场会计准则，严格保护中小股东权益，信息公开透明等，适合于那些满足境外上市条件，同时熟悉境外资本市场游戏规则的企业。

(六) 破产清算

除以上方式外,破产清算也是必须要考虑的方式。创业投资的基本特点是高风险、高回报。高回报是就总体和个别项目而言的,高风险却意味着多数项目的投资失败。失败的项目以及部分受到挫折的项目只能以公司清算的方式退出。这是创业投资家和创业企业都不愿看到的结果。据一项关于美国13个风险投资基金的分析研究,风险投资总收益的50%来自于其中6.8%的投资,总收益的75%来自于15.7%的投资,因此,对于已确认项目失败的创业资本应尽早采用清算方式退回,以尽可能多地收回残留资本。其操作方式分为亏损清偿和亏损注销两种。并不是所有投资失败的企业都会进行破产清算,申请破产并进行清算是有成本的,而且还要经过耗时长、较为复杂的法律程序。如果一个失败的投资项目没有其他债务,或者虽有少量的其他债务,但是债权人不予追究,那么,一些创业资本家和企业不会申请破产,而是会采用其他方法来经营,并通过协商等方式决定企业残值的分配。破产清算是不得已而为之的一种方式,优点是尚能收回部分投资;缺点是显而易见的,意味着本项目的投资亏损,资金收益率为负数。

延伸阅读

创业风险识别的工具

识别和分析创业风险的工具很多,这里列举了风险清单法,能够帮助创业者理清创业企业面临风险的大致框架,在具体使用中,应首先分析企业自身特征和所处的内外部环境。

(1) 认识风险源。应考察可能的风险源。这是为了对每种风险源给出详细的叙述。例如,物质环境可以用几段加以论述,包括对地理、气候和其他物质性的描述。对其创始风险源(如法律环境)也可以作类似的总结。这些对风险源的概述能使风险经理对其企业所暴露的风险的范围有一个总体的感觉,尽管此时还没有涉及具体的风险。风险往往来自四个方面:顾客,供货商,竞争对手,管理者。在分析每个部分时,稳定性是一重要方面。分析这些部分的问题包括:产品是直接卖到顾客手中,还是间接地通过批发商和零售商卖到顾客手中?谁是消费者,是家庭、商业机构还是政府机构?在重要的服务项目上有一家供应商还是多家供应商？和供应商签订的契约性协议有哪些？竞争形势是否需要迅速的广告运动来扩大产品的知名度？来自企业外部(如政府管理人员、立法机构、顾客、消费者团体和工会)的义务有哪些？这些关系是如何发生变化的？

(2) 识别风险承担者的利益。这种分析环境的方法来自爱德华·R.弗里曼的战略管理，他的著作之一就是：《战略管理：风险承担方法》(1994年)。弗里曼创造了一种从企业内外识别企业利益的风险承担者方法。这种方法本来是用于识别和定义企业的任务和发展方向，但是它的方法对于风险经理如何分析影响企业利益的环境因素非常有用。

(3) 识别危险因素、风险因素、风险事故和风险暴露。这种方法认为风险是由一系列条件发展而成的：风险因素和危险因素分别是什么？这些危险因素产生的风险事故有哪些？存在哪些风险暴露？同其他几种方法相比，这种方法更注重分析企业本身，尤其注重分析环境。在运用清单的过程中，不管采用什么方法，至少有十种方法对于分析过程非常有用：① 财务报表法；② 流程图法；③ 现场视察法；④ 与其他部门计划的相互配合法；⑤ 与外部供货商和专业组织相互交流法；⑥ 合同分析法；⑦ 历史损失的统计记录法；⑧ 事故报告法；⑨ 危险因素分析法；⑩ 损失暴露清单法。介绍这些方法之前，有三点需要强调：第一，风险经理们不要只依赖其中某一种方法。第二，风险识别是一个变化的过程，风险暴露每天都在变化。第三，将潜在损失清单应用于企业分析，可能会发现清单本身应当纠正的某些偏差。

(4) 财务报表法。财务报表法是由A. H.克里德尔提出的一种方法。虽然发明这种方法的本意是用来分析私营企业，但是财务报表方法里的很多要领都能运用于公共企业。克里德尔认为，通过分析资产负债表、营业报表和支持性文件，风险经理能够识别企业的财产风险、责任风险和人力资本风险。风险经理把这些报表同金融预测和财务预算处联系起来可以发现未来的风险暴露。财务报表能揭示这些信息是因为任何企业的经营活动最终涉及的不是现金就是财产。根据这种方法，应对多个会计科目进行深入研究，以确定它会产生什么样的潜在损失。研究的结果是按照会计科目的形式编制出来的。克里德尔认为，这种方法非常可靠、客观，它基于很容易得到的资料，文字表达清晰、扼要，并且适用于风险经理或职业顾问。另外，这种方法将风险识别以财务术语的形式表达，使企业中的其他经理和诸如会计师、银行家等外部人员更熟悉，也就更容易被他们接受。尽管克里德尔没有说财务报表分析法也可以用来识别投机风险和纯粹风险，但是很多会计科目本身已包含了这两种风险的信息。使用财务报表分析法，根据可能存在的风险，可对公司的资产负债表和利润表中的所有项目进行分析。通过分析预算、长期预测，以及成文战略计划，还有助于识别现在可能不存在但将来可能发生的风险。为说明这一风险识别的方法，我们也对商业实体资产负债表上的资产项目进行考虑。比方说，公司所拥有的建筑物通常在资产负债表中予以注明，出租的建筑物以附注的形式在财务报表中说明，未来建筑物的购置可以在战略计划中注明。明确这些现有的和未来将有的建筑物，就能考虑与它们相联系的潜在损失。有关建筑物的损失暴露可包含修理费用、内置的存货与设备的价值、建筑物无法使用时的收入损失以及雇员或客户在建筑物内所受的伤害。如果是出租的建筑物，相应地还要考虑在建筑物被毁坏时对租赁合同的处置以及替代设施的成本估计。以上例子并未对建筑物损坏而可能引起的损失的范围进行全面论述，但它说明了这种思维过程，这种思维过程是用财务报表分析法识别风险的关键。

(5) 现场视察法。现场视察是风险经理必须做的事情。通过直接观察企业的各种设施及进行的各种操作，风险经理能够深入了解企业的活动和行为方式。因为可能存在一些用以上几种方法仍难以识别的风险，所以风险经理定期视察公司的各个厂地和部门是十分重要的。在视察中与部门经理以及其他员工谈论他们的工作，会给风险经理很大的帮助。通过这种人际交流，可以使风险经理更了解有关当前的损失暴露以及将来可能出现的潜在暴露方面的信息。

(6) 与其他部门交流法。经常与其他部门进行交流能得到很多有关风险暴露方面的信息。这种交流可以是来自其他部门的口头的或书面的报告，报告的内容可以是关于本部门的行动计划，也可以是一种经常的制度性的报告，使得风险经理能及时掌握企业的信息。我们绝不能低估这套交流网络的价值。其他部门常能发现一些风险经理注意不到的风险暴露。同时，这些部门的活动也会产生一些新的风险暴露。实际上，风险经理能否成功地识别各种风险很大程度上取决于他与其他部门的合作。

(7) 参加专业组织的活动和查阅公开出版的材料也是收集风险信息的重要方法。例如，风险与保险管理协会的年会，包括一些针对工业领域特殊问题的座谈会。此外,应很多风险经理的要求,一些针对特定领域风险管理问题的组织已经成立。对于其会员所面临的特殊风险,这些企业可能具有很强的洞察力。

(8) 合同分析。很多风险暴露来自企业与其他企业或个人的合同关系,应审查这些不能根据企业的动作和活动发现的风险暴露。在某些情况下,合同可以将责任转嫁给别人。对公司签订的合同进行分析是另一种识别潜在损失暴露的方法。合同中经常指明某些损失如果发生,则由特定的合同方承担。例如,公司可能要求建筑工程承包商来承担由于建筑施工问题而导致的责任诉讼案件中的费用。在这种情况下,本来可能针对该公司提起的诉讼被转向承建方。这一类型的合同责任不仅在建筑合同中可以看到,而且在销售合同、租赁合同中也可以看到。比如,在交易中占优势地位的业主可要求承租人承担所有在某租赁场上发生的损失,即使该损失是由业主自己的过失引起的。相反,土地所有者也有可能同意承担由承租人过失所引起的损失。理想状态是,明确各种损失应由哪一方承担,这也是合同全部协商过程的组成部分。即使在不能达到理想状态的情况下,检查所有合同,在任何损失出现前识别出重要的风险源也是重要的。

(9) 损失统计记录法。关于损失事件的统计记录可以用来识别风险源。这些记录可以通过风险管理信息系统收集到。这种信息系统按照事故原因、发生地点、损失额等来分析损失事件。它对特大型公司较为有用。风险管理信息系统(简称 RMIS)是辅助执行这项工作的一个计算机软件。了解历史损失的某些特征是很重要的,这些特征包括损失的原因、所涉及的有关特定员工、损失发生的地点以及损失的总额。为说明这些特征的重要性,假设一个货物运输公司经历的几次交通事故是由同一个原因引起的,经过进一步调查,公司可能发现它有几个问题驾驶员,原因在于没有充分检查应聘员工的驾驶记录。某一个餐厅连锁店的达拉斯分店在发生大量雇员受伤的事件后,很可能对其存在的安全危险进行进一步调查。由于 RMIS 越来越先进,并且便于使用,人们预测,越来越多的公司将尽可能地在它们的风险管理活动中使用历史损失的统计分析。

统计记录使得风险经理能够估计企业已发生的损失事件的趋势,并能把它与其他类似企业相比较。另外,根据这种记录,创业者能分析各种风险背后的原因,如发生时间和地点,那些经常引发的事故等。

通过收集大量的事故资料，创业者还可以预测将来的损失成本。在一些由企业直接支付成本的项目（如自我保险计划）的预算中，根据损失推导得出的预测非常有用。企业可以用自己的基金支付工伤损失或者员工的健康福利，有这种责任的企业非常注重这些项目的成本。

(10) 未果事故报告。在识别可能损失的过程中，信息源网络非常重要。在最理想的情况下，通过这个网络提供的住处不仅要包括已发事故报告和准事故，还要包括未果事故报告，这些事故本来会造成伤害或损失，但由于种种原因没有产生严重后果。一般而言，纯粹偶然的机会或运气使某人逃脱了一件事故的伤害。关于这类事件的信息对于在类似的或相同的条件下避免造成伤害或损失具有重要意义，但前提条件是风险经理事先应了解这些信息。

未果事故报告系统通常包括重要的记录信息。除了时间、日期、地点和事故牵涉方以外，报告更要求包括一些后来证明能防止类似事故发生或减轻事故后果的措施。在设计这些报告的格式时，风险经理应当知道，记录事故信息和把这些信息用于新的事故防范计划之间已经有一段时间差。例如，在一些特殊领域中有规定要求雇主必须保留那些曾经接触过危险物质的雇员的记录，直到该雇员离开公司30年以后方可销毁这些记录。这些记录的完善程度和专业程度表明雇主对雇员的爱护程度。实际上，未果事件报告系统也是要使风险经理提示一些其他部门在自己的运作过程中的灰色信息。例如，医院的风险经理为了弄清医院的医疗责任风险暴露，他可能要求工作人员报告一些诸如药房管理失误之类的事情，而这些事情对员工自身的职业和声誉肯定有不良影响。为了清除相互交流中的障碍，风险经理必须取得员工的信任并保证这些信息不会用于其他不合适的目的。

(11) 危险因素分析法。这种风险识别方法考察的是那些有可能导致事故的因素，尽管事故还没有发生。通常，用这种方法分析个人的危险行为可能出现的设备失灵。危险因素分析常常依赖于其他企业或保险公司的经验以及政府机构的指导性意见。例如，在火患检查和填写保单之前对机器的检查中就经常用到危险因素分析法。另外，即使没有发生事故或伤亡，风险经理也可能通过了解的实验结果注意到某些新的危险因素。通过这种可靠试验，人们可以发现新产品（如医药）中隐含的危险因素。

危险因素分析通常需要某些专业人士帮助。尽管行为学专家也很善于分析那些导致伤亡事故的行为，但是对风险因素的分析一般由工程师或研究人员负责。在分析事故原因的过程中，失误树分析(faulttreeanalysis)是一种很有效的技术。这种技术用来分析导致某件事故发生的前提条件，并说明哪些前提条件对于事故发生是必要的，哪些是辅导性的。失误树分析常能提供防止事故发生的方法和手段。

参 考 文 献

1. 〔美〕彼得・蒂尔、布莱克・马斯特斯:《从 0 到 1:开启商业与未来的秘密》,高玉芳译,中信出版社 2015 年版。
2. 〔美〕本・霍洛维茨:《创业维艰:如何完成比难更难的事》,杨春晓译,中信出版社 2015 年版。
3. 〔美〕彼得・F・德鲁克:《创业与创业精神》,张炜译,上海人民出版社 2002 年版。
4. 孙德林、黄林:《创业管理与技能》,经济管理出版社 2010 年版。
5. 李时椿:《创业管理》,清华大学出版社 2010 年版。
6. 王其和:《现代企业管理》,武汉大学出版社 2013 年版。
7. 张玉利:《创业研究经典文献述评》,南开大学出版社 2010 年版。
8. 创业家、i 黑马:《创业小败局》,北京时代华文书局 2014 年版。
9. 刘常勇:《创业管理的 12 堂课》,中信出版社 2002 年版。
10. 张玉利、李新春:《创业管理》,清华大学出版社 2006 年版。
11. 张玉利、张维:《创业管理理论与实践的新发展》,清华大学出版社 2004 年版。
12. 曹随、王燕梅:《中国大众创业学》,中国经济出版社 2004 年版。
13. 丁栋虹:《创业管理》,清华大学出版社,2006 年版。
14. 王国红:《创业管理》,大连理工大学出版社,2005 年版。
15. 刘志成:《中外创业案例与分析》,陕西人民出版社,2002 年版。
16. 卢旭东:《创业学概论》,浙江大学出版社 2002 年版。
17. 刘占山:《创业教育实用教程》,江西人民出版社 2007 年版。
18. 刘健钧:《创业投资原理与方略》,中国经济出版社 2003 年版。
19. 李时椿:《大学生创业与高等院校创业教育》,国防工业出版社 2004 年版。
20. 李时椿:《创新与创业管理》,南京大学出版社 2006 年版。
21. 张竹筠:《创业实务指南》,北京航空航天大学出版社 2003 年版。
22. 陈冠任、肖万春:《个人创办私营公司全过程操作》,中国工人出版社 2002 年版。
23. 郑冉冉:《成功创业研究》,上海三联书店 2005 年版。
24. 陈晓红、吴运迪:《创业与中小企业管理》,清华大学出版社 2009 年版。
25. 徐立青:《关于大学生创业者素质的探讨》,载《创新与创业教育》2011 年第 2 期。
26. 刘云、陈德棉、谢胜强:《创业人才素质的不同境界研究》,载《现代管理科学》2011 年第 1 期。